상실 수업

ON GRIEF AND GRIEVING:
Finding the Meaning of Life Through the Five Stages of Loss
by Elisabeth Kübler-Ross, M.D.

Copyright ⓒ 2005 by The Elisabeth Kübler-Ross Family Limited Partnership
and David Kessler, Inc.

All rights reserved.
This Korean edition was published by INVICTUS MEDIA co. in 2014 by
arrangement with The Elisabeth Kübler-Ross Family Limited Partnership and
David Kessler, Inc. c/o The Barbara Hogenson Agency, Inc. through
KCC(Korea Copyright Center Inc.), Seoul.

이 책은 (주)한국저작권센터(KCC)를 통한 저작권자와의 독점계약으로
주식회사 인빅투스미디어에서 출간되었습니다.
저작권법에 의해 한국 내에서 보호를 받는 저작물이므로 무단전재와 복제를 금합니다.

상실과 함께 살아가는 법
상실 수업

엘리자베스 퀴블러 로스·데이비드 케슬러
김소향 옮김

인빅투스

슬픔을 애도하는 것에는 방식이나 시간이 정해져 있는 것이 아니다.
이 글을 읽는 모든 이들이 슬퍼하고 비탄하는 것에
친숙해지기를 희망하며 우리는 이 글을 써나갔다.
이는 모든 이들에게 필요한 부분이지만,
지금껏 책으로는 전문적인 도움을 줄 수가 없었다.
이 책이 여러분의 삶 속에서 가장 힘들고 지칠 때
빛을 밝혀주는 작은 횃불이 되고 희망과 위로가 되길 기도한다.

엘리자베스 퀴블러 로스, 데이비드 케슬러

차례

책을 시작하며 | 작별의 문 앞에서 8

1
신은 감당할 만큼만 고통을 준다 16

2
슬픔에게 자리를 내어주라 24

3
눈물의 샘이 마를 때까지 울라 52

4
떠나간 이가 해왔던 것, 그것을 하라 92

5
사랑을 위해 사랑할 권리를 내려놓으라 134

6
몸이 요구하는 대로 다 들어주라 168

7
슬픔에 '종결'은 없다는 것을 알라 198

8
상실의 밑바닥까지 발을 디뎌보라 226

9
신의 이해를 구하지 마라 256

10
'상실'은 가장 큰 인생 수업 286

엘리자베스 퀴블러 로스 l 내 삶의 일부가 되어버린 상실 299
데이비드 케슬러 l 상실과 함께 사는 법을 배우다 309
옮긴이의 말 l 삶이라는 학교에서 배우는 상실 수업 318

책을 시작하며
작별의 문 앞에서

2004년 8월 24일 엘리자베스 퀴블러 로스가 세상을 떠났다. 그녀가 마지막 숨을 거두었을 때 난 시계를 확인해 밤 8시 11분임을 기록해 놓았다. 그렇게라도 하지 않으면 그녀의 죽음을 믿을 수 없을 것 같아서였다. 이런 마음은 분명 나만이 아니었을 것이다. 많은 사람들이 고백하기를, 그녀만큼은 어떻게든 영원히 살 것 같았다고 얘기했다. 그녀는 항상 이렇게 말했다. "육체로부터 해방되어 이 생애를 졸업하는 날, 난 은하수로 춤추러 갈 거예요. 그러니 그 날은 축하를 받아야 할 날이지요."

하지만 그녀와 가까이 지낸 많은 사람들에게 분명 이것은 큰 상실이었다. 오랫동안 함께 해왔던 활기 넘치고 재치 있고 다정하며 지혜로웠던 한 여인을 난 영원히 그리워할 것이다. 엘리자베스를 떠나보낸 일은 나를 복잡하게 뒤얽힌 슬픔에 빠지게 한다. 엘리자베스 퀴블러 로스는 많은 것을 내포하고 있는 여인이었기에 서서히 조금씩 죽음을 맞이해가는 그녀를 지켜보며 내가 느낀 슬픔은 실로 놀라웠다. 우리가 함께 집필 작업을 하는 동안 그녀는 줄곧 지쳐 있었지만, 막상 우리가 쓰고 있는 내용에 어떤 힘이 솟지 않을 때 그녀는 순식간에 스스로 활기를 불어넣곤 했다.

그녀는 가르침을 전달하는 일을 좋아했다. 어떤 일이든 좀 더 노력하길 원했고 자신의 일에서만큼은 철두철미했다. 자기 일을 즐기는 그녀의 모습을 난 좋아했다. 이제 그녀는 떠났고, 난 그녀가 무척이나 그립다. 하지만 난 그녀가 죽음을 통해 이 생애에서 누리지 못한 자유를 얻었으리라는 걸 안다. 이제 그녀는 더 이상 방 안에, 침대 위에 그리고 거동할 수 없는 몸에 갇혀 있지 않다.

내가 엘리자베스와 이 책을 집필하기 시작했을 때 그녀는 내게 이렇게 말했다. "데이비드, 당신의 슬픔 안으로 깊이 들어가야만 해요. 그렇다면 이 책에 생기가 불어넣어질 거예요."

"네 그럴게요"라고 순순히 대답하는 순간, 내 과거의 상실의 기억들이 머릿속에 스쳐지나갔다. 난 그녀의 말이, 곧 그것들을 다시 점검해봐야 한다는 뜻으로 이해했었다. 그리고는 호기심을 가지고 그녀에게 물었다. "엘리자베스, 당신도 당신 슬픔과 만날 건가요?"

그녀는 대답했다. "당연하죠. 난 오래 전부터 슬픔을 예감해 왔었고, 아직 만나야 할 슬픔이 더 있다고 생각해요." 이 순간이 바로 이 책이 탄생되는 시초가 되었다.

우리가 다양한 내용의 주제를 다루는 동안 나는 내 자신의 슬픔을 들여다보았다. 어찌 그러지 않을 수 있겠는가? 슬픔에 대한 고찰은 자연스레 나의 슬픔을 이끌어내었고, 내 옆에 앉아 있는 엘리자베스도 글을 써 내려가면서 서서히 감정에 젖기 시작했다. 그녀의 눈물은 그녀 역시도 과거의 상처를 떠올리고 있다는 것을 뜻했다.

옛 속담에 이런 말이 있다. '자신이 쓴 글에 심취되어 밤을 지새울 수 없다면 그 글은 결코 다른 누군가의 밤을 지새우게 할 수 없다.' 이 책을 탄생시키는 내내, 이 글이 진정 우리를 울게 하지 못한다면 또한 우리의 슬픔을 치유하는 데 실로 도움이 되지 못한다면, 이 책은 누군가에게 어떤 도움도 줄 수 없을 거라고 난 종종 되뇌곤 했다.

책의 한 단원이 끝나면 언제나 난 혹여나 그것이 마지막 장이 될지도 모른다는 생각을 하며 엘리자베스와 헤어졌다. 그러기에 우리가 한 일은 매 순간에 충실할 것, 그리고 삶은 결코 보장되어 있지 않음을 인지하는 것이었다. 엘리자베스는 지난 수년 동안 수십 차례 위급한 상황을 맞았기에 이곳에서의 그녀의 시간이 얼마나 위태위태한지를 난 잘 알고 있었다. 그러면서도 이 책은 출간될 것이며 이 책의 시작과 마지막 작업을 그녀는 모두 경험할 거라고 굳게 믿었다.

다음 세 권의 책은 어떤 식으로든 하나로 연결되어 있다고 여긴다. 〈죽음의 순간On Death and Dying〉이라는 책은 그녀의 첫 저서이자 많은 것을 시작한 책이었다. 〈인생 수업Life Lessons〉은 우리가 공동 작업한 첫 책이었고 우리는 이 책에 '삶의 순간'이라는 부제를 달았다. 그리고 이제 엘리자베스의 마지막 저서인 이 〈상실 수업On Grief and Grieving〉을 완성하게 된 것이다.

그녀는 이 책이 발행되는 걸 끝내 보지 못했다. 그녀가 죽기 한 달 전쯤에 우리는 집필을 위해 이틀 동안을 함께 보내게 되었다. 책에 대한 마지막 질문의 답변을 마치자 그녀는 내게 물었다. "이제 필요한 게 다 된 건가요? 그러면 이제 내 할일은 모두 끝난 건가요?" 난 마지못해 "네"라고 대답했다.

우리 작업이 끝났다는 사실이 결코 좋지만은 않았지만 사람들과의 인터뷰를 녹음한 테이프가 전부 글로 옮겨졌고 나도 더 이상 질문이 없었다. 그 전날 나는 자료 수집을 했고, 그 날은 그녀에게 마지막 장을 읽어주는 일이 끝났던 것이다. 이제 남은 건 최종 수정과 교정을 위해 그녀에게 전 단원을 읽어주는 일만 남았다.

우리의 마지막 작업 날, 5시가 되기 몇 분 전, 그녀는 내게 편집장 미첼 이버에게 메시지를 보내고 싶다며 녹음기에 대고 말했다. "안녕하세요, 미첼 씨. 지금은 저녁 5시입니다. 데이비드와 저는 방금 작업을 끝냈습니다. 우리가 이 글을 집필하는 동안 즐거웠던 것처럼 당신도 이 책을 출판할 때 즐거웠으면 합니다. 이제 우리는 다 끝냈습니다!"

나는 말했다. "하지만 엘리자베스, 우리는 오늘 일만 끝낸 거지 아직 다 완성하진 않았어요. 이 책이 출판사에 넘겨진 다음, 편집하고 나서 당신에게 최종 승인을 받기 위해 내가 다시 책을 읽어줄 거예요." 하지만 그녀는 반복했다. "내 할 일은 다 끝났어요."

엘리자베스는 항상 말하곤 했다. "죽음을 앞둔 사람들의 말에 귀 기울이세요. 그들은 당신이 죽음을 맞이할 때 알아야 할 모든 것들을 말해줄 거예요. 그것은 쉽게 놓쳐버리기 쉬운 것들이죠."

엘리자베스는 나의 첫 저서인 〈죽음을 앞둔 사람에게 필요한 것들 The Needs of the Dying〉을 출간할 때에도 도움을 주었는데, 당시에도 '다 끝냈다'는 말뿐 아니라, 심지어는 표지에 '내가 죽음을 맞이할 시간'이라고 써넣기까지 했다. 사실 〈인생 수업〉을 마무리 지은 다음에도 그녀는 '다 끝냈다'고 말했지만 우리는 여전히 또 다른 책을 만들고 있었다.

엘리자베스는, 자신은 수차례 죽음을 준비했지만 여전히 살아가고 있노라고 말했다.

"내가 더 이상 화를 내지 않으며 처한 상황에 불안해하지 않고 모든 걸 놓아버리는 순간이 되면, 난 내가 떠나야 할 시간이라는 걸 직감적으로 알게 될 거예요. 난 지금 절반 정도 와 있어요. 내가 배워야 할 두 가지는 인내심과 사랑 받는 법을 익히는 거지요. 지난 9년 동안 인내심을 배워왔고, 내 육체가 점점 쇠약해지고 침대에 더 오래 누워 있게 될수록 사랑 받는 법을 더 많이 배우게 된답니다. 난 평생 동안 누군가를 교육시켜왔지 내 자신이 뭔가를 배우도록 기회를 주지 않았어요. 받아들이는 법을 깨우치는 곳에 결국 이르게 되면 난 이 곳을 떠날 수 있을 거고 이 생애 너머에 한계가 존재하지 않은 곳으로 가게 될 거예요. 난 내가 겪은 이 고통을 이해하는 척하지 않습니다. 대신 내 상황에 대해 신에게 분노할 겁니다. 9년 동안 나를 한 의자에 앉혀 꼼짝없이 갇혀 있게 한 신에게 화가 납니다. 이것이 바로 마지막 여섯 번째 단계, 즉 '신에게 분노하는 단계'입니다. 물론 신에게 화를 내는 것은 분노 단계의 일부입니다. 슬픔을 예감하면 다 그럴 것입니다. 물론 신에게도 뜻이 있다는 것은 잘 알고 있습니다. 신은 내게 딱 맞는 시점을 이미 계획하셨고 그 때가 되면 나는 '네'라고 대답하며 그것을 따를 겁니다. 그리고 나비가 누에를 벗고 날아오르는 것처럼 나도 내 육체를 두고 떠날 것입니다. 그렇게 나는 오랫동안 내가 가르쳐왔던 것을 몸소 경험하게 될 겁니다."

나는 그때 이 책이 그녀의 생애 마지막 저서가 될 거라는 걸 직감적으로 알았다. 하지만 그녀가 '다 끝냈다'고 말했을 때, 난 그녀가 단순히 책을 다 마무리했다고만 이해했지 그녀의 삶 전부를 의미한 거라고 생각하지 못했다. 뿐만 아니라 나는 그녀가 내게 빠져들라고 했던, 그리고 경험하라고 했던 슬픔이 그녀의 상실로 인해 생길 슬픔을 말한 것임을 헤아리지 못했다.

엘리자베스는 내가 여태껏 만났던 사람 중 가장 활기 넘치는 사람이었다. 그녀는 자신을 엘리자베스라고 부르는 것을 좋아했다. 엘리자베스 퀴블러 로스라고 부르는 것은 형식적이어서 그녀와는 거리가 멀었다. 그녀는 자신을 스위스의 한 시골사람이라고 소개하곤 했다. 하지만 이 소박하고 평범한 여성이 일생에서 비범한 일을 해낸 것이다. 죽어가는 사람들 곁에서, 그녀는 그들이 표현하지 못한 것들을 대신 말해 주었다. 죽음을 눈앞에 둔 사람에게 뭔가를 배우려고 한 게 아니라 그들 마음속에 있는 것을 표현하도록 이끌어내어 우리 삶의 교사가 되도록 그녀는 지속적으로 연구했다.

우리는 이집트에서 열린 죽음을 주제로 한 국제 컨퍼런스에서 처음 대면할 뻔하다가 만나지 못했다. 그녀가 뇌졸중으로 쓰러져 여행을 할 수 없었기에 우리의 첫 만남은 이루어지지 못했던 것이다. 그리고 몇 개월이 지나, 나는 안부를 묻기 위해 그녀에게 전화를 걸어 이렇게 물었다. "어떻게 해서든지 한번 뵙고 싶어요. 인연이 꼭 닿길 바랍니다." 그러자 그녀가 선뜻 대답했다. "화요일 괜찮으세요?"

엘리자베스는 뭔가를 이루어내는 데 익숙해진 여성이다. 그것은 누구나 탐구하길 꺼리는 인간의 생명을 다루는 분야에서 일을 시작하면서 그녀가 해야 할 일이었다. 그녀가 죽음을 앞둔 사람들에게 단지 바랐던 것은, 아무도 없는 병원의 복도 위에서 힘없이 쓸쓸하게 죽음을 맞이하는 대신, 100년 전 풍습처럼 사랑한 사람들 곁에 둘러싸여 평상시 그대로 죽음을 맞이하는, 집같이 편안한 곳에서 임종을 맞이하는 것이었다.

우리가 처음으로 공동 집필한 〈인생 수업〉 내용 중에는 분노에 관한 단원이 나온다. 나는 엘리자베스에게 말했다. "당신이 죽게 될 거라는 사실을 알게 되었을 때, 자신이 분노하고 있다는 사실에 대해 화가 나지 않던가요? 그 분노하는 모습에 얼마나 스스로를 비난했는지 그 기억을 들려주세요. 이에 대해 들려주시지 않으면 이 내용은 쓸 수가 없어요."

그녀는 이렇게 대답했다. "사람들은 내가 소개한 많은 단계들을 좋아하죠. 하지만 그들은 내가 그 어떤 단계도 경험하기를 원하지 않아요." 그러나 그녀는 다른 사람들과 다를 바 없는 한 인간이었다.

임종이 가까워오자 그녀는 내게 전화를 해서 간단히 한마디로 말했다. "와주세요." 이후 4일 동안 그녀의 자녀들과 가까운 친구인 브룩, 그리고 나는 그녀의 침상 곁에서 떠나지 않았다. 그리곤 정말 마지막 시간이 되어버릴지, 그렇지 않으면 다시 한 번 회복해서 그녀가 우리를 놀라게 해줄지를 노심초사 바라보고 있었다. 그 몇 시간이 며칠이 되는 동안, 우리는 죽음에 관해 스무 권이 넘는 책을 저술한 한 여인이 죽어가는 모습을 지켜보았다. 그녀를 무척 존경하는 몇몇 사람들은 그녀의 죽음 앞에 무언가 경이롭거나 감동적인 일이 일어나기를 기다렸을 것이다. 마치 죽음의 순간을 전문적으로 다뤄왔던 엘리자베스이므로 자신의 죽음을 초월할 수 있는 힘을 가지지 않았을까 기대하는 모습이었다.

나는 그들이 무엇을 기대했는지 실제로 모른다. 그것이 높고 신비한 무지개처럼 보이는 곳에서 흘러나오는 음악일 수도 있었겠지만 현실에서는 아무 일도 일어나지 않았다. 그녀의 죽음에 어떤 의외의 일은 없었다. 대신 엘리자베스의 죽음은 그녀가 지난 수년간 그렇게도 그려왔던 일상적 기쁨과 함께 찾아왔다. 병원에서 멀리 떨어진, 꽃이 가득하고 밖이 보이는 커다란 창문이 있는 방 안에서, 사랑하는 사람들이 둘러싸여 있고 침상 밑에는 그녀의 손자들과 내 아이들이 함께 놀고 있는 곳에서 그녀는 죽음을 맞이했다. 이 같은 평범한 죽음 속에서 그녀는 평화와 수용 그리고 오래 전부터 꿈꾸어왔던 죽음의 순간을 이루었다.

엘리자베스는 언젠가 이런 말을 했었다.

"죽음은 단지 이 생애를 마감하고 고통과 번뇌가 사라진 곳으로 옮겨가는 일일 뿐이에요. 이 사실은 상실과 슬픔에 잠긴 나에게, 내가 소중히 여긴 모든 사람들이 괜찮을 거라는 걸 가르쳐주고 날 안심하게 만들어주지요. 나는 그들을 다시 만나게 될 거예요. 그리고 난 내가 사랑하는 이들을 이곳을 떠난 이후에도 계속 돌봐줄 거예요. 그래서 그들과 함께 웃고 미소 지을 거예요. 만일 그들이 사후의 삶을 믿으려고 하지 않는다면 난 그들에게 재미있는 표정을 지으며 말할 거예요. '하하, 우린 이곳에 엄연히 존재하고 있으니…… 괜찮아'라고요. 진실로 영원할 수 있는 유일한 것은 사랑이라는 것을 난 알고 있습니다. 그러기에 난 내가 한 때 살았던 삶과 헤어진 사람을 몹시 그리워 할 거예요."

우리도 당신을 많이 그리워합니다, 엘리자베스.

2004년 11월
데이비드 케슬러

1
신은 감당할 만큼만 고통을 준다

ⓒ Getty Images | 멀티비츠

'자신이 쓴 글에 심취되어 밤을 지새울 수 없다면 그 글은 결코 다른 누군가의 밤을 지새우게 할 수 없다'는 속담이 있다. 마찬가지로, 이 글이 진정 우리를 울게 하지 못한다면, 이 책은 누군가에게 어떤 도움도 줄 수 없을 것이다.

앞일을 예감한다는 것은 가령 생일, 기념일, 휴가 같은 일들에 대해 기대를 더 높여주지만, 반면 불행히도 상실과 관련된 예감의 경우엔 그 가능성과 현실성 또한 더 크게 느끼도록 만든다. 인간은 자신이 필연적으로 죽을 수밖에 없는 존재임을 자각하는 유일한 종이다. 우리 자신뿐 아니라 사랑하는 이들 모두 언젠가는 죽으리라는 것을 아는 것은 우리를 불안하게 만든다. 우리는 삶을 채 시작하기도 전에 이미 그것을 느낀다.

어린 시절 문득 우리는 어느 날인가는 우리 자신이 죽으리라는 것을 깨닫는다. 그리고 우리 자신뿐만 아니라 우리 주위의 모든 이들도 때가 되면 죽는다는 것도 마찬가지다. 이것이 '상실의 예감'의 시작이다. 알 수 없는 일에 대한 두려움과 함께 언젠가는 경험해야 할 고통이 미리 문을 두드리는 것이다. 마치 우리를 준비시키기라도 하듯, 어린 시절 접하는 이야기와 영화들 속에서 예감은 줄곧 등장한다.

"밤비의 엄마가 총에 맞았어요!"

〈아기사슴 밤비〉가 처음 개봉되었을 때 많은 소녀들이 울먹이며 어머니와 아버지에게 이렇게 외쳤다. 우리 세대는 그때 우리가 사랑하는 누군가도 그렇게 죽을 수 있다는 것을 깨닫게 되었다. 지금으로 치면 〈라이온 킹〉에서 심바의 아버지가 죽는 순간의 느낌일 것이다. 어린 나이에 우리는 부모를 잃을 수도 있다는 것을 순간적으로 예감한다. 마음속에 그런 생각이 존재함에도, 그런 일은 다른 누군가의 부모에게나, 다시 말해 아기사슴 밤비나 심바의 부모에게나 일어나는 일이며 우리 부모에게는 결코 일어나지 않을 것이라고 부정하면서 자신을 위로한다.

몇 년 후 우리가 사랑하는 누군가가, 또는 우리 자신이 불치병에 걸릴 때 상실의 예감은 더욱 깊어진다. 상실의 예감은 우리 마음속에서는 '끝의 시작'이다. 이제 우리는 두 개의 세계 속에서 살아간다. 지금까지 우리가 익숙해져온 안전한 세계와, 사랑하는 사람이 죽을지도 모르는 불안전한 세계가 그것이다. 우리의 영혼을 준비시키기 위해서는 그러한 슬픔과 무의식이 필요하다고 막연히 느낀다.

상실을 예감하면서 느끼는 슬픔은 상실 후의 슬픔보다 더 조용하다. 우리는 종종 말이 없어진다. 슬픔을 우리 자신 안에 간직하는 것이다. 다른 사람의 적극적인 개입도 원치 않는다. 말할 필요도 느끼지 못한다. 그것은 말로 표현할 수 없는 감정이다. 단지 누군가가 손을 한 번 잡아주거나, 말없이 옆에 앉아 있어줌으로써 위안 받을 수 있는 그런 감정이다. 대부분의 경우 우리는 과거에 일어난 상실을 생각하면서 슬픔에 잠기지만, 상실의 예감에서 오는 슬픔은 앞으로 일어날 상실에 우리를 사로잡히게 만든다.

사랑하는 이가 이 세상과의 마지막 작별을 준비하며 한껏 슬퍼할 때, 우리 자신도 그 슬픔을 느끼지 않을 수 없다. 그 당시에는 그것을 깨닫지 못할 수도 있다. 그것은 사랑하는 이가 죽기 전에 우리의 뱃속 깊은 곳에서 느끼는 이상한 느낌이나 가슴의 통증 같은 것이다. 우리는 죽어가는 사람이 겪는 죽음의 다섯 단계만 생각하지만, 그를 사랑하는 이들 역시 그가 죽기 전 겪는 이 다섯 단계를 똑같이 통과한다. 이것은 특히 불치병이 오래 진행될 때 더욱 그렇다. 사랑하는 이가 죽기 전 당신이 그 다섯 단계를 전부 또는 두세 개 통과했을지라도, 상실 후에 당신은 그 단계들을 다시 겪게 될 것이다. 상실의 예감이 가져다주는 슬픔은 그 자체의 과정이 있으며, 이에는 꽤 시간이 걸린다.

프레드와 카렌은 2년 전에 정년퇴직을 했다. 그들은 유람선 여행을 다니며 평생에 걸친 노동의 대가를 즐기고 있었다. 그들에게는 장성하여 결혼까지 한 아들 존이 있었다. 이들은 정신력이 매우 강하고 감정을 표현하지 않는 가족이었다. 존의 아내는 "당신 가족은 감정이 없는 사람들인가요? 어떤 일에 대한 의견을 나누는 게 전부인가요?" 하고 남편을 놀리곤 했다.

어느 날 몸이 부쩍 피곤해서 정밀검사를 받은 프레드는 췌장암에 걸려 앞으로 일 년도 채 못 산다는 것을 알게 되었다. 가족들은 조용히 앞으로의 계획을 세우고 그와 관련된 일들을 정리해 나갔다. 존의 아내는 시어머니에게 "집안 분위기가 너무 무거워요. 왜 아무도 아버님 일에 대해 말하지 않는 거죠?" 하고 물었다. 시어머니는 "때가 되면 그 일에 대해 얘기를 나눌 거다" 하고 대답하는 것이 전부였다.

어느 일요일, 이들은 쓰던 물건들을 집 앞에 늘어놓고 중고세일을 했다. 존 부부도 부모님을 도와주기 위해 왔다. 전에도 가끔 중고세일을 한 적이 있지만, 이번에는 팔 물건들이 눈에 띄게 많았다. 시어머니와 며느리가 앞에서 물건을 팔고 있을 때, 존은 아버지가 어디 계신가 보러 안으로 들어갔다. 아버지는 목적 없이 집 안을 서성이고 있었다.

"아버지, 괜찮으세요?"

"내가 무엇을 해야 할지 모르겠구나."

갑작스레 슬픔이 밀려온 존은 아버지를 도와주고 싶었다.

"밖으로 나오셔서 물건 파는 일을 거들어주세요."

차고 안을 지날 때 아버지는 걸음을 멈추고 자신이 쓰던 작업대를 바라보았다. 아버지는 차고에서 물건 수리하는 일을 좋아했다. 최근에 존은 아버지와 함께 그곳에 서서, 자신은 아버지처럼 물건을 수리해서 쓰지 않으며 세상이 많이 달라졌다고 얘기한 적이 있었다. 그때 존은 이렇게 말했었다.

"요즘에는 물건들이 비싸지도 않으니 다들 물건을 고쳐 쓰는 대신 새것으로 사죠. 시간이 아깝기도 하고요."

차고를 떠나기 전, 프레드는 자신이 쓰던 연장들을 둘러보았다. 존은 아버지가 무슨 생각을 하는지 궁금해 하면서 아버지를 지켜보았다. 프레드는 존을 돌아보며 말했다.

"이곳에 있는 연장들을 모두 앞에 내다 팔아라."

존이 물었다.

"아버지, 진심이세요?"

"그래."

프레드는 그렇게 말하며 밖으로 나갔다.

존은 작업대와 벽과 서랍에서 연장들을 모으기 시작했다. 그러자 문득 자신이 어렸을 때 아버지가 그 연장들로 작업하시던 모습이 떠올랐다. 연장들 하나하나가 아버지 손에 들려져 있던 모습이 생생하게 그려졌다. 존은 너무도 슬퍼져서 차고에 혼자 서서 어깨를 들썩이며 흐느껴 울었다.
다시 돌아온 아버지가 존의 어깨에 팔을 두르며 말했다.
"우리 모두를 위한 것이란다. 우리 모두를."
감정의 절제를 가장 잘하는 가족들조차도 상실의 예감이 가져다주는 슬픔에 대해서는 면역이 되지 않는다. 존은 가족들 모두가 속에 숨기고 있던 감정을 마침내 표현한 것이었다. 이는 누군가가 죽은 후에만 슬퍼하는 것이 아니라 죽기 전에도 슬퍼한다는 것을 보여준 것이다.

상실을 예감하는 것은 상실의 경험에서 중요한 부분 중 하나이다. 우리는 종종 그것을 사랑하는 이가 죽음을 맞이하면서 겪는 과정의 일부라고 생각한다. 하지만 사랑하는 이를 잃고 살아남은 사람들에게 그것은 단지 긴 슬픔의 과정 중 시작일 뿐이다. 그러한 예감은 우리로 하여금 앞으로 일어날 일에 대비하도록 준비시키지만, 예감이 가져다주는 슬픔은 실제로 일어날 사건만큼이나 강하다는 것을 알아야 한다.
미리 경고 받았다고 해서 언제나 미리 대비할 수 있는 것은 아니다. 상실의 예감은 그 슬픔의 과정을 더 쉽게 또는 더 짧게 해줄 수도 있고, 그렇지 못할 수도 있다. 상실이 실제로 일어나기도 전에 미리 슬퍼한다는 생각 때문에 오히려 죄책감이 찾아올 수도 있다. 누군가가 실제로 죽기 전에 상실의 다섯 단계(부정, 분노, 타협, 절망, 수용)를 모두 거칠 수도 있고, 어쩌면 단지 분노와 부정만을 경험할 수도 있다. 모든 사람이 상실을 예감하는 것은 아니며, 예감한다고 해도 분명 똑같은 방식은 아니다.

사랑하는 이의 상태가 호전되지도 않고 죽지도 않으며 단지 형편없는 삶의 질 속에서 생명을 유지하고 있을 때, 우리 자신도 상실의 예감 속에서 다음 순간에 무슨 일이 일어날지 모르는 매우 불확실한 중간 상태를 경험하게 된다. 죽어가는 사람에게는 이 시기가 조용한 절망의 시기가 될 수도 있고 노골적인 분노의 시기가 될 수도 있다. 텔레비전은 볼 수 있으나 채널은 돌릴 수 없는, 배는 고프지만 스푼은 쥘 수 없는 순간들이 바로 이 시기이다.

사랑하는 이들은 그 모든 순간들을 각자의 차원에서 지켜보고 느낀다. 어떤 이는 그 중간 상태를 '죽음처럼 치명적이지는 않지만, 죽음보다 더 지독한' 상태이며, 자신들의 사랑하는 이가 그 '더 지독한' 상태에 갇혀 있다고 묘사했다. 이 상실의 중간 상태는 그 자체로 하나의 상실이기에 많은 이들의 위로를 필요로 한다. 불확실은 일종의 고문이다. 그것 또한 엄연한 상실이며, 상실이 일어날지 모르는 상태에서 아무 진전도 없이 서서히 어딘가로 가고 있는 것과 같다.

죽음에 대비할 수 있는 시간이 여러 해에 걸쳐져 있을 경우에는 죽음 후에 그 단계들을 겪지 않을 수도 있다. 치매나 중풍, 다발성 경화증(뇌와 척수 등 중추신경계를 다발적으로 침범하는 염증성 질환), 근위측성 측색 경화증(루게릭병) 같은 장기적인 병을 앓는 경우에는 사랑하는 이를 매우 서서히 잃기 때문에 그 기간 동안 우리는 상실의 다섯 단계 모두를 겪을 수도 있다.

상실의 예감이 죽기 몇 달 전, 혹은 몇 년 전에 일어나는 경우도 있다. 상실의 예감에서 오는 슬픔은 죽음 이후에 느끼는 슬픔과는 별개라는 것을 잊지 말아야 한다. 많은 사람들에게 상실의 예감은 앞으로 마주해야 할 고통스런 과정의 전주곡이며, 궁극적으로는 치유되어야 할 이중의 슬픔이다.

2 슬픔에게 자리를 내어주라

ⓒ Nikos Economopoulos | Magnum Photos | 유로포토-한국매그넘

분노가 솟구치면 소리 내어 분노하라. 판단하지 말고, 의미조차 찾으려 하지 않고, 오직 분노 그대로를 느끼라. 어차피 삶은 불공평하다. 죽음 역시도 불공평하다. 그러니 이토록 불공평하기 짝이 없는 상실 앞에서, 어찌 분노하지 않을 수 있으랴.

　슬픔의 다섯 단계(부정, 분노, 타협, 절망, 수용)는 30년 전 처음 소개되어 지금까지 이어오는 과정에서 잘못 이해된 점이 많았다. 이것은 우리 마음속에 복잡하게 뒤섞여진 감정들을 각 단계별로 깔끔하게 정리해 놓은 것이 아니다. 인간이 상실을 겪게 될 때 보이는 반응들을 나타낸 것이지만, 전형적인 상실의 모습이 정해져 있지 않듯 전형적인 반응도 존재하지 않는다. 우리의 삶이 다양하듯 슬픔 역시 그렇다.

　이 다섯 단계는 사랑하는 사람을 잃었지만 그 상실과 함께 삶 속에서 배우게 될 것을 한데 모아 놓은 하나의 틀이다. 느끼게 될 감정들을 선명하게 해주며 구별지어주는 하나의 도구이다. 하지만 각 단계가 순서대로 지나게 될 슬픔의 정거장은 아니다. 모두가 이 다섯 단계를 전부 겪거나 정해진 순서대로 경험하지는 않는다. 다만 이 단계를 통해 슬픔의 영역을 보다 잘 이해할 수 있으므로 앞으로의 삶과 다가올 상실에 잘 대처할 수 있었으면 하는 바람이다.

　지난 몇 년간 우리는 슬픔의 부정을 잘못 이해했다. 나는 죽음을 앞둔 사람에게 초점을 맞춘 〈인간의 죽음〉에서 부정의 단계를 처음 소개했다. 이 책에서 부정의 단계에 있는 사람은 사랑한 이를 잃은 비탄에 빠져 있다. 죽음을 앞둔 이에게 부정은 불신과 같다. 아무렇지도 않은 듯 생활하며 자신이 불치병에 걸렸음을 부정한다. 하지만 사랑한 사람을 잃은 사람에게 부정은 단어 뜻 그대로 더 많은 의미를 담고 있다.

이 부정은 사랑하는 이가 죽었다는 사실을 아예 인정하지 않는다는 의미가 아니다. 당장 집에 가면 현관문을 열며 자신을 반겨줄 아내가 없다는 사실이 믿어지지 않는 것이다. 또한 남편이 출장으로 잠시 자리를 비운 게 아니며, 그가 다시는 현관문을 열고 집으로 들어올 수 없는 현실을 상상할 수 없는 것이다.

부정의 단계에서 처음에는 충격에 휩싸여 정신이 멍해지고 망연자실한 모습을 보인다. "난 그 사람이 죽었다는 게 믿어지지 않아요"라고 말해도 이 부정이 실제 죽음을 부정하는 것은 아니다. 상실은 정신적으로 감당하기 힘든 일이기에 실제로 처음에 모두들 그렇게 말한다.

엘리사는 남편 매튜가 출장으로 자주 집을 비우는 일에 익숙해 있었다. 세계 도처를 돌아다니며 일해야 했던 남편이 그녀가 가고 싶은 장소로 가게 될 때는 함께 동반하기도 했다. 시차 적응, 빡빡한 일정, 서머 타임과 비행기 연착을 남편과 함께 경험했다.

엘리사는 이번 출장에서 시간상 델리에 도착했을 남편에게 아직 전화가 걸려오지 않자 의아해했다. 이틀 후, 그에게 연락이 왔고 호텔 전화기에 문제가 있었다고 설명하며 미안하다고 했다. 제3세계 나라들을 여행하다 보면 으레 있는 일이므로 엘리사는 충분히 이해했다.

그 후 이틀이 지난 어느 밤중에 남편의 회사 동료로부터 전화가 걸려왔다. 그는 가라앉은 목소리로 매우 안 좋은 소식이 있다고 말했다. 매튜가 자동차 사고로 사망했다는 것이다. 아직 자세한 상황을 전달받지 못했지만 곧 본사에서 그녀에게 연락할 거라고 했다.

엘리사는 자신의 귀를 의심했다. 수화기를 내려놓으며 이내 '방금 꿈을 꾼 건가? 뭔가 분명 잘못됐을 거야'라고 생각했다. 엘리사는 언니에게 전화를 걸었고, 언니는 날이 밝자마자 엘리사의 집으로 왔다. 8시가 되기를 초조하게 기다린 후 본사에 전화해보았지만 아무 소식도 듣지 못했다고 했다. 이보다 더 비극적인 상황일 수는 없었다. 회사에서는 즉시 상황을 알아보겠다고 했다. 아침 내내 엘리사는 지난밤에 걸려온 전화가 꿈인가 싶기도 했다. 실수였겠지? 그러나 낮 12시가 되어 걸려온 전화는 지난밤의 나쁜 소식이 사실임을 확인시켜주었다.

그 후 며칠 동안 엘리사는 남편의 장례식을 준비하는 내내, "그럴 리가 없어. 시신이 도착하면 매튜가 아니라는 걸 알게 될 거야"라고 수십 번 되뇌었다. 장례식 바로 전날, 엘리사는 결국 사랑하는 남편의 시신을 눈으로 확인했다. 단지 매튜와 닮은 사람일 거라고 확신하며 찬찬히 얼굴을 살펴보았지만, 손가락에 낀 결혼반지를 발견하고는 더 이상 의심의 여지가 없었다.

장례식을 치른 후 얼마 동안 엘리사는 친구와 식구들에게 전화를 걸어 이렇게 말했다.

"그이가 아직 출장 중인데 주변에 전화기가 없어서 내게 연락을 못하고 있는 것 같아요. 아마 지금쯤 집으로 오고 있을 거예요."

그러고는 매튜가 집으로 오지 않는 현실에 끝내 울음을 터뜨리곤 했다.

엘리사의 이야기는 부정이 어떤 식으로 나타나는지를 잘 보여주고 있다. 엘리사는 그 당시 이 일이 꿈일 거라고 생각하면서도 언니에게 전화하는, 곧 상실에 대처하는 적절한 행동을 취했다. 남편의 시신과 손가락에 껴 있는 결혼반지를 눈으로 직접 확인하자 현실이 더욱 와 닿았다. 엘리사는 매튜의 죽음이 진짜가 아니라고 계속 생각하고 있었기 때문에 부정의 단계에 있다고 말할 수 있다. 동시에 장례식 준비를 진행하고 있었으므로 부정의 단계가 아니라고 말할 수도 있다. 하지만 둘 다 맞는 말이다. 그 사실을 믿을 수 없었기에 마음으로 완전히 받아들일 수 없었던 것이다. 부정은 그녀가 무의식적으로 감정을 다스릴 수 있게 도와준 것이다. 장례식을 치르고도 엘리사는 종종 남편이 출장을 갔다고 여겼다. 이렇게 부정은 매우 세심하게 작용하면서 그녀가 고통으로부터 벗어날 순간을 만들어준다.

슬픔의 첫 단계는 우리가 상실에서 도저히 헤어나오지 못하도록 만든다. 인생이 무의미해지고 감당할 수 없게 느껴질 뿐더러 삶이 이치에 맞지 않아 보인다. 충격과 부정의 상태에 머물게 되는 것이다. 점점 정신이 무감각해져 간다. 어떻게 살아갈지, 살아간다 해도 왜 살아가야 하는지 의문스럽다가 그저 하루를 견뎌낼 방법을 찾게 된다.

그럴 때 부정과 충격은 상실을 극복하고 우리가 살아남을 수 있도록 해준다. 부정은 슬픔의 감정이 몰아닥쳐오는 속도를 더디게 해준다. 이처럼 부정 안에는 자비가 숨겨져 있다. 그것은 인간이 감당할 만큼만을 허락하는 신의 방식이다.

충격과 부정은 중요한 감정이다. 그것은 영혼을 보호해주는 장치이다. 상실과 관련된 감정들이 한꺼번에 안으로 밀려오면 심적으로 감당할 수 없게 된다. 일어난 사건이 실제로 믿어지지 않아서 믿을 수 없는 것이다. 이 단계에서 완전히 믿는다는 것은 너무나 버거운 일이다.

대개 부정은 벌어진 현실에 질문을 던지며 생겨난다. 그게 사실일까? 그 일이 정말 일어난 걸까? 그 사람이 진짜 사라진 걸까? 누군가를 도저히 잊을 수 없을 것 같은 절박함을 생각해보라. 그것은 상실을 겪고 나서도 그 사람을 잊지 않는 법을 배워가는 것보다 더 힘겨운 일이다.

사람들은 흔히 자신이 겪은 상실에 대해 얘기하고 또 얘기하는데, 그것은 마음이 정신적 충격을 다루는 방법이다. 또한 상실의 현실을 받아들이려고 애쓰는 동안 고통을 부정하는 방식이다. 부정이 시들해지면, 상실이 현실로 서서히 그 자리를 대신한다.

이제 당신은 '어떻게' 그리고 '왜'라는 질문을 하기 시작한다. 그 상황을 돌이켜보면서 '어떻게 그런 일이 일어났지?'라고 자문한다. 더 이상 입을 여는 게 아니며 마음 안쪽으로 방향을 돌려 이해해보려고 유심히 생각한다. 사건의 주변 상황들을 찬찬히 탐색해본다. 꼭 일어나야 했나? 굳이 그런 방식으로 일어나야 했을까? 그 일을 막을 수는 없었을까?

상실의 실체가 서서히 침투하기 시작한다. 이제 그 사람은 다시는 돌아오지 못한다. 그는 이번에는 깨어나지 않는다. 스스로에게 질문을 던짐으로써 그가 정말로 떠나버렸음을 믿기 시작한다.

상실의 현실을 받아들이고 스스로 묻기 시작할 때, 자기도 모르게 치유의 과정이 시작되고 있는 것이다. 마음이 강해지면 부정은 서서히 희미해지기 시작한다. 하지만 치유가 되면서 지금껏 부정해왔던 모든 감정들이 수면 위로 떠오르기 시작한다.

분노는 여러 형태로 나타난다. 사랑하는 사람이 건강에 더 신경 쓰지 않았던 것에 화가 나고, 사랑한 이를 더 잘 보살피지 못했던 자기 자신에게 화가 난다. 분노가 논리적이거나 타당할 필요는 없다. 이런 일이 일어날 것을 예견하지 못한 자신에게 화가 날 수도 있다. 화가 나면 그 어떤 것도 막을 수 없다. 너무나 소중한 사람을 살려내지 못한 의사에게 분노가 치밀어 오른다. 자신에게 너무나 의미 있는 사람에게 나쁜 일이 생길 수 있다는 게 화가 난다. 이 세상에 혼자 남겨지고 함께 더 많은 시간을 보내지 못한 것에도 화가 난다. 그 사람도 죽고 싶어하지 않았다는 것을 머리로는 알고 있다. 하지만 마음으로 아는 것은 그가 죽었다는 사실뿐이다. 그 일은 일어나지 말아야 했고, 설사 일어나더라도 지금은 아니었다.

이젠 어떤 일이 생겨도 끄떡하지 않을 것처럼 충분히 안정을 되찾았을 때 분노가 모습을 드러낸다는 것을 기억해야 한다. 처음에는 상실을 겪고도 살아가는 게 놀랍게 느껴질 것이다. 그 후 더 많은 감정들이 밀려온다. 대개 분노는 슬픔, 공포, 아픔, 외로움보다 먼저 다가오며 더 강하게 일어난다. 당신의 분노하는 모습에 가족과 친구들은 당황하고 만다. 마치 당신이 안정을 되찾기 전의 모습으로 되돌아가버린 것 같기 때문이다.

또한 상실을 막을 수 없었던 스스로에게 화가 난다. 막을 능력은 없었지만 분명 막을 의지는 있었다. 생명을 구하려는 의지가 죽음을 피하게 하는 능력은 아니다. 하지만 무엇보다 옆에서 지켜보았던 예기치 못한 부당하고 원하지 않은 상황에 화가 날 수도 있다. 누군가 이런 말을 한 적이 있다.

"그녀를 찾을 수 없고, 이름도 부를 수 없으며, 볼 수도 없는 세상에서 내가 계속 살아야 한다는 것이 화가 납니다. 너무나 사랑했고 내게 필요한 그 사람을 어디에서도 찾을 수 없습니다. 그녀는 육신 속에 더 이상 머물러 있지 않습니다. 영혼이 내 곁을 떠나버렸습니다. 그녀의 영혼에게서 느껴지는 일체감과 친밀감이 내게서 사라졌습니다. 망연자실 속에 분노로 가득할 뿐입니다."

분노는 치유 과정의 필수 단계이다. 끝이 없어 보일지라도 분노를 기꺼이 느껴보라. 진심으로 느끼면 느낄수록 분노는 점점 더 사라지기 시작하며 당신은 치유될 것이다.

분노는 우리에게 가장 친숙한 감정이다. 분노 저변의 여러 감정들과 만나는 데에는 시간이 필요하다. 우리는 종종 저 아래 있는 감정들을 대면하기보다는 회피하려 한다. 처음에는 분노가 모든 감정을 다 삼켜버린 것처럼 느껴지겠지만, 감정의 첫 기복을 지나고 나면 안으로 더 깊이 들어갈 준비가 된다. 슬퍼하고 애도하는 동안 분노는 다양한 모습으로 바뀌어지면서 지속적으로 찾아온다.

얀은 남편이 죽었을 때, 결혼한 친구들이 현실을 극복하는 법에 대해 충고해주는 것을 듣고는 적잖이 당황스러웠다. 애정이 담긴 모범적 조언을 들려준 그들이었건만, 중요한 것은 그들 모두 남편을 잃지 않았다는 점이다. 얀은 점잖게 경청했지만 마음속으로는 이렇게 생각했다. '너희들이 뭘 알겠니? 너희 남편들은 아직 살아 있는데……'

얀은 친구들을 사랑했고 물론 그들의 진심 또한 잘 알고 있었다.

"그들을 한 대 때리고 싶은 걸 가까스로 참을 수 있었던 건 나를 언젠가 이해할 거라는 걸 알고 있어서였어요."

사실 분노의 대상에는 한계가 없다. 친구, 의사, 가족, 자기 자신, 죽은 사람뿐만 아니라 신에게도 확장되어간다. 이런 상황에 신은 도대체 어디 있는가? 신의 권능은? 그의 자비하심은? 이것은 정녕 신의 뜻인가, 라고 물을 것이다. 이것이 신의 계획이며 헤아릴 수 없는 깊은 뜻이라는 말을 듣고 싶지 않을 것이다. 대신 이렇게 말하고 싶을 것이다.

"신이시여, 내 남편이 죽었습니다. 이것이 정녕 당신의 계획입니까?"

"난 당신의 헤아릴 수 없는 큰 뜻을 원치 않습니다. 다만 그가 돌아오기만을 원할 뿐입니다. 믿음이 흔들리고 사라지고 있습니다."

"그것은 주시는 것이 아니며 다만 빼앗아갈 뿐입니다."

"신은 실망 그 자체이며 나와 사랑한 이를 향한 그의 계획 때문에 내 믿음은 완전히 무너져버렸습니다."

사랑한 이를 잘 돌봐주지 않은 신에게 화가 날 것이다. 신이 자신이 저지른 엄청난 실수를 깨닫고 사랑한 이를 돌려보내주기를 바랄 뿐이다. 다만 분노와 함께 앉으라. 그리고 상실과 분노를 영혼과 종교와 어떻게 화합시킬지 생각하라. 화합할 마음이 전혀 없을 수도 있다. 많은 이들은 감히 이런 분노의 감정을 입 밖에 내지 않는다. 신이 자신에게 화가 나 있고 상실은 그를 노하게 한 대가라고 여긴다. 사랑한 이가 죽어갈 때 신이 직접 개입하여 사랑한 이의 목숨을 구해달라고 요구하는 타협의 단계를 이미 지나쳤다. 사랑한 이가 죽고 난 지금, 신은 가장 필요한 순간 자신의 기도에 결코 응답하지 않은 존재로 뇌리 속에 남는다.

착한 사람은 이 세상의 질병으로 고통 받지 않을 거라고 내심 생각한다. 당신과 사랑한 이는 이 거래 조항을 잘 지키고 있다고 생각할 것이다. 예배에 빠짐없이 참석했으며, 정이 많고 친절하며 자비로운 당신이다. 들은 것은 모두 행한다. 이렇게 하면 상을 받을 거라고 굳게 믿고 있다. 그런데 이 상실은 상이 아니다. 또한 건강에 신경 쓰고, 끼니를 잘 챙겨 먹고, 정기적으로 건강검진을 받고, 적당한 운동을 하면 건강한 몸을 부여받을 거라고 여긴다. 그런데 선, 공정, 자비, 건강, 젊음 그리고 필요한 것과 절실한 것이 우리에게서 사라져버릴 때, 이 믿음과 추측은 와르르 무너져버린다.

히더 부인은 열여섯 살 나이의 딸이 죽었을 때, 인생의 꽃을 채 피워보지도 못한 어린 딸아이의 생명을 거둬버린 신에게 분노가 치밀어 올랐다. 딸아이가 투병중일 때 큰 의지가 되어주었던 교인들도 그녀의 분노를 감당하기가 버거웠다. 기도에 응답받지 못한 그녀는, 하나님은 기도에 응답하시는 분이라는 말을 더 이상 듣고 싶지 않았다. 하나님께 너무 심하게 화를 내는 것에 대해 교인들이 자신을 좋지 않은 시선으로 바라보고 있다는 것을 알았지만 자제할 수 없었다.

한 친구가 조심스럽게 히더 부인에게 말했다.

"하나님의 노여움을 사지 않도록 조심해요."

그 말에 히더 부인은 더욱 격분하며 반박했다.

"하나님이 어쩌실까요? 내 딸을 데려갔지 않았나요? 또 어떻게 하실까요? 이젠 날 데려갈까요? 그거 괜찮겠군요. 여기보단 내 딸아이가 있는 곳이 더 낫겠어요."

친구는 무릎을 꿇으며 부드럽게 말했다.

"우리 회개하고 용서를 구해요."

그 순간 히더 부인은 친구들을 남겨두고 교회를 떠나야겠다고 결심했다. 그녀가 다시 교회로 돌아오는 데 수년이 걸렸다.

어떤 이의 분노 단계를 빨리 지나가게 하려고 재촉할수록 그 사람과의 사이가 더더욱 멀어질 뿐이다. 누군가에게 그 사람의 본래 모습에서 변화를 요구하고 다른 뭔가를 느끼기를 요구한다면, 이는 그 사람의 있는 그대로 모습이나 상황을 받아들이지 않겠다는 것이나 마찬가지이다. 변화되도록 강요받거나, 본 모습 그대로 받아들여지지 않는 걸 좋아할 사람은 없다. 더구나 슬픔에 잠겨 있을 때는 더욱 그렇다.

오늘날 대부분의 교회와 성직자들은 신에게 분노를 느끼는 것을 이상하게 여기지 않는다. 교회에서는 성직자나 목사가 사별한 사람들에게 감정을 모두 표출하도록 격려해주는 모임을 만들기 시작했다. 분노를 표출하는 걸 그대로 지켜보며 굳이 가라앉히려고 하지 않는다. 교회나 절 등에 가서 당신의 분노에 대해 고백해보라.

인간은 자신이 믿고 있는 신과 그의 역할에 대해 종종 궁금해 한다. 한 성직자가 집회에 참석한 신도들에게 상실을 겪은 후 하나님과의 관계에 대해 의문 나는 점을 질문하도록 했다. 비탄에 잠긴 신도를 돕는 것이 자신의 목표 중의 하나라고 했다. 그는 말했다.

"때로 우리는 누군가 죽고 나면 곧바로 장례식을 거행해주는 훌륭한 일을 합니다. 하지만 여기 계신 여러분들은 그 상실로 인해 하루하루를 슬픔으로 살아가는 사람에게 힘을 주셨으면 합니다. 분노를 있는 그대로 느끼며 터놓고 말하다 보면, 여러분의 분노를 감당하실 만큼 강인하고, 당신에게 동정과 사랑을 베푸시는 강한 신의 모습을 발견하게 될 것입니다. 심지어 여러분이 화를 내고 있는 중에도 말입니다."

분노 아래는 고통, 다시 말해 당신의 고통이 숨어 있다. 소외되고 버림받은 기분을 느끼는 것은 당연한 일인데 우리 사회는 분노를 두려워한다. 분노가 잘못됐고 부적절하며 부적합하다고들 말하며, 심지어는 거칠고 너무 지나치다고도 한다. 분노를 다루는 법을 모른다면 그것은 그들의 문제이다. 불행하게도 그들도 언젠가는 상실의 분노를 알게 될 것이다. 하지만 지금 이 순간 당신이 할 일은 분노를 허락하고 존중해주는 것이다. 필요하다면 혼자만의 공간을 찾아 분노를 밖으로 꺼내보라.

분노는 곧 저항의 힘이다. 다시 말해 상실의 공허감 속에 잠시나마 붙잡을 수 있는 하나의 닻이 될 수 있다. 처음에 슬픔은 마치 바다에서 길을 잃은 것처럼 느껴진다. 누구와도 연락이 되지 않는다. 이내 누군가에게 화가 나기 시작한다. 그 누군가가 장례식에 참석하지 않은 사람일 수도, 주변에 없는 사람일 수도, 사랑한 이가 죽은 후 태도가 달라져버린 사람일 수도 있다. 갑자기 큰 구조물이 올라온다. 그들을 향한 분노가 바로 그것이다. 분노는 드넓은 바다 위로 당신과 그들을 연결하는 하나의 다리가 된다. 그것은 지지대와 같은 것이 된다. 분노의 힘으로 만들어진 그 연결선은 아무것도 없는 것보다는 더 낫다.

우리는 분노를 느끼는 법보다는 억제하는 법을 더 많이 알고 있다. 얼마나 화가 나는지 상담자에게 말해보라. 베개에 대고 크게 소리 질러보라. 당신과 다른 누군가가 다치지 않으면서 분노를 밖으로 꺼낼 방법을 모색해보라. 산책을 하고 수영을 즐기며 정원을 손질하라. 운동은 분노를 구체적으로 형상화시키는 데 도움을 줄 것이다. 화가 안에서 부글부글 끓게 두지 말라. 대신 화를 찾아보라. 분노는 사랑의 강도를 나타내는 또 다른 표시이다.

분노하고 있다는 것은 치유되고 있음을 의미한다. 즉 수면으로 올라오기에는 너무 이른 감정들을 서서히 받아들이고 있는 것이다. 판단하지 말고 의미를 찾으려 하지 않고 분노 그대로를 느끼는 것이 중요하다. 분노는 여러 모습으로 나타난다. 의료관리 체제에, 삶에, 사랑한 이가 떠나버림에 분노한다. 삶은 불공평하다. 죽음 역시도 불공평하다. 분노는 상실의 불공평함에 대한 자연스런 반응이다. 하지만 불행하게도 이 분노는 당신이 가장 외로울 때 친구나 가족을 당신 곁에서 떠나버리게 만든다.

당신은 또한 죄책감을 경험한다. 그것은 자신을 향한 분노이다. 하지만 당신은 책임이 없다. 상황을 바꿀 수 있었다면 그렇게 했겠지만, 당신은 그럴 힘이 없었다. 당신은 느낄 수 있고, 정말 사랑했었고, 상실했다는 사실들이 분노를 통해 확인된다.

화를 허락하면 할수록 마음속 깊이 감춰진 감정들을 더욱 더 찾게 된다. 분노는 가장 즉각적인 반응이지만, 그것을 다스리면서 숨어 있던 또 다른 감정들을 발견하게 될 것이다. 보통은 상실의 고통을 발견하게 된다. 분노의 강도가 감당하기 버거울 수도 있다. 어떤 면에서 그것은 잃어버린 사랑의 양과 비례하기 때문이다. 고통 속으로 들어가면 그곳에서 빠져나올 수 없을 것 같고 영원히 지속될 것처럼 보인다. 하지만 결국 반대편 출구로 나오게 될 것이다. 고통은 가라앉고, 상실의 감정들은 다시 형태를 바꾼다. 다른 이의 시선 때문에 분노를 무시하지 않도록 하라. 누구든 당신의 분노를 비난하도록 두지 말라. 심지어 당신 자신이라 할지라도.

사랑한 이를 잃기 전에는 그 사람이 살 수만 있다면 무엇이든 할 수 있을 것이라 여기며 이내 타협하기 시작한다.

'제발, 신이시여, 내 아내를 살려만 주신다면 다시는 아내에게 화를 내지 않겠습니다.'

결국 사랑한 이를 잃은 후에 타협은 잠시 협상의 형태를 띤다.

'다른 사람을 돕는 데 내 남은 인생을 바친다면 어떻게 될까? 그러면 잠에서 깨어나 이 모든 게 악몽이었음을 알게 될까?'

우리는 "만일 그랬더라면……" 또는 "그러면 어떻게 될까"라는 생각의 미궁 속에서 헤어 나오질 못하고, 그저 삶이 예전 그대로 돌아가기를, 그리고 사랑한 이가 다시 살아나길 바란다. 그때 그 시간으로 되돌아가길 소망하는 것이다. 그러면 종양을 더 빨리 발견하고, 병을 더 일찍 알아차리고, 사고가 일어나는 것을 막았을 텐데…… '만일'이라는 단어는 끊임없이 반복된다.

이 같은 타협에 수반되는 감정이 바로 죄책감이다. 이런 가정과 희망들은 자신의 잘못을 발견하게 하고 다르게 행동할 수 있었던 부분을 생각나게 한다. 심지어 우리는 고통과도 타협한다. 이 상실의 고통을 느끼지 않기 위해서라면 우리는 어떤 일도 할 것이다. 여전히 과거의 기억 속에 남아 고통으로부터 빠져나갈 길을 생각해낸다.

일흔다섯의 하워드는 아내 밀리와 함께 건강을 잘 돌보기로 결심했다. 매일 조금씩 걷는 게 몸을 건강하게 해주고 치매 예방에도 좋고 숙면을 취하게 해준다는 기사를 어디선가 읽었다. 밀리는 안 하겠다고 버티는 것보다는 그의 계획에 따라주는 것이 차라리 편하다는 것을 알고 있었다.

도보 운동을 시작한 지 6일째 되는 날, 용무로 바쁜 아침을 보내고 와서 하워드는 바로 산책하러 나갈 채비를 했다. 밀리는 하워드를 바라보며 말했다.

"이 운동을 굳이 매일 해야 하나요? 하루쯤 쉬어도 몸에 지장이 없을 텐데."

하워드는 장황하게 말을 늘어놓기 시작했다.

"뭐든 습관화가 되려면 적어도 한 달은 걸려요. 무슨 일이 있어도 우리는 하루도 빠지지 않고 이 운동을 해야 해요."

밀리는 눈동자를 굴리며 말했다.

"잠깐 쉬었다 할 수 있잖아요? 방금 들어왔는데."

하워드는 부인의 스웨터를 잡아끌었다.

"자, 그런 얘긴 그만합시다. 걷고 나면 기분이 한결 좋아질 거요."

그들은 한 블록을 지나 횡단보도를 건넜다. 반쯤 건너고 있을 때, 모퉁이 쪽에서 자동차 한 대가 무서운 속도로 돌진하더니, 밀리를 덮치고 그 다음 하워드를 치었다. 순식간에 방향감각을 잃은 하워드는 급히 고개를 돌려 밀리를 찾았다. 밀리는 이미 저만치 떨어져 도로 위에 쓰러져 있었다. 어느새 누군가 다가와 그에게 괜찮은지 물었다. 그는 다급히 물었다.

"제 아내는요!"

구조대원들은 자신들이 아내를 잘 돌보고 있다며 안심시켰다.

하워드는 병원에서 수십 군데의 타박상과 부러진 팔을 치료했다. 하지만 밀리는 그렇게 운이 좋은 편이 아니었다. 그녀는 내부 장기가 심각하게 손상돼 수술해야만 했다. 가족들에게 둘러싸여 의자에 앉아 있던 하워드는 마음속으로 몇 번이고 되뇌었다.

'신이시여, 제발 아내를 살려주세요. 아내가 원하지 않는 일은 절대 하라고 하지 않겠습니다. 더 착한 사람이 되겠습니다…… 두고 보세요…… 자원봉사도 하겠습니다. 내 남은 인생 전부를 당신께 바치겠습니다. 제발 지금은 안 됩니다.'

한 시간이 지나 수술을 마친 의사가 그에게 걸어와 조심스럽게 입을 열었다.

"죄송합니다. 부인을 살려내지 못했습니다."

사람들은 각 단계가 일주일 또는 몇 달 정도 지속될 거라고 생각한다. 다시 말해 각 단계가 단 몇 분 또는 단 몇 시간만 유지되는 감정의 반응이라는 사실을 잊어버린다. 어느 단계에 잠깐 들어왔다가 순식간에 다른 단계로 이동하기도 한다. 각 단계를 순서대로 들어가고 나가지 않는다. 어느 한 단계를 느끼고 그 다음 단계, 그리고는 다시 처음 단계로 돌아갈 수도 있다.

하워드에게 사고가 난 첫날은 마치 복잡한 감정들이 담겨진 가방 안에 있는 것처럼 느껴졌을 것이다. 그는 "밀리가 그렇게 가버릴 수는 없어요"라고 말하곤 했다. 그리고는 아내를 덮친 차가 그때 뺑소니 쳤다는 사실을 알고 순간 화가 났다. 잠자리에서 그는 다시 타협하기 시작했다.

'신이시여, 부디 저를 잠들게 하시고 잠에서 깨어났을 때는 이 상황이 모두 꿈이었음을 알게 하소서. 그녀가 돌아오기만 한다면 무엇이든 하겠습니다.'

그 후 몇 분 동안, 그는 옆에 누워 있는 밀리와 함께 아침을 맞이하는 꿈을 꾸었다. 그녀에게 지난밤에 꾸었던 끔찍한 악몽을 들려준다. 아침 식사를 하며 그는, 지금부터는 둘 다 정말 원할 경우에만 산책할 거라고 맹세하며 함께 웃는다.

'만일'이라는 단어와 함께 그의 머릿속은 타협으로 가득 차 있다. 만일 '물론, 나중에 산책해도 되지'라고 말했다면 어떻게 됐을까? 만일 걷기에 대한 기사를 읽지 않았다면 어떻게 됐을까?

가족들은 그가 사고에 책임이 없음을 일깨워줘야만 했다. 그들은 말했다.

"자넨 밀리를 건강하게 해주려고 했던 거야. 죽게 만들려고 한 게 아니잖나. 훔친 차를 탄 무모한 운전사가 모퉁이에서 돌진해 올 걸 어떻게 알 수 있었겠어."

그들은 하워드가 죄책감 때문에 그런다고 생각했다.

하워드는 그 일이 자신의 잘못이 아님을 안다고 말했다. 그에게 타협은 고통에서 달아나고, 아내 없는 슬픈 현실에서 벗어나는 것이었다.

사고 이후 여섯 달 동안 부정과 분노 그리고 수만 가지 타협들이 끊임없이 함께했다. 결국 이것은 그를 절망으로 인도했고, '만일'이란 타협이 여전히 섞인 채, 수용의 단계는 그 후 몇 년간 아주 조금씩 일부분만 나타났다.

아내의 죽음이 일어나지 않은 전혀 다른 미래의 모습을 한 조각 움켜쥐고 있는 하워드에게 타협은 가장 핵심이 되는 단계였다. 타협은 슬픔 속에 자리 잡은 고통을 경감시켜주는 중요한 작용을 한다. 그는 타협이 결코 이루어질 거라고는 믿지 않는다. 다만 타협 안에서 잠시 위안을 찾을 뿐이다.

그 밖에도 타협은 마음이 상실의 어느 한 상태에서 다른 상태로 이동하도록 돕는다. 타협은 우리가 각 단계에 적응할 수 있도록 시간적 여유를 주는 중간 정거장이 된다. 강한 감정들이 지배하고 있는 공간들이 각각 거리를 두고 유지되도록 그 간격을 타협이 채워준다. 어쩌면 마구 흐트러져 있는 혼란 상태에 질서를 부여해준다고 느껴지게 한다. 시간이 지남에 따라 타협의 형태가 변한다. 사랑한 이를 살리기 위해 타협을 시작한다. 나중에는 심지어 사랑한 이 대신 자신을 죽게 해달라고 타협한다.

사랑한 이가 곧 죽는다는 사실을 받아들이게 되면 그가 고통 없이 죽게 해달라고 타협한다. 그들이 죽고 나면 타협은 종종 과거에서 미래로 옮겨간다. 사랑한 사람을 천국에서 다시 볼 수 있게 해달라고 타협한다. 남은 가족이 병에 걸리게 될 시기를 미뤄달라고 혹은 또 다른 슬픔이 사랑한 이들에게 찾아오지 않게 해달라고 타협하며 간곡히 청한다. 아이를 잃은 엄마는 남은 아이들이 이대로 계속 안전하고 건강하게 해달라고 타협한다.

가수 에릭 클랩톤은 그의 유명한 노래 〈Tears in Heaven〉에서 비극적으로 죽은 어린 아들에 대한 가사를 썼다. 어느 구절에서 아들이 결국 천국에 이르게 되면 그제야 울음을 멈출 수 있을 것 같다는 타협의 단계로 해석되는 부분이 있다.

타협의 단계를 통과하는 동안, 우리는 '만일 이랬다면······.' '만일 이런다면······.'이라고 가정하며 이미 지나간 과거의 사건들을 다르게 바꿔보기도 한다. 하지만 슬프게도, 결국엔 매번 똑같은 결론에 도달한다. 사랑한 이가 정말로 가버린 슬픈 현실로.

타협 단계가 지나면 우리의 관심은 곧바로 지금의 현실로 이동하게 된다. 공허감이 드러나고 슬픔이 상상했던 것 이상으로 깊게 침투한다. 이 절망의 단계는 영원히 지속될 것 같다. 이 절망감은 정신병 조짐이 아님을 이해하는 것이 중요하다. 그것은 크나큰 상실을 겪고 나서 나타날 수 있는 반응이다. 강력한 슬픔의 안개 속에 혼자 남겨진 채로 삶에 소외되어 애써 세상을 살 의미가 있는지 의문스럽다. 왜 굳이 살아가야 하는가?

아침이 오지만 개의치 않는다. 침대에서 일어날 시간이라며 속삭이는 목소리가 머릿속에 울리지만 그렇게 할 열의가 없다. 그럴 이유도 없다. 삶이 무의미하게 느껴진다. 침대에서 일어나는 일이 산을 오르는 것만큼 힘겹게 느껴진다. 마음이 침울하며, 자꾸만 뭔가를 뺏기는 기분이 든다.

하루하루를 버텨내기 위한 행동들을 보고 있으면 그 모든 것이 하나같이 공허하고 의미 없어 보인다. 왜 먹어야 하나? 왜 먹지 말아야 하나? 모든 일에 신경을 써야 하지만 그렇게 되지 않는다. 무슨 일이 일어나고 있는지 마음을 쓰게 되면 그로 인해 겁이 날 것 같다. 그래서 어떤 것에도 관심 갖고 싶지 않다. 주변 사람들은 그것을 무기력이라 여기며 당신이 그 절망감에서 빠져나오길 바란다.

상실 후에 찾아오는 절망을 병으로 보는 경향이 있다. 빨리 치료해야 하는 상황으로 여긴다. 우선 자문해봐야 할 첫 번째 질문은 지금 상황이 실제로 절망스러운지 아닌지를 묻는 것이다. 사랑한 사람을 상실한 일은 매우 절망스런 상황이며, 절망은 극히 정상적이고 적절한 반응이다. 사랑한 이가 죽었는데도 절망을 느끼지 않는 것이 오히려 더 비정상적이다. 상실감이 영혼 깊숙이 자리 잡으며 그 사람이 이번에는 회복될 수 없으며 다시는 돌아오지 못한다는 걸 실감하게 될 때 절망이 찾아오는 것은 극히 당연하다.

비탄에 잠겨 있을 때 사람들은 우리에 대해 궁금해 하고 우리 자신도 우리가 궁금하다. 슬픔과 함께 찾아오는 절망의 무겁고 어두운 감정을, 하지만 극히 정상적인 감정을 우리 사회에서는 치료해야 한다고 여긴다. 물론 치료받지 않은 임상적 우울증은 정신 상태를 더욱 악화시킬 수 있다. 하지만 절망감은 우리가 비탄에 빠져 있는 동안 신경체제를 닫게 만들어 감당할 수 없다고 느끼게 하여 우리를 보호하려는 본능적 의지이다.

슬픔이 치유되는 과정이라면, 절망은 그 과정에서 꼭 지나쳐야 하는 단계 중 하나다. 만일 자신이 절망에 빠져 있음을 인식하거나 친구들로부터 자신이 낙담해 있다는 말을 들을 때, 당신의 첫 번째 반응은 그것을 부정하며 빠져나올 방법을 모색한다. 절망에서 빠져나오려는 길을 찾는 것은 마치 태풍의 소용돌이 안에서 탈출구가 없음을 두려워하며 바다 위를 배회하는 것과 같다.

고통이 혹독한 만큼, 절망은 역설적인 방식으로 치유될 수 있다.

절망을 방문객으로 여기라. 환영받지 못한 방문객이지만 당신이 좋아하든 싫어하든 방문할 자이다. 그 손님을 위해 자리를 마련하라. 절망을 초대해 난로 앞 당신 옆으로 의자를 마련해, 피할 방법을 강구하지 말고 다만 함께 앉으라. 슬픔과 공허함으로 인해 정화된 순수함 속에서 상실을 바라보라. 절망을 느끼도록 마음을 놓아두면, 상실 안에서 목적을 달성한 절망은 곧바로 떠날 것이다. 더 강해지면 때때로 절망은 다시 찾아올 수 있지만, 이게 바로 슬픔이 일어나는 방식이다.

영리하고 카리스마 넘치는 여성인 클라우디는 다 큰 딸이 죽어갈 때 느낀 절망감이 너무나 깊어 스스로도 놀라고 말했다. 절망스러울 만큼 충분히 절망했다고 생각했지만 딸아이가 막상 떠나버리자 절망은 다시 찾아왔다. 클라우디는 말했다.

"그 절망감은 딸아이가 살아 있을 때와 전혀 달랐어요. 딸아이가 병과 싸우고 있을 땐, 내 절망 안에는 벽이 존재했지요. 그것은 싸움이 일어나고 있는 마음속에서 지탱이 될 만한 것이었어요. 하지만 딸아이가 죽은 후 다시 찾아온 절망은 마치 샌드백으로 맞은 기분이었어요. 계속해서 나를 넘어뜨려 결국엔 다시 일어날 의욕도 없어져버렸지요."

마침내 절망이 지나갔고 클라우디는 더 많은 일을 하고 자주 외출했다. 파트타임 직장으로 다시 돌아갔고 친구들이 주는 일거리를 받기 시작했다.

"시간이 지나면서 건강도 많이 좋아지고 일에 능률도 오르고 서서히 안정을 찾아가고 있을 때쯤 절망이 불시에 다시 찾아왔어요. 절망과 이제 볼일이 없다고 생각했는데, 절망은 제게 아직 볼일이 남았었나 봐요. 이번에는 큰 속삭임을 들었어요. 그 목소리는 딸아이가 절대 돌아오지 않을 현실을 명백히 알려주더군요. 이번 절망에는 벽도, 천장도, 바닥도 없더군요. 전보다 더 끝이 보이지 않았고 나는 또 다시 이 익숙한 옛 손님을 맞이해야 했어요. 이 폭풍을 완전히 빠져나갈 유일한 길은 그것을 처음부터 끝까지 겪는 것이라는 사실을 알게 됐어요."

우리는 상실의 단계를 광범위하게 이용하면서도 악용해왔다. 우리 사회는 거의 '우울 근절 캠페인'에 참가한 것처럼 보인다. 때로는 개입이 절대적으로 필요할 때도 있지만 우리는 슬픔과 함께 찾아오는 정상적인 절망에 자리를 내어주려 하지 않는다.

우울증은 장기간 또는 극도의 절망 상태로 간주되는 질병의 하나이다. 하지만 우리 사회는 합당한 슬픔을 치료가 요구되는 우울증으로 취급하는 경향이 있다. 정상적인 절망은 삶 속에서 일정 기간 동안 느끼는 슬픔이며 흔히 걸리는 마음의 감기와 같다. 심지어 TV 광고에서까지 절망을 치료하는 데 도움이 되거나 사라지게 해줄 것 같은 약을 선전한다. 정상적인 절망이 전문가의 도움이 요구되는 임상적 우울증으로 진전되었을 경우에는 항우울제가 일시적으로 도움이 되기도 한다.

상실 뒤에 오는 절망 안에는 원인을 알 수 있는 특정한 슬픔이 존재한다. 더 심각하고 오래 지속되는 절망 상태일 경우에는 누군가의 도움을 받기가 어렵다. 이런 경우 항우울제 복용은 도움이 될 수 있고 끝없는 절망의 수렁에서 건져줄 것이다. 단 슬픔에 잠긴 이의 상황을 잘 아는, 올바르게 교육받은 의학전문가만이 정확한 진단을 내릴 수 있다.

절망을 치료하는 일은 균형을 맞추려는 행동이다. 손 쓸 수 없이 계속되는 절망이 거머리처럼 달라붙어 삶을 피폐하게 만들지 않도록 슬픔을 적절하고 자연스런 상실의 단계로 받아들여야 한다. 항우울제 사용은 여전히 논란의 쟁점이 되고 있으며 특히 상실과 관련된 경우는 더욱 그렇다. 어떤 이는 항우울제를 복용하면 슬픔의 단계를 건너뛰게 될까봐 걱정한다. 그럴 수도 있다. 하지만 사실 약물을 복용하든 안 하든 슬픔은 그곳에 그대로 존재하며 언제든 치유될 수 있다. 약물치료를 두고 절망을 치유하기 위해 단지 기초를 다지는 일로만 여기는 사람도 있다. 어떤 경우는 주변 사람의 도움과 정신요법 그리고 약물 투약을 동시에 사용해야만 치료되는 경우도 있다.

견디기 힘든 고통인 만큼, 절망 안에는 슬픔에 도움이 될 요소가 담겨 있다. 그것은 우리를 느긋하게 만들어 상실을 세세히 들여다볼 수 있게 해준다. 절망은 밑에서부터 다시 우리 자신을 새롭게 일으켜 세워준다. 그리고 우리가 성숙할 수 있게 마음의 준비를 시켜준다. 평소에는 다가가지 못했던 영혼의 깊은 곳으로 우리를 데리고 간다.

사람들은 흔히 슬픔에 잠긴 사람의 기분을 좋게 해주려고 하며 상황을 너무 냉담하게 보지 말고 삶의 밝은 모습을 보라고 말한다. 흥겹게 해주려는 이 같은 반응은 어쩌면 정작 자기 자신에게 필요한 것을 표현한 것이고 그런 시무룩한 얼굴을 장기간 참아줄 인내가 없음을 드러내는 것이다. 애도자가 충분히 자신의 슬픔을 인지할 수 있게 해줘야 한다. 그러면 그는 슬퍼 말라는 말 없이 다만 함께 앉아 있어준 그 사람에게 고마워할 것이다.

슬픔에 잠긴 이는 삶 가운데 있지만 삶이라 일컫는 활동들에 전혀 참여하지 못하고 있다. 침대에서 일어날 수도 없다. 신경이 날카로워지고 짜증이 밀려오며 집중할 수도 없다. 어떤 것에도 마음이 가지 않는다. 주위에 무엇이 있든 외로움을 느낀다. 마치 저 밑바닥으로 내던져진 기분이다. 다시 옛 감정들이 살아날지 알 수 없고 이런 삶이 영원히 지속될까 불안하다.

수용이라는 의미에 대해, 일어난 사건에 대해 '이상 없음' 또는 '괜찮다고 여김'의 뜻과 혼동하는 경우가 종종 있다. 수용은 이런 의미를 담고 있지 않다. 사랑한 이의 상실에 대해 이상 없음 또는 괜찮다고 느끼는 사람은 아무도 없다. 수용의 단계는 사랑한 이가 실제로 떠나버린 현실을 받아들이고 이 새로운 현실이 영원한 현실임을 인정하게 되는 단계이다. 이 현실을 결코 좋아하지 않을 것이며, 또는 헤쳐 나가보려고도 하겠지만 결국 받아들이게 된다. 이 새로운 현실 속에 살아가는 법을 배우게 되는 것이다. 이 새로운 규범을 가지고 사는 법을 터득해야 한다. 상실의 고통으로부터 도저히 치유될 것 같지 않다고 여겨지더라도 치유와 적응이 확고히 자리매김 할 수 있는 곳이 바로 이 수용의 단계이다.

치유되고 있는 것은 있었던 사건들을 기억하고 회상하며 다시금 하나씩 돌이켜보는 것이다. 신을 향한 분노가 멈출 것이다. 사랑한 이가 죽은 원인이 실제는 이해되지 않더라도 모두가 알고 있는 그 원인을 서서히 인식하게 된다. 사랑한 이가 이제 떠나야 할 때였음을 슬프게도 깨닫기 시작한다. 물론 우리에게 그의 죽음은 너무나 이르다. 그것은 그에게도 혹은 그녀에게도 마찬가지였을 것이다. 아마 그는 나이가 들었거나 고통이 극에 달했거나 병에 걸려 죽음을 맞이했을 것이다. 그녀의 육신은 이제 노쇠해져 저 너머로 여행을 떠날 채비를 해야 했을 것이다. 하지만 우리의 여행은 아직 계속된다. 아직은 우리가 죽을 때가 아니다. 실은 우리가 치유되어야 할 때이다.

사랑한 이가 퇴장한 이곳에서 삶을 살아가도록 노력해야 한다. 처음에는 이 새로운 규범을 부정하며 사랑한 사람이 죽기 이전의 삶이 계속 유지되기를 원한다. 하지만 머지않아 현실을 한 조각씩 받아들이며 과거를 고스란히 유지할 수 없음을 깨닫게 된다. 세상은 영원히 변화할 것이고 우리는 다시금 그곳에 적응해야 한다. 사랑한 이가 남기고 간 역할들을 어떻게 새롭게 조정할지 그리고 그것을 어떻게 다른 사람에게 넘겨주며 또는 자신이 맡을지를 배워야 한다. 물론 사랑한 이와 깊이 연결되어 있어 자신과 하나가 되어버린 부분이 많을수록 이렇게 하기는 더욱 힘들다.

치유되는 동안, 우리가 어떤 존재이며 삶에서 사랑한 이는 어떤 존재였는지를 깨닫게 된다. 슬픔을 겪는 동안 치유의 손길은 묘한 방식으로 우리를 사랑했던 사람에게 더욱 가까이 데려다준다. 새로운 관계가 시작되는 것이다. 떠나버린 그 사람과 함께 삶을 살아가는 법을 배운다. 찢겨져 나간 조각들을 제자리에 붙이며 본래의 모습으로 회복되기 시작한다.

열일곱 살 앨런은 스포츠 아레나에서 열리는 농구 결승전 관람에 무척 들떠 있었다. 경기가 끝나고 앨런은 주차장에 걸어가는 도중 갱이 쏜 총에 맞아 살해되었다.

그의 아버지 케이스와 어머니 돈나는 아들이 살해된 이유가 도저히 납득이 안 갔다. 나머지 두 자녀를 키우느라 밤낮을 정신없이 보내고 회사에 나가고 아들의 살인사건 집중 수사를 따라다니는 줄곧 두 부부는 분노로 가득 차 있었다.

그들과 친한 다른 한 부부는 함께 식사할 시간도 없고 다른 일로 얼굴 볼 기회도 없어서 내심 걱정이 되었다. 어느 날 저녁, 그 부부는 무척 마음이 쓰여 잠시 집에 들렀다. 부부는 케이스와 돈나에게 말했다.

"이 상실을 받아들여야 해요. 아들은 떠났고 어떤 것도 그 아이를 되살릴 수 없어요. 다섯 단계에 대해 들어본 적이 있나요? 당신들은 모든 단계를 다 겪었어요. 이제 당신들에게 필요한 건 단지 수용뿐이에요."

케이스는 화가 나서 물었다.

"자넨 내가 앨런의 죽음의 어떤 면을 수용하지 않는다고 생각하지? 오늘 난 아들 무덤 앞에서 어린아이처럼 울었다네. 만일 그 아이의 죽음을 받아들이지 않았다면 내가 그 아이의 무덤에 갔을까? 우리는 오늘 저녁 식탁 위에 그 아이의 자리를 마련하지 않을 거야. 우리는 현실에 살고 있고 매일 밤 그 애 방은 비어 있다네. 얼마나 더 우리가 수용의 단계를 느껴야 하는 거지?"

친구는 고개를 숙이며 말했다.

"나는 다만 너무나 고통스러워하는 자넬 보는 게 괴로울 뿐이네."

케이스는 대답했다.

"나를 믿어주게. 나도 이렇게 고통 속에 있는 건 죽기보다 싫다네."

우리는 케이스와 돈나의 친구처럼 각 단계를 잘못 이해하는 일이 이례적인 일이 아님을 알게 되었다. 수용은 어떤 상황을 마음에 들어 하는 것이 아니다. 그것은 잃어버린 모든 것을 인정하고 그 상실 속에서 삶을 살아가는 법을 배우는 것을 의미한다. 케이스가 이 상황을 수용하기에는 아직 일렀다. 상실의 현실을 인정할 수는 있지만, 그 사이 마음의 평화를 찾아야 한다고 생각하는 건 말도 안 되는 일이다.

그 살인사건의 판결 토론이 끝나고, 배심원들이 유죄 판결을 내

슬픔에게 자리를 내어주라 49

리고 자리에 돌아오기까지 걸린 시간은 고작 5시간이었다. 앨런을 살해한 그 조직 깡패는 무기징역을 선고받았고 케이스와 돈나는 다시 일상으로 돌아왔다.

사실상 케이스에게는 감당해야 할 새로운 또 하나의 상실이 생겼다. 온 시간을 쏟아부었던 재판이 끝나자 밀려오는 공허감이 그것이었다. 그것은 아들의 부재를 더욱 큰 목소리로 알렸다.

사건을 겪고, 점차적으로 때가 찾아오면 평화를 찾아가기 시작할 거라는 사실도 이해해야 한다. 살인사건의 경우에는 꼭 재판이 아닐지라도 법률제도가 있다는 것을 알아두는 것도 매우 중대한 일이다. 어떤 경우는 오직 재판만이 사랑한 이를 되돌리게 만들 수 있을 것이다. 수용은 우리가 경험하게 되는 하나의 과정이지 종착역이 되는 마지막 단계가 아니다.

케이스가 아들의 죽음을 얼마큼 받아들일 수 있을지 그리고 세월이 그의 치유에 어떤 영향을 미칠지는 아무도 알 수 없다. 5년이 지난 후 비로소 케이스는 자신이 할 수 있는 만큼 충분히 수용했음을 느꼈다. 그런데 아들에게 총을 쏘았던 범인이 첫 가석방 청문회에 선다는 통보를 받자 그 순간 지금껏 힘겹게 이룬 수용이 자신에게 몽땅 빠져나가버림을 느꼈다. 청문회가 열릴 때까지 그는 또 다시 분노에 가득 찼다. 진행 과정은 간단했고 가석방은 기각되었다. 청문회가 그토록 신속하게 진행되었다는 사실과 범인의 아버지가 흘린 눈물에 케이스는 충격을 받았다. 처음으로 그 총으로 일어난 불행에 결국 양쪽 모두가 희생자였음을 깨닫게 되었다.

케이스는 그의 아버지에게 걸어가 악수를 청했다. 그의 손과 맞닿는 찰나 케이스의 마음속에 있던 분노가 순식간에 호기심으로 바뀌며 뭔가 형용할 수 없는 일이 일어났다. 상대편 아버지의 삶이 어땠을지, 그리고 무엇이 그를 이 동일한 장소로 오게 했는지가 알고 싶어졌다. 그 후 몇 년 동안 두 남자는 갱들이 폭력을 중단하고 세상 안에 설 자리를 찾는 것을 도와주는 단체를 결성했다. 또한 여러 학교를 돌아다니며 자신들의 이야기를 들려주었다.

케이스의 수용은 과거에 예상했던 것보다 더 깊은 곳을 향한 여행이었다. 그리고 그 여행은 며칠 또는 몇 달이 아니라 수년 동안 계속되었다.

모든 사람이 케이스가 했던 것처럼 자신을 상처 입힌 사람을 완전히 껴안을 수는 없지만, 개인적이고 특별한 수용의 길로 자신을 안내해줄 갈등과 싸우는 것은 누구에게나 항상 존재한다.

이 이야기는 상실로부터 우리의 에너지를 거둬들여 그것을 삶에 투자하기까지 얼마나 서서히 이루어지는가를 잘 보여주는 하나의 예일 뿐이다. 사랑한 이를 추억하고 그 상실을 기리는 법을 배움으로 상실을 더 넓게 바라보게 된다. 다른 사람과 새로운 관계를 맺거나 또는 고인과의 옛 관계에 보다 많은 시간을 갖게 된다.

수용하게 된다는 것은 안 좋은 날보다 좋은 날을 보내게 된다는 의미이다. 다시 정상적인 생활을 시작하고 삶을 즐길 때쯤, 이것은 사랑한 이를 배신하고 있는 거라고 느낀다. 물론 다른 어떤 것으로 잃어버린 사람을 대신할 수는 없겠지만, 새로운 결합, 의미 있는 새로운 관계, 새로운 상호 의존 관계를 형성할 수는 있다. 감정을 부정하는 대신, 움직이고, 변화하고, 성장하고 그리고 발전하고자 하는 자신의 요구에 귀 기울이라. 사람들에게 다가가기 시작하므로 그들의 삶에 참여하게 된다. 우정과 관계 속에 자신을 투자한다. 다시 예전처럼 살아가기 시작한다. 다만 이 모든 것은 슬픔에게 충분한 시간을 배려할 때만 가능하다.

3 눈물의 샘이 마를 때까지 울라

ⓒ Constantine Manos | Magnum Photos | 유로포토-한국매그넘

하지만 이것을 알라. 정작 피해야만 하는 일은, 쏟아내어야 할 눈물이 충분히 빠져나오기 전에 울음을 억지로 멈춰버리는 것이다. 30분 동안 울어야 할 울음을 20분 만에 그치지 말라. 눈물이 전부 빠져나오게 두라. 그러면 스스로 멈출 것이다.

　생각조차 못한 상실이 일어났다. 그것은 마음에 깊은 상처를 입혀 이성을 마비시키고 극심한 고통을 맛보게 한다. 누구든 살아가면서 많은 상실을 경험하지만 사랑한 사람의 죽음으로 인한 공허감과 깊은 슬픔은 그 어떤 것과도 비교될 수 없다. 당신의 세계는 그대로 멈춰버린다. 사랑한 이가 죽은 정확한 시각을 또는 그 소식을 접한 순간을 그대로 기억한다. 그것은 마음 깊이 새겨진다. 당신의 세계는 무력함과 환상으로 점령당한다. 마음의 시계는 이미 멈춰 있는데 세상의 시계는 여전히 앞을 향해 가고 있다는 사실이 그저 낯설게만 느껴진다.

　삶은 계속되지만 정작 왜 그렇게 흘러가야만 하는지 도저히 이유를 알 수 없다. 사랑한 이가 더 이상 눈앞에 존재하지 않는 낯선 삶이 펼쳐진다. 누구의 말도 당신의 기분을 좋게 만들 수 없다. 당신의 마음을 녹여줄 단어는 이 세상에 존재하지 않는다. 어떻게 살아갈지 또는 스스로가 삶을 원하는지조차 확신하지 못하면서도 단지 숨만 쉬며 살아가는 것이다.

상실과 동반되는 슬픔은 매우 개인적인 것이다. 타인의 것과는 분명 다르다. 사람들은 자신이 겪은 상실의 경험을 들려준다. 그러면서 단지 자신이 알고 있는 방식으로 남을 위로하려고 할 것이다. 하지만 상실의 특징 중 하나는, 이것을 겪는 개인 개인마다 다르게 다가온다는 점이다. 그러니 과연 '고통스러운 특별함'이라고 표현해야 할 것이다.

50대 후반의 브라이언은 한쪽 다리를 절단해야 했다. 그것은 가혹한 상실이었다. 재활치료 기간 동안 양쪽 다리를 절단한 한 남자를 본 다음부터 그는 자신의 상실은 덜한 것이며 비참하게 느끼는 것은 당치도 않은 일이라고 생각했다. 자신보다 더 나쁜 상황에 처해 있는 사람들이 있음을 불현듯 깨닫게 되었다고 말했다.

하지만 이튿날이 되자, 재활치료 시간에 목발을 짚고 두 다리가 멀쩡한 한 젊은 남자를 보고서 그는 자신의 상실이 더욱 비참하게 느껴졌다. 재활치료가 끝나고 이 두 남자는 자신들을 이 지경까지 이르게 한 사연들을 함께 나눌 기회를 가졌다. 브라이언은 당뇨에 걸려 발 한 쪽을 잃었다고 말했다. 목발을 한 남자는 등에도 작은 상처를 입힌 자동차 사고에 대해 얘기하며 빨리 기운을 회복해야 한다고 했다. 브라이언은 여전히 서로의 상실을 비교하며 말했다.

"글쎄요. 그래도 당신은 두 다리가 그대로 있잖아요."

목발을 한 남자는 답했다.

"네 맞습니다. 하지만 난 그 사고로 아내를 잃었어요."

상실을 비교할 때, 누군가의 상실이 자신의 상실보다 더 상황이 나아 보이거나 또는 더 안 좋게 보일 수도 있다. 하지만 모든 상실은 다 고통스럽다. 일흔에 남편을 잃었다면 마흔여덟에 남편을 잃은 사람도 있을 것이다. 세 살에 부모를 여의었다면 다섯 살에 부모를 여읜 사람도 있을 것이다. 상실은 극히 개인적인 것이기에 비교할 수 없다. 어떤 상실이든 간에 다른 상실보다 덜 중요한 것은 없다.

　중요한 것은 바로 자기 자신의 상실이다. 영향을 주는 것은 다름 아닌 자신의 상실이다. 이토록 오묘하기 짝이 없는 상실은 애초부터 타인의 것과 비교가 될 수 없다. 상실의 강도를 측정할 수 있는 사람은 오직 자기 자신뿐이니까 말이다. 그 상실 안에 이미 내재되어 있는 의미와 앞을 내다볼 수 없게 만드는 공허감의 깊이를 가늠할 수 있는 사람도 자기 자신 외에는 아무도 없다. 오직 자기 자신만이 스스로의 상실을 가늠할 수 있다. 자신만이 그 끝나버린 육체적 관계의 깊이를 완전히 인지할 수 있는 것이다.

　인간은 삶에서 여러 역할을 맡는다. 그 역할은 배우자, 부모, 자녀, 가족, 친구 등등이 있을 것이다. 다른 사람이 알지 못한 혹은 알 수 없는 사랑한 이의 어떤 면들을 당신은 알고 있다. 인간의 죽음은 많은 이의 마음을 다양한 방식으로 움직이게 만든다. 애도하고 비탄에 잠겨 있을 때 당신이 할 일은 슬픔을 완전히 인지할 수 있을 만큼 그것을 깊이 바라보는 것이다. 경의를 표하고 충분한 시간을 준다면, 자신의 깊은 상실은 실로 완전해질 것이다.

어느 낯선 뜻밖의 감정이 상실의 한복판에 자리 잡는다. 넘쳐나는 슬픔과는 대조적인 후련함이 바로 그것이다. 상황에 어울리지 않고 현 시점과 맞지 않은 것 같아 종종 옳지 못한 감정이라고 여긴다. 너무나 가깝고 소중했던 이를 잃은 와중에 왜 후련한 기분이 드는 것일까?

　후련함이 든다는 건, 아마 사랑한 이가 무척 고통스러워했고 그 고통이 끝났음에 감사하기 때문일 것이다. 사랑한 이가 고통스러워하는 모습을 옆에서 지켜보거나 상상하는 것만으로도 그것은 슬픔의 꼭대기에 무거운 고통을 올려놓은 것과 같다. 당연히 그 사람이 오랫동안 온전히 건강하게 살기를 원했다. 하지만 다른 방도가 없었다.

끝나길 원했던 것은 그의 끝없는 고통이었기에 그의 죽음에 다소 후련함을 느끼는 것이다. 그러자 혼란이 찾아온다. 아직 치유되지 않은 상태에서 후련함과 슬픔이 복잡하게 뒤섞인다. 이 후련함은 그 괴로움이 종결됐고 고통이 끝났으며 병이 더 이상 진행되지 않을 현실을 인지하는 것이다. 사랑한 이가 이제 더 이상 아프거나 앓지 않아도 된다. 그에게 고통을 주는 요인들이 모두 사라졌다.

후련함은 고통의 정도와 기간에 비례한다. 예를 들어 전 미대통령 로널드 레이건이 알츠하이머(노인성 치매)로 10년간의 투병 끝에 세상을 떠났다. 아내 낸시는 몹시 슬퍼했고 그녀의 상실은 전 세계로 방영되었다. 가족들을 포함해 많은 이들이 이제 그의 고통이 끝나게 되서 후련함을 느낀다고 말했다. 그는 정상적인 생활을 유지하지 못한 채 너무 오랫동안 고통스러워했고, 그들이 할 수 있었던 것은 기억이 희미해져가는 그를 지켜보는 것뿐이었다. 기나긴 고통이 끝나자 누구나 후련함을 느꼈을 것이다.

하지만 후련함을 상실감과 분리시키는 일은 길고 지친 죽음을 경험하지 않은 사람들에게는 훨씬 더 어렵다. 사랑한 이가 더 이상 고통스럽지 않을 거라는 걸 알게 되면 후련한 기분이 든다. 당신 혼자만의 현실이 아니다. 마음고생은 한 가족의 일이기에 모두가 함께 견뎌낸다.

어느 날 존은 간단한 심장 수술을 받기 위해 병원에 갔다. 의사는 아내 아만다에게 다른 사람들처럼 남편의 수술이 도중에 잘못될 수도 있다고 설명했다. 이례적으로 환자에게 하는 말이기에 그들은 선뜻 수술에 동의했다. 그런데 얼마 지나 존은 천 명 중에 한 명꼴로 일어나는 합병증에 걸리고 말았다. 아만다가 이 상황을 알기 전부터 존은 이미 급성호흡부전증후군(호흡 기능의 장애로 숨쉬기가 힘든 상태) 진단을 받았었다. 그것은 폐 기능의 심각한 손상을 서서히 가져오는 염증이 진행되는 병이었다.

아만다는 남편의 몸속에 호흡 부전과 세균감염이 넓게 퍼져 있다는 사실이 믿어지지 않았다. 이런 상황이 될 확률도 극히 드물었다. 한 번이 아닌 적어도 두 번은 심장 충격기로 심장을 소생시켜야 했다. 열이 40도까지 올라갔고 수술을 마치고 며칠 동안을 존은 혼수상태로 중환자실에 누워 있어야 했다. 살 가망은 거의 없었다.

그 후 열흘이 지나, 아만다는 산소호흡기로 목숨을 부지하고 있는 남편의 모습을 가만히 지켜보았다. 열흘째 되는 바로 그날, 그의 마지막 심장 박동은 멈췄고 다시는 뛰지 않았다. 아만다는 넋이 나갔다. 바로 2주 전까지만 해도 그는 멀쩡했고 극히 정상이었다. 하지만 동시에 그녀는 끝이 없어 보였던 열흘이 지났고 존이 이젠 더 이상 고통스럽지 않을 거라는 사실에 가슴이 후련해졌다.

그녀가 해야 할 일은 슬픔과 후련함을 조화롭게 모으는 것이다. 이것은 감정이 교차되는 전형적인 예이다. 우리는 살아가면서 감정이 교차되는 순간들을 경험한다. 오직 하나의 감정만을 느껴야 한다고 생각하지만 우리 안에는 많은 모순되는 감정들이 동시에 존재한다. 아만다가 슬픔과 후련함을 느끼는 것은 정상적인 일이지만 이 두 감정을 어떻게 정당하게 대우해줄 수 있을까?

슬픈 와중에는 동시에 일어난 여러 감정들로 채워진 우물 하나가 생겨난다. 그것이 바로 슬픔을 복잡하게 만드는 것이다. 어떤 감정이 옳고 그른지를 애써 선택할 필요는 없다. 다만 느껴지는 그대로 느끼라. 후련함은 배신이 아니라 오히려 깊은 사랑의 표시임을 이해하라. 상실을 겪으며 스스로 마음에 영 내키지 않는 어떤 부분이 있을지라도, 이것으로 인한 자신의 상실감은 사랑한 이가 당한 고통보다는 견디기 더 쉽다는 걸 잘 알고 있다. 이것이 바로 진정한 사랑인 것이다.

  후련함은 여러 모습으로 드러난다. 모든 의료 기구를 마침내 집 밖으로 꺼내놓을 때 후련해질지도 모른다. 하지만 임시 공간이었던 병실에서 집의 침실로 공간을 옮기는 동안, 뒤따르는 허전함이 새로운 고통을 만들어낼 것이다. 사랑한 이를 잃은 비극이 일어나기 이전부터 당신이 짐작했던 대로, 일터로 다시 돌아옴으로 모든 걸 훌훌 털어버린 기분이 들기 때문에 오랜만에 출근한 날이 마치 죄의식을 동반한 즐거움의 날로 느껴질 수도 있다. 하지만 얼마 후 여섯 시를 알리는 퇴근 종소리가 울리면 텅 빈 집으로 퇴근해야 하는 현실을 깨닫는다. 친구들을 다시 봐서 행복하고 그들의 농담에 웃을 때도 그 후련함은 슬픔과 어쩌면 죄책감과도 함께 교차된다.

  슬픔에 잠겨 있을 때조차도 후련함을 느끼는 것은 비정상적인 것이 아니라는 걸 이해하는 것이 중요하다. 이것은 정상적인 반응이며 죄의식을 느낄 이유가 없다. 당신이 느끼는 그 후련함은 폭풍이 지나고 찾아오는 고요함이다.

  우리는 상실 후에 오는 감정적인 변동에 익숙하지 않다. 상실 후 어떤 일에도 전혀 개의치 않는 것부터, 모든 일에 화가 나고 슬퍼지는 날카로운 신경까지, 다양한 감정이 넓게 줄 서서 기다리고 있음을 실감하게 된다. 어떤 징후도 보이지 않은 채 단 1분 만에 기분이 괜찮은 상태에서 망연자실까지 옮겨갈 수 있다. 주위 사람 누구도 이해하기 힘든 감정 기복을 겪게 된다. 왜냐하면 스스로도 이해할 수 없기 때문이다. 1분간은 기분이 그럭저럭 좋다가 어느새 갑자기 눈물을 흘리게 되는 것처럼 말이다. 이것이 바로 슬픔이 적용되는 방식이다.

물러나야 하기 전까지는 아주 잠시 고통을 감지할 수 있다. 업무에 대해 생각하다가 어느 순간 다른 것에 마음을 빼앗기다 다시 감정에 충실하다가 다른 것에 마음이 끌린다. 만일 감정적으로 왔다 갔다하지 못한다면 상실 속에서 평온을 발견할 힘을 결코 얻을 수 없다.

베네사는 아들을 자동차 사고로 잃은 후 몇 달이 지나 일자리를 다시 얻었다. 오랫동안 관리부장으로 근무한 베네사는 같은 직종의 제안을 받아들였고, 당연히 비슷한 업무를 담당하는 직위를 맡았다. 하지만 곧이어 여러 분야의 업무처리가 필요했고 그것은 다중의 감정과 다양성을 요구했다. 일을 맡은 후 며칠이 지나, 그녀는 자신이 실수했음을 깨달았다. 이런 복잡한 업무는 마음의 준비가 충분히 되고서야 가능한 것이었다.

"죄송해요. 이 일을 맡을 수 없어요. 지금의 제 능력 밖의 일이에요. 일 년쯤 지나면 이 일은 제게 딱 맞는 일이 될 수도 있겠지만 지금 당장은 전화 업무나 명부관리를 하는 접수원 같은 단순 업무가 필요해요."

베네사는 자기 감정의 한계를 알고 있었고 용감하게도 자기 감정의 안정과 평온을 우선시했다.

또 하나의 극단은 예전의 삶으로 돌아가려는 희망을 버린 채 모든 걸 부정하는 것이다. 건전한 방식으로 삶을 사는 법을 배울 기회를 얻지 못한 채 상실에 대한 감정을 그대로 재현하게 만든다. 어디에서나 뭔가를 잃은 것 같은 상실감을 느낀다. 가장 작은 상실임에도 가장 크게 과장된 상실감으로 증폭시키는 것이다.

변호사인 헬레나는 심장질환으로 오랜 투병 끝에 죽음을 맞이한 남편 행크의 상실을 잘 견뎌내고 있다고 생각했다. 죽은 남편과 가장 친했던 크리스와 쥬디는 헬레나가 잘 지내고 있는지를 정기적으로 확인했다. 헬레나가 자신은 잘 지내니 괜찮다고 거듭 말할 때 그들은 그녀만이 아는 유일한 방식으로 상황을 극복하고 있음을 알았다.

남편이 죽은 지 한 달 후, 크리스와 쥬디는 헬레나에게 전화를 걸어 저녁식사를 함께 하자며 괜찮은 시간을 정하라고 권했다. 헬레나는 말했다.

"난 아무 때나 괜찮아. 언제든 너희들이 정한 저녁 시간에 가도록 할게."

그들은 전화 통화를 한 날로 닷새 후인 월요일에 만나기로 결정했다. 하지만 월요일 아침 크리스는 갑작스레 중요한 약속이 생겨 어쩔 수 없이 식사 약속을 변경해야만 했다. 그는 헬레나에게 전화를 걸었다.

"우리가 이번 주는 무척 바쁠 것 같아. 대신 토요일은 어때?"

헬레나가 갑자기 이상하리만큼 조용해졌다. 그러고는 다시 입을 열었다.

"미안해. 토요일은 안 될 것 같아. 그냥 다 없던 일로 하자. 나 지금 가봐야 돼."

이것을 배신이라고 여긴 헬레나는 마음이 몹시 상해 크리스의 아내 쥬디에게서 계속 걸려오는 전화조차 받지 않았다. 쥬디는 자동응답기에 메시지를 여러 번 남겼다.
"무슨 일이야? 크리스가 네 기분을 상하게 했니? 나한테 전화해 줄 수 있겠니?"
금요일에 쥬디는 퇴근 후 헬레나가 괜찮은지 보러 그녀의 집에 들렀지만 초인종 소리에 아무 응답이 없었다. 쥬디는 정원에 물을 주고 있는 한 이웃을 발견하고는 그녀에게 최근에 헬레나를 본 적이 있느냐고 물었다. 그러자 이웃은 대답했다.
"오늘 아침에 헬레나를 봤어요. 출근하는 중이었는데 서로 손을 흔들며 인사도 했어요."
쥬디는 솔직히 털어놓았다.
"헬레나가 걱정이 돼서요. 남편과 제가 저녁 약속 시간을 변경한 뒤로 전화를 받지 않아서요. 그녀가 괜찮아 보이던가요?"
그날 저녁, 그 이웃은 헬레나를 보러 집에 잠시 들렀다. 헬레나는 미소를 지으며 인사했다.
"당신 친구 쥬디가 오늘 이곳에 왔었어요. 당신을 많이 걱정하더군요."
헬레나는 눈살을 찡그리며 말했다.
"과거엔 내 친구였죠."
그날 밤 쥬디가 다시 전화했을 때 헬레나는 결국 전화를 받았다. 쥬디가 말했다.
"제발 무슨 일인지 나한테 말해줘."
헬레나는 대답했다.
"난 너희들이 어쩜 그렇게 내 약속을 취소해버릴 수 있는지 정말 믿어지지 않아. 이건 친구를 대하는 태도가 아니지. 다시는 너희들을 보고 싶지 않아."

쥬디는 해명에 나섰다.

"23년의 우정을 버리기에 앞서, 우린 너한테 상처 주려던 게 아니었다는 건 알아줘. 네가 아무 때나 괜찮다고 우리에게 재차 말했잖아. 약속한 날 바로 전주 내내 정신없이 보내서 우리 둘은 무척 지쳐있었어. 네가 아무 때나 만나도 된다고 했기에 우린 기운이 더 날 것 같은 날로 바꾼 거야. 만일 네가 이렇게 나올 줄 알았다면 절대 날짜를 바꾸지 않았을 거야. 제발 우리랑 함께 식사할 수 있도록 나와 줘. 네가 무척 보고 싶어. 우린 널 사랑해."

그러자 헬레나는 갑작스레 울음을 터뜨렸다.

"미안해. 요즘 내가 나 같지 않아. 내 가슴이 그토록 미어져 있는지 몰랐어. 그런데 난 이 모든 정신적 고통과 슬픔을 다른 상황으로 풀고 있는 것 같아."

감정을 안정시키기 위해서는 있는 그대로 받아들여야 한다. 당신은 많은 일을 겪었다. 아직 감당할 수 있도록 준비되지 않는 상태에서 기분이 침울하다가 이따금 감정이 고조되는 새로운 지형에 감정은 지쳐만 간다.

상실은 남아 있고 고통은 사라지지 않는다. 이런 일이 일어나기 전에 이미 당신은 힘든 나날을 보냈다. 그러니 지금 힘들어하는 자신에게 가혹하게 굴지 말라. 기분을 평온하게 해줄 것을 찾아보고 어떤 판단도 하지 말며, 다만 그것을 하라. 영화, TV, 음악, 주변 분위기 바꾸기, 여행, 외출 또는 아무것도 하지 않는 것에 정신을 쏟아보라. 위안을 가져다주는 것을 찾아 그것에 기대어보라. 다만 감정에게 휴식을 주는 것뿐인데도 이런 일들이 어색하고 강압적으로 느껴질 수도 있다. 하지만 감정적으로 너무 고조되어 있어서 강도가 약한 일은 쓸데없는 일처럼 느껴질 수 있다. 삶의 균형이 깨져버렸고 얼마 동안은 계속 그럴 것이다. 균형을 새롭게 찾기 위해서는 시간이 걸린다.

옛 친구들과 시간을 보낼 수도 있고 새로 사귄 친구들과 더 많은 시간을 보낼 수도 있다. 애도자를 위한 모임은 새로운 사람들을 만나게 해준다. 여러 감정을 가지고 새로운 관계를 맺지 않도록 주의하라. 당신은 아직 준비되지 않았고 그런 관계는 문제를 복잡하게 할 수 있다. 감정도 육신처럼 치료받아야 할 필요가 있다. 만일 복잡하고 중요한 결정을 내리는 일을 연기할 수 있다면 그렇게 하도록 하라. 만일 그럴 수 없다면 도움을 구하라. 당신을 인도해줄 믿음이 가는 친구나 가족을 초대하라.

그리고 일 년 후에도, 심적으로 지치게 만드는 것들은 계속 생기고 그때마다 변화가 필요할 것이다.

제리는 아내의 상실로 인해 내적 세계가 무척 달라져 있었지만 바깥세계는 예전 그대로 유지하려고 했다. 또 다른 변화를 감당할 심적 에너지가 남아 있지 않았다. 직장도 바꾸지 않고 집도 예전 그대로였다.

슬픔에 잠긴 지 2년째 되던 해, 회사 동료들은 그가 훨씬 평화로워졌다는 것을 알아차렸다. 사장은 그에게 한결 평안한 모습으로 바뀐 것 같다고 말하며, 무슨 계기라도 있었던 거냐고 물었다.

"새 집으로 이사 간 다음부터 기분이 좋아졌어요. 일 년이 지났을 때는 감히 그렇게 할 수 없었어요. 그때는 내게 친숙함이 필요했거든요. 하지만 2년이 지나자, 모든 방들이 상실감을 자극하는 덫이었어요. 내 집은 도저히 편안함과는 거리가 먼, 그러니까 상실한 모든 걸 끊임없이 생각나게 하는 물건들뿐이었어요. 부엌은 '사라가 더 이상 요리하지 않는 곳', 침실은 '사라가 더 이상 잠을 자지 않는 곳'으로 변해버렸지요. 하지만 이제는 모든 것이 새로워졌고 사라는 제 마음 안에 살아 있고…… 더 이상 그 집에서가 아니에요. 처음엔 내가 사라와의 추억을 존중하지 않으려 하는가 하는 의구심이 들더군요. 그런데 삶 속에서 그녀는 감정을 고갈시키는 존재가 아니며, 더구나 자신이 죽음 속에 갇혀진 존재가 되는 걸 원하지 않을 거라는 걸 깨달았어요."

사랑한 이가 죽고 나면, 말했어야 했던 것 또는 그렇게 행동해야 했던 일들이 전부 다 아쉬움으로 남는다. 그렇게 하지 못했던 것 또는 말하지 못했던 것을 후회하게 된다. 말해야 했던 것과 그렇지 못했던 것을 생각하면서 과거로 돌아간다. 우리 모두는 인간일 뿐이다. 작은 후회조차도 없다고 말할 수 있는 사람은 거의 없다. 아쉬움은 상실의 일부로서 대개의 사람들이 느끼는 것이다.

대개 인생은 희망했던 것보다 짧기에 우리는 상실을 맞을 준비가 되어 있지 않다. 그래서 어떤 일이 아직 끝나지 않은 것처럼 느껴지는 것은 당연하다. 바라던 모든 것을 끝마칠 시간은 주어지지 않는다. 다 끝마쳤다고 느끼는, 더구나 그것을 잘 이루었다고 느끼는 사람은 거의 없다. 인간은 끊임없이 실현하지 못한 희망을 갖고 아직 응답받지 못한 소망을 품는다. 사랑한 이를 위해 얼마큼의 일을 했는지, 그들을 얼마큼 소중히 여겼고 사랑했는지는 상관없이, 아마 당신이 할 수 있었던 또 다른 뭔가가 항상 존재한다. 당신이 애타게 바라고 갈망하는 '더'는 항상 저 너머에 있고 늘 변한다. 만일 그 일을 이루었다면, 그것이 무엇이든 또 다른 것이 그 자리를 차지할 것이다.

홀리는 자신이 병에 걸렸을 때 유일하게 남은 미련은 딸아이가 커가는 모습을 지켜보지 못하고 세상을 떠나야 한다는 것이었다. 그녀는 신에게 타협했다.

'신이시여, 아이가 유치원 들어갈 때까지만 함께 시간을 보내게 해주세요. 그러면 아이에게도 좋고 저도 더 이상은 바라지 않겠습니다.'

홀리에게 시간이 더 주어졌다. 딸아이의 유치원 졸업식 때, 그녀는 딸아이를 바라보며 신에게 기도했다.

'제발 신이시여, 아이가 열 살이 될 때까지만 부탁드립니다. 저 아이는 엄마가 좀 더 필요합니다.'

홀리는 신에게 딸아이가 십대가 될 때까지 기다려달라고 계속해서 간청했지만, 딸아이가 열한 살이 되었을 때 그녀는 숨을 거두었다. 그녀를 사랑한 사람들은 홀리에게 '더' 많은 시간이 주어지지 않았음에 항상 아쉬움을 가질 것이다.

아쉬움은 늘 있게 마련이다. 그 사람이 좋아하는 TV 프로그램을 더 많이 볼 수도 있었고, "사랑해"라고 한 번 더 말할 수도 있었으며, 몇 번 더 그를 방문할 수도 있었다.

뭐든 영원히 소유할 수 없다는 것을 머리로는 알고 있다. 또한 모든 걸 다 이룰 수 없다는 것도 알고 있다. 하지만 머리는 이 진실을 마음에게 전해주지 않는다. 아쉬움은 마음으로부터 생겨나는 것이며, 더 많은 것을 갈망하는 것이고, 항상 더 잘할 수 있는 가능성을 말한다. 아쉬움은 항상 과거에 속한다. 그리고 잔인하게도 죽음은 아쉬움에 더 집착하게 만든다.

시간이 영원할 거라는 착각에 서로의 소중함을 일찍 깨닫지 못한다. 잃은 것을 진실로 깨닫게 되는 죽음 앞에서 그 가치는 더욱 커진다.

남편의 장례식 날, 그의 소꿉친구들이 남편의 어릴 적 이야기를 들려주자 아내는 생각한다.

'시카고에서 어린 시절은 어땠는지 그에게 항상 물어보려고 했는데.'

아내가 만들어준 미트로프를 좋아했는데 그것을 어떻게 만들었던가? 셀 수 없을 정도로 많았던 저녁식사와 파티 때 사랑한 이가 몇 번이고 들려주었던 이야기에 대해 이제야 질문이 있음을 깨닫지만 대답해줄 사람은 이곳에 없다. 대답 대신 후회만이 남아 있다.

알렉산더는 아파트에 사는 게 싫증이 났다. 아내 라우라와 함께 집을 한 채 사길 원했다. 라우라는 집 장만에만 마음을 쓴 게 아니라 집 내부를 어떻게 꾸밀지, 뜰을 어떤 식으로 배치할지에 대해 상상하며 꿈꾸어왔다. 심지어 사람들이 방안에 처음 발을 들여놓았을 때 어떤 기분이 들지, 사람들을 편안하게 해줄 온화한 분위기와 색상이 무엇일지에 대해서도 이야기했다. 사실 경제적 여유가 없다는 것을 알면서도 그녀는 당장에 그 집을 사고 싶은 마음에 들떠 있었다. 하지만 남편인 알렉산더는 실리적인 사람이었다.

"지금은 때가 아니야. 매년 집세보다 세 배 이상을 벌 때까지는 안 돼."

그에게 가장 기억하고 싶지 않은 어린 시절 기억은 청구서를 받아들고 지불할 돈이 없어 쩔쩔매는 부모님의 모습이었다.

그리고 얼마 지나지 않아, 라우라는 자신이 위암 말기로 6개월밖에 살 수 없다는 사실을 알게 되었다. 그 후 몇 달 동안 그녀는 병원에서 치료를 받았고 알렉산더가 그녀의 병세가 악화됐음을 알기도 전에 라우라는 세상을 떠나버렸다. 그녀의 병에 온통 정신을 쏟왔기 때문에 그들은 꿈에 그리던 그 집에 대해서는 더 이상 거론하지 않았다. 아내가 죽고 나서야 그는 집을 사지 않았다는 사실을 떠올리며 후회스러움에 어찌할 바를 몰랐다.

'집을 사는 데 뭐가 문제였었지? 우리는 잘 꾸려갈 수 있었는데. 아내가 그렇게 바라던 집에서 죽음을 맞이할 수 있었다면 좋았을 것을. 집이야 나중에 다시 팔 수도 있었는데. 그러면 적어도 아내의 꿈은 이루어졌을 텐데.'

알렉산더는 당시 미처 생각하지 못했던 일들을 떠올리며 가슴 아파했다. 그토록 소망했던 집과 그 이상의 것을 마련하기 위해 넉넉한 시간이 주어지지 않을 거라는 걸 어찌 알 수 있었겠는가? 하지만 후회 속에서 감정은 사소한 일들과 현실로 인해 복받쳐온다.

꿈은 내일의 후회이며 소망하는 모든 것을 항상 손에 쥘 수는 없다.

다음은 사소한 후회에 관한 이야기이다.

조쉬는 항상 똑같은 노래를 반복해서 불렀다. 어느 날 아내는 그에게 샤워부스 문을 닫은 상태에서 샤워 물을 틀었을 때만 그 노래를 부르라고 신신당부했다. 하지만 그가 죽고 나자 그 바보 같은 노래를 들을 수만 있다면 뭐든 할 수 있을 것만 같았다. 남편의 마음 안에 자리 잡고 있던 그 노래를 멈추게 한 일이 너무나 후회스러웠다. 어떤 선택을 했든 결과적으로는 상실을 피할 수 없었기에 다른 선택이 무엇이었든 상관없이 자신이 못 해준 것에 대해 후회하기 마련이다.

사람들은 병을 치료하기 위해 할 수 있는 모든 방법을 강구한다. 그러나 밤새 잠을 이루지 못할 정도로 후회하지 말고 차라리 다른 방법들을 시도해보자고 다짐하지만, 실상 그렇다고 해도 결과적으로 큰 영향을 끼치지는 못하는 경우가 대부분이다. 물론 이 사실을 언급하는 것은 쉬운 일이 아니다. 특히 치료법에 관한 전문 서적이나 병원 광고, 혹은 암 치료법에 관한 내용에서는 더욱 그렇다. 하지만 고칠 수 있는 병과 고칠 수 없는 병은 확연한 차이가 있기 때문에, 후회를 막을 대책을 줄일 수는 있다. 어느 상황이든 다른 방법을 시도했다면 그 진행과정은 달라졌겠지만 결국 죽음은 피할 수 없다는 것이 진실이다.

생각나는 모든 후회에 대해 평온함을 느끼도록 최선을 다하라. 살면서 모든 것을 다 해본다는 것은 비현실적인 일이다. 완벽하고 후회 없이 산다는 것이 현실적으로 가능하겠는가. 자기 자신을 용서하라. 더 좋은 선택을 할 수 있었다면 당연히 그렇게 하지 않았겠는가? 그 순간 삶 속에서 당신은 진실로 최선을 다했다.

때때로 슬픔은 상실을 치유하는 데 방해될 뿐 아니라 당신이 온전한 한 인간으로 치유되는 걸 더디게 한다. 용기를 가지고 감정을 충실히 따라가 그 원인까지 이르게 되면 그것은 단순한 슬픔일 것이다. 하지만 또한 더 깊은 감정으로 되돌아가는 것일지도 모른다. 후회는 슬픔의 일부분이 되겠지만 그것을 실마리 삼아 중심에 이르면 살면서 지금껏 품고 있었던 부정적인 감정들을 발견할 수 있다. 이 슬픔을 통해 우리는 더 깊이 치유될 기회를 갖는다.

고인이 된 사랑한 사람을 향해 맴도는 후회들을 살펴보다, 말했어야 했던 말이 있다면 마음속으로 그 말을 전할 수 있음을 알게 된다. 그 말을 전하기에 아직 결코 늦지 않았다.

"미안해요. 나를 용서해주면 나도 당신을 용서할게요. 사랑해요. 그리고 고마워요."

이렇게 고백하고도 또 다른 후회가 남는가?

눈물은 슬픔을 해소하는 여러 방법 중 하나며, 몸 안에 내장되어 있는 놀라운 치유 장치이다. 불행하게도, 우린 자주 이 필수적이고 원초적인 감정의 방출을 참아내려고 한다. 슬플 때 눈물 흘리는 것에 대해 핵심이 되는 두 가지 견해가 있다. 첫 번째 견해는 갑자기 닥쳐온 슬픔에 북받쳤다고 생각하는 것이다. 두 번째 견해는 '울음을 멈춰야 해'라고 생각하는 것이다. 사람들은 대개 울기 시작하면 그 자연스러운 현상을 멈추게 하려고 재빨리 자리를 뜬다.

멜린다는 마을에서 명성이 좋은 회계 사무실에 입사한 직원 중 가장 막내였다. 그녀는 그 부서의 부장급 중에 한 명인 존과 결혼하게 되었다. 존은 회사에서 부장 직위를 맡고 있는 반면 멜린다는 집에서 모든 일을 결정하는 결정권자가 되었다. 존은 인사관리 담당부서에서 일하고 있기 때문에 사람과 그들이 가진 문제점들을 다루는 법을 잘 알고 있었다. 멜린다는 숫자에 강했고 계산하는 것을 무척 좋아했다. 그녀는 2 더하기 2는 언제나 4가 되는 합리적 논리를 좋아했다.

결혼한 지 20년의 세월이 흘렀을 때 존은 자신이 심장병에 걸렸음을 알게 되었다. 멜린다는 도저히 이해할 수 없었다. 두 부부 모두 담배도 안 피우는데다 음식도 절제하며 먹고 운동도 자주 했기 때문이다. 도저히 심장병과는 거리가 먼 삶을 살았지만, 결국 병은 생기고 말았다. 멜린다는 존의 건강을 마치 하나의 프로젝트처럼 받아들였다. 인터넷에서 치료법을 검색하고, 정보를 입수한 강의들은 전부 다 참석했다. 존이 오히려 더 악화되어갈 때 멜린다는 그가 울고 있는 것을 발견했다. 그녀는 말했다.

"여보, 울지 말아요. 우는 건 우리에게 도움이 안 돼요."
존은 부드럽게 말했다.
"우린 우리가 할 수 있는 일은 모두 시도했어요. 이젠 충분해요."
멜린다는 존의 말을 가로막았다.
"그렇지만 아직 끝나지 않았어요. 항상 할 일은 더 있다고요. 가능성 있는 치료법을 놓치고 싶지 않아요."
존은 그녀의 손을 잡으며 말했다.
"우리가 작별인사 할 시간은 놓치지 않게 해줘요."
그녀는 눈물을 참으며 침상 위로 앉았다. 존이 말했다.
"여보, 울어도 괜찮아요. 나를 봐요. 나도 울고 있잖아요."
그녀는 말했다.
"당신은 이해 못할 거예요. 한번 울기 시작하면 다시는 멈출 수 없을 거예요."
이 말을 하면서도 멜린다는 울음을 꾹 참아내고 있었다.

사람들은 멜린다처럼 한번 울면 결코 멈출 수 없을 거라는 두려움 때문에 우는 것을 피하려 한다. 하지만 물론 그럴 거라고 믿으면서도 울음을 그칠 것이다. 하지만 이것을 알라. 정작 피해야만 하는 일은, 쏟아내어야 할 눈물이 충분히 빠져나오기 전에 울음을 억지로 멈춰버리는 것이다. 흘리지 못한 눈물은 슬픔의 샘을 훨씬 더 깊게 채운다. 30분 동안 울어야 할 울음을 20분 만에 그치지 말라. 눈물이 전부 빠져나오게 두라. 그러면 스스로 멈출 것이다. 마지막 눈물 한 방울까지 흘리고 나면 기분이 홀가분할 것이다.

존이 죽은 후 10년이 지난 어느 날 밤, 멜린다는 자동차 열쇠를 잃어버렸다. 차 안에 식료품을 가득 실은데다 밖에는 비가 퍼붓고 있었다. 방금 전까지 분명 열쇠를 봤는데 지금은 어디에도 없었다.

지갑을 몇 번이고 확인하고 식료품을 담은 봉지들을 들춰 보고 바닥을 확인해봤다. 열쇠를 찾는 데 지쳐버린 그녀는 그냥 차 안에 앉아 있었다.

쏟아져 내리는 비를 창문으로 멍하니 바라보았다. 빗방울이 창문에 부딪쳐 커지면서 앞 유리에 흘러내려가는 것을 가만히 보고 있는데, 갑자기 눈물이 나기 시작했다. 친구가 데리러 올 때까지 계속 울었다. 집에 도착해서 새벽까지 또 울기 시작했다. 주말 내내 울었다. 눈물이 뺨 위로 하염없이 흘러내렸다. 10년 전을 회상하자, 그녀는 자신이 마치 작은 마을 너머에 보이는, 커다랗고, 높고, 올라갈 수 없는, 물로 가득 채워진 커다란 물의 성이 되어버린 것 같았다.

멜린다는 지금도 가끔 눈물을 흘리지만, 울기 시작하면 눈물이 절대 멈추지 않을 거라는 생각이 얼마나 비논리적인가를 이제는 알게 되었다. 물론 눈물은 멈춘다. 그것은 결코 멈추지 않을, 또한 멈추지 않길 바라는 숨겨진 감정들이다.

우리는 눈물을 약함으로, 냉혹한 얼굴을 강함으로 여기는 사회에 살고 있다. 울고 안 울고는 상실의 본능보다는 어떻게 성장했는가에 영향 받는다. 어떤 이는 울어도 된다는 허락을 받고 자랐는가 하면, 그렇지 않은 사람도 있다. 또는 혼자서 우는 것은 괜찮지만 사람들 앞에서 우는 것은 용납될 수 없다고 배운 사람도 있다. 어떤 가르침을 받았든, 사랑한 이를 잃은 상실은 마음의 저울을 한쪽으로 기울게 만들어, 자신도 울 수 있었다는 걸 결코 몰랐던 당신에게 눈물을 가져다줄 것이다.

때론 아무 이유 없이 울기 시작할 때도 있다. 느닷없이 눈물이 난 것처럼 느껴질 수도 있다. 의식적으로도 상실을 생각하지 않았기 때문이다. 예상치 않았던 눈물은 상실이 항상 마음 안에 머물고 있음을 일깨운다. 사랑한 이가 불현듯 떠올라 마음에 준비되지 않은 상태에서 울어버리는 자신을 발견하기도 한다. 예를 들어, 회사에 출근해서 일 년 동안 못 봤던 회사동료들이 별 뜻 없이 "뭐 별다른 일 있어요?"라고 묻는다. 그들은 당신에게 무슨 일이 생겼는지 모르는데도 당신은 갑자기 감정이 북받쳐 올 수도 있다. 회사에서는 최대한으로 마음을 추스르고 정말 별다른 일만 설명해주는 것 외에는 할 게 없다.

　호스피스 간호사인 마리온은 4개월 이상 돌봐온 환자들의 장례식에 초대받게 되면 언제든 참석한다는 그녀만의 규율이 있었다. 어느 날 상사 쉘리는 마리온이 지난 6개월 동안 돌봐주었던 사랑스럽고 친절했던 한 여인의 장례식에 함께 참석했다. 하지만 쉘리는 장례식에서 가슴이 메이도록 흐느끼며 우는 마리온을 보며 걱정이 되었다. 마리온이 그 날 몇 명의 환자들을 더 돌봐주어야 한다는 사실을 알고 있었기에, 자신의 부하직원인 마리온이 마음을 추스르지 못할까봐 염려스러웠다.

　장례식이 끝나고 함께 걸어올 때쯤 마리온은 눈물을 그쳤다. 쉘리는 "바로 환자를 돌봐도 괜찮겠어요?"라고 물었다. 그러자 그녀는 미소를 지어보이며 "물론이죠"라고 말하며 차를 몰고 떠났다. 그날 저녁 늦게, 쉘리는 마리온이 괜찮은지 확인하기 위해 그녀를 찾아갔다. 쉘리는 마리온에게 그녀가 처음에 넋이 나간 모습과 고인이 된 환자 무덤 앞에서 비통해 하는 모습에 무척 걱정이 되었다고 말했다.

　마리온은 쉘리의 손을 잡으며 말했다.
　"지난 20년 동안 이 일에서 살아남기 위해 터득한 유일한 방법은 내가 돌봤던 고인들을 위해 남김없이 눈물을 흘리는 거예요. 어떤 미련도 남기지 않고 다만 좋은 추억만을 간직한 채 장례식에서 걸어 나오지요. 슬픔을 꾹 참고 있는 간호사나 가족들도 있지요. 정말 큰 울음으로도 충분치 않을 것처럼요."

마리온은 마음 안의 고통을 받아들이고 그것을 밖으로 방출하는 게 얼마나 중요한지 알고 있었다. 슬픔이 완전히 표출되고 나면 그녀는 비로소 눈물을 그칠 수 있었다. 배출되지 않은 눈물은 사라지지 않은 채, 고인을 향한 슬픔은 몸속과 영혼 안에 자리 잡고 있다. 눈물은 종종 가식적이고 너무 감정적이며 약함의 표시라고 생각할 수도 있다. 그러나 실제로 그것은 내적 고통을 외부로 표현하는 하나의 길이다.

누군가 울고 있는 모습을 보면서 느끼는 반응들은 개개인마다 사뭇 다르다. 우는 사람을 곁에서 지켜보며 그 사람이 울 수 있다는 것에 감사해 하는 사람도 있다. 또는 '저 사람들이 울면 나도 울어야 하나'라고 생각하며 몹시 불편해 하는 사람도 있다. '어떤 일에도 울지 않던 신디가 우는 걸 보니 정말 안 좋은 일인가 보군'이라고 생각할 수도 있다.

최근 들어 남자들 사이에서는, 자기들도 얼마든지 울 수 있다는 걸, 남자라도 과감히 울어도 괜찮다고 여기는 분위기가 늘고 있다. 9·11 테러 사건 이후 남자들이 눈물을 흘리는 장면이 수없이 방영되었다. 소방구조대원조차도 울었다. 우는 것은 나약함의 표시가 아니라 오히려 깊은 슬픔을 표현하는 것임을 보여주는 데 도움이 되는 장면이었다.

비행기 조종사인 노먼은 베트남 전쟁에서 하나뿐인 동생을 잃었다. 당시 그는 자신의 강인함을 다른 군인들과 자신의 내적 존재에게 확인시켜주고 싶었다. 수십 년이 지나 9·11 테러는 그에게 개인적으로 깊은 인상을 남겼다. 이것은 조국의 한 일원임을 깨닫게 해주는 것 외에도 동생을 향한 모든 감정들을 되살아나게 해주었던 것이다. 눈물을 흘리는 남자들을 바라보며 생각했다.

'내가 울 수 있다는 걸 알았다면 나도 울었을 텐데.'

그러고는 '내가 울었다면?'이라는 질문을 던지고는…… 그는 이내 울음을 터뜨렸다.

남 앞에서 눈물을 흘리는 것에 대한 인식은 문화적 영향을 많이 받는다. 눈물을 보이지 않는 것을 위엄의 표시라고 여기는 문화가 있는 반면, 고인을 향해 울지 않는 것을 모욕이라고 여기는 문화가 있다.

세 자녀 중 두 명을 잃은 한 어머니는 첫째 아들이 죽었을 때, 망연자실 속에 관을 부둥켜안고 오열했다. 남편이 그녀를 일으켜 세웠고 장례식은 계속 진행되었다.

두 번째 아들이 죽었을 때, 장례식이 시작되기 전 그녀의 어머니는 비통에 빠진 딸아이를 옆으로 살짝 데리고 가서는 귀띔했다.

"지난번같이 소란 피우지 않도록 해라. 눈물이 화장을 다 망쳐놓을 거야. 지난번에 마스카라가 눈물에 다 번져 네 몰골이 어땠을지는 생각해봤니?"

그녀는 어머니를 가만히 응시하며 조용히 말했다.

"눈물을 흘리지 않으면 대신 무엇이 망쳐질지 알고 계시나요?"

울음은 삶의 한 상징이며, 우리 자신이기도 하고, 동시에 우리가 느끼는 것을 그대로 보여주는 것이다. 눈물은 우리 안에 그리고 우리를 통해서 살아간다. 우리를 표현해주며 우리 고통 안에 존재하고 있다. 이 슬픔의 상징과 표출은 언제든지 모습을 드러낼 수 있다. 눈물이 나올 때 웃음이 무의식적으로 툭 튀어나와 깜짝 놀라기도 한다. 눈물은 삶과 깊이 연결되어 있기 때문이다.

우리가 본 인간의 자비는 자기 자신을 향해 비웃음을 짓게는 하지만 눈물을 흘리는 동안 터지는 웃음이 죄책감을 느낄 이유라고 착각하게 하지는 않는다. 그것은 슬픔과 뒤섞인 우리 삶의 모습이다. 또한 고통의 수위를 조절하기 위해 우리 안에 존재하는 제어장치이다.

애도자를 위한 모임에는 무언의 규칙이 하나 있다. '모두가 각자 화장지를 손에 쥐고 있기'가 그것이다. 때때로 누군가 울기 시작하면 모두가 크리넥스 통을 들고 와서 화장지를 한 장 뽑아 그에게 내민다. 그것은 매우 친숙한 행동처럼 보이지만, 종종 '빨리 울음을 멈춰'라는 메시지를 전하기도 한다. 또한 보호자 역할을 맡게 되면 자신의 감정을 숨기게 된다.

사실 눈물은 삶의 상징이며 신뢰감을 주는 증거이기도 하다. 한 여성이 남편을 잃고 부모님께 자신이 얼마나 심하게 울고 있는지를 들려주었다. 어머니는 그녀의 흐느낌을 들었을 때, "이만 전화를 끊어야겠구나"라고 말했다. 그때 운 좋게도 옆에 있던 아버지가 불쑥 끼어들며 말했다.

"끊지 말아요. 애가 울어도 난 계속 통화할 거예요."

완전히 슬퍼하려면 반드시 죽음을 받아들여야 한다. 우는 것은 외적 수양 또는 내적 슬픔의 일부이다. 흘려야 할 눈물이 있다면 주저하지 말고 이 놀라운 치유의 선물을 사용해야 한다.

긴 시간 동안 부정하고 있는 것은 눈물을 흘리는 것보다 더 안 좋은 일이다. 우는 것이 훨씬 더 낫다. 무엇보다 주의할 것은, 분명 자기 자신의 눈물을 흘려야 한다는 점이다. 왜냐하면 어느 누구도 자신을 대신해 눈물을 흘려줄 수 없기 때문이다. 누군가 울고 있거나 자신이 우는 것을 볼 때, 마음 안에 있는 슬픔을 자극한다. 때때로 자신의 상황만을 제외하고는 다른 모든 상황에 눈물을 흘리곤 하지만, 이런 자신의 성향과는 상관없이 결국 당신은 항상 자기 자신을 위해 울고 있는 것이다.

40대 초반의 한 여성이 병실에 누워 있고 남편은 그 옆에 앉아 있다. 두 사람은 병원 원목 목사가 병실에 들어오자 그를 올려다보았다. 그들은 그녀의 암과 가능한 치료법에 대해 잠시 이야기를 나누었다. 암세포가 이미 넓게 퍼진 상태라 선택할 수 있는 치료법이 거의 없었다. 그녀는 남편을 한번 쳐다보고 다시 목사를 올려다보며 매우 솔직한 어조로 말했다.

"지난밤에 천사를 봤어요. 예전에는 한 번도 천사를 본 적이 없었어요."

목사는 물었다.

"천사들이 어떻게 생겼던가요?"

그녀는 눈을 반짝이며 대답했다.

"아! 무척 아름다웠어요."

자신이 본 환상 때문에 불안해하는 남편을 보며 말했다.

"걱정하지 말아요. 천사들은 때가 되면 당신을 위해 올 거예요. 그들은 당신을 편안하게 해줄 거예요."

목사는 병실 밖에 있는 그녀의 담당의사에게로 달려가 그녀가 의학적으로 상태가 어떤지를 물었다. 담당의사는 치료법이 한정되어 있다고 말하면서 시간을 조금 연장시킬 수 있는 실험치료가 하나 남았다고 대답했다. 의사가 목사에게 그녀를 방문해보니 어땠는지 물었다. 목사는 대답했다.

"그녀가 천사를 봤다고 하네요."

의사는 고개를 숙이며 목사에게 말했다.

"좋은 징조는 아니군요."

목사는 대답했다.

"맞습니다. 의학적으로는 아니지요. 하지만 영적으로는 완벽합니다."

아내가 죽었을 때, 그녀가 남긴 '그들이 당신을 편안하게 해줄 거예요'라는 말은 슬픔에 잠긴 남편에게 편안한 쿠션처럼 느껴졌다. 그는 가까운 친구에게 속마음을 털어놨다.

"말로 설명할 수 없어. 사람들이 내가 미쳤다고 생각하는 것도 원치 않지만, 난 느낄 수 있어. 그녀가 숨을 거둔 그 순간 난 그녀가 옳았다는 것을 알았어. 그 순간 이후부터 난 누군가가 날 지켜주고 있다는 느낌을 받았거든."

천사에 대해 강한 믿음을 가지고 있는 사람이 있는가 하면, 그들이 존재하기를 소망만 하는 사람도 있다. 우리 문화는 죽음의 사자 또는 수호천사 같은 표현처럼 천사들을 다양한 형상으로 말한다. 때로 그것은 우리가 믿는 신과 천국 그 자체이기도 하다. 사랑한 이를 데리고 갈 때 그들이 관대하기를 기도한다. 우리 자신을 지켜달라고 간구한다. 다른 세상에 있는 사랑한 이를 한 번만 만나게 해달라고 간청한다. 매번 그들의 도움을 요청한다.

천사의 존재 여부에 대한 논쟁은 불필요하다. 그것은 증명할 수 있거나 또는 그럴 수 없는 실체 이상의 것이다. 사랑한 이가 죽은 후 생애 처음으로 천사의 존재에 대해 이따금 깊이 생각해본다. 그들은 우리에게 희망과 위로를 준다. 그것은 많은 이들이 소중히 여기는 종교적이고 영적인 신념체제로부터 나온 직책들이다. 천사를 뉴에이지 개념으로 생각하는 한 그들에 대한 해석과 참고문헌은 창세기로 거슬러 올라간다. 신은 창조물을 묘사할 때 '나'라는 말을 사용한다. 그리고 어느 순간 신은 '우리'라는 말을 언급한다. 이것은 천사가 인간의 탄생 전부터 존재했음을 의미한다고 해석하는 사람도 있다.

많은 이들은 천사가 항상 존재하고 있기에 인간은 홀로 죽을 수 없다고 믿는다. 어린아이들은 천사를 자신의 놀이 친구라고 종종 말하기도 한다. 우리는 천사를 안내자에서부터 유령에 이르기까지 다양하게 부른다. 천사의 존재를 전혀 예상하지 못하면 무섭게 느껴질 수도 있기 때문이다. 어떤 이름을 붙이는가는 중요하지 않다. 중요한 것은 탄생의 순간부터 육신이 다하는 날까지 천사들은 바로 우리 앞에 존재하고 있다는 것이다. 마지막 숨을 거두는 순간을 돕기 위해 이곳에 온 천사와 마주하며 우리는 삶을 살아가고 있는 것이다. 그들은 육신의 삶이 끝날 때까지 기다리며, 순수한 영혼의 집으로 돌아갈 수 있게 도와준다. 인간은 홀로 죽음을 맞이하지 않기에 홀로 슬퍼할 수 없다.

천사라고 하면 보통 천국에서 내려온 날개 달린 아기천사의 모습만을 상상하지만, 인간의 행실과 마음을 통해 천사의 모습을 볼 수도 있다. 죽음을 앞둔 사람과 깊은 슬픔을 경험한 사람들은 친구가 때마침 찾아와 어떻게 천사의 역할을 해주었는지를 이야기할 것이다.

오랫동안 사이가 좋지 않았던 두 자매는 한 자매가 남편을 잃은 것을 계기로 서서히 가까워졌다. 동생은 비탄에 잠긴 언니에게 말했다.
"우리 집에 와서 잠시만이라도 함께 지냈으면 해."

과부가 된 그 여인은 몇 년이 지나 친구들에게 이렇게 말했다.

"동생 집에 오래 살진 않았지만, 매우 절망스러웠을 때 동생은 내게 이 세상에 설 자리를 마련해주었던 거야. 그때 난 동생이 진정한 천사라는 걸 깨달았어."

사랑한 이의 육신은 사라졌지만, 그 죽음을 초월한 어떤 존재가 사라지지 않고 우리를 위로해준다. 그것은 말로 표현하고 형용하기에는 인간의 능력 밖의 존재이다. 비탄에 잠긴 사람들은 이렇게 말한다.

"암흑에 빠져 있을 때, 분명 천사가 곁에서 날 지켜줬을 거예요."

그들은 그 천사의 존재를 보이지 않은 저 너머 세계에서 자신을 위로해주고 있는 고인이 된 그 사람이라고 생각한다. 또는 자신이 혼자가 아님을 확인시켜주기 위해 신이 보낸 천사라고 여기는 사람도 있다.

사랑한 이는 여전히 존재한다. 이 긴 인생길을 홀로 걷고 있는 당신에게 보이지 않는 동반자가 존재하고 있다.

비탄에 잠긴 사람을 치료할 때면 그들은 우리의 도움에 무척 고마워한다. 우리가 그들에게 들려줬던 슬픔에 대한 말들을 언급하며 그 말이 그들의 삶을 바꿔놓았다는 얘기를 들을 때면, 우리 두 사람은(나와 데이비드 케슬러) 몸 둘 바를 몰라 한다. 이 어색함은 그들의 삶을 변화시키려고 굳이 애썼던 순간이 기억에 없어서이다. 누군가를 위해 순수한 마음으로 천사 같은 행실을 베푸는 사람들은 언제나 자신의 행동을 의식하지 못한다.

프랭크 카프라 감독의 고전 영화 〈It's a Wonderful Life〉에서 천사가 한 남자에게 그가 타인을 위해 작지만 친절한 행동을 얼마나 많이 행했는지, 그리고 만일 그가 태어나지 않았다면 삶은 얼마나 비극적이었을지를 보여준다. 영화의 부차적 줄거리는 한 천사가 주인공 제임스 스튜어트를 도와주는 대가로 신에게 날개를 얻게 되는 내용이다. 하지만 그 남자가 삶 속에서 누군가에게 천사가 되어준 그 많은 순간들을 의식하지 못했던 일은 실제 현실에서 일어나는 일이다. 우리 모두는 서로의 천사가 되어준 순간들이 있다. 작은 친절이기에 크게 중요해 보이지 않을 수도 있지만 그것은 그 사람을 슬픔 구덩이에서 건져내어 생명을 구해준 것이다.

천사가 우리를 돌봐주지만, 우리 자신이 서로의 천사가 되어줄 수도 있다. 깊은 슬픔에 빠져 있을 때 주변에서 우리의 천사가 되어준 이들을 알아보지 못하기 때문에 우리는 '내 천사는 도대체 어디 있는 거지?' 하며 한탄한다. 그들이 보여준 사랑을 전부 다 느끼지 못할 수도 있다. 친구나 또는 심지어 전혀 낯선 사람이 적절한 순간에 적절한 말을 해줄 때 그들이 진정 우리의 천사였음을 아쉽게도 깨닫지 못한다.

엘리엇은 은퇴를 하고 줄곧 골프 삼매경에 빠져 있었다. 그런데 어느 날 그는 필드에서 심장마비를 일으켜 죽었다. 아내 코니는 사랑한 남편이 자신도 옆에 없는 텅 빈 골프장에서 죽음을 맞았다는 사실에 망연자실했다.

"난 다만 그가 눈을 감았을 때 편안했는지를 알고 싶어요. 죽음을 맞이하는 장소로 골프장은 어떤 기분이 들었는지가 궁금해요."

그 후 11개월이 지난 후 코니는 세금 납부관련 업무 처리로 무척 애를 먹었다. 수화기를 들어 남편의 주소록에서 찾아낸 세금 담당자에게 전화를 걸었다. 남편이 죽은 사실을 말하기도 전에 그 세금 담당자는 그녀에게 말했다.

"남편께서 부인이 돈을 다루는 데 일가견이 있어서 언젠가 부인이 재정을 인계받으실 거라고 하시더군요."

그녀는 물었다.

"그 사람이 내 얘길 하던가요?"

"네, '올해 세금업무를 처리하러 갈 거라는 전화를 내 아내에게 받을 걸세. 그때 난 골프 천국에 있을 거라네'라고 말씀하셨어요."

그녀는 담당 회계원이 자신을 위로해주려고 그런 말을 하는가 싶어 다시금 물었다.

"골프 천국이라는 말이 무슨 뜻이죠?"

당황한 회계원은 대답했다.

"전 남편께서 골프를 매우 좋아한다는 뜻으로 이해했는데요. 골프장을 마치 천국으로 여긴다고 생각했거든요."

그는 계속 말을 이었다.

"혹시 남편께서 이제 골프를 그만두셨나요?"

그제야 코니는 담당 회계원에게 그가 죽었다는 사실을 털어놓았다. 남자는 그 즉시 방금 자신이 한 말을 사과했지만 그녀는 괜찮다고 했다. 이 대화가 마치 '내 죽음에 만족해요' 하고 말을 전하는 남편으로부터 온 메시지 같다는 묘한 기분이 들었다. 행복감과 자신감으로 가득 찬 코니는 숨을 깊게 들이쉬며 세금업무를 처리했다. 생전에 얼굴 한번 본 적이 없는 회계원이 변장한 천사였음을 깨달았을 뿐만 아니라 죽은 남편이 자신의 삶을 격려해준다는 느낌을 받았다.

궁극적인 질문은 '천사가 어떻게 생겼나?'일 것이다. 대답은 사람마다 모두 다르다. 왜냐하면 우리 각자가 겪는 슬픔은 다르며 다른 방식으로 위로받기 때문이다. 어떤 이에게 천사의 모습을 보는 것은 그가 살아날 거라는 사실을 앞서 보여주는 것이기도 하다. 또는 슬픔에 빠져 있을 때 자신에게 용기를 주는 누군가의 목소리를 듣기도 한다. 그것은 우리를 위로하기 위해 모인 사랑한 이들의 목소리일 것이다. 코니의 경우처럼 천사는 심지어 낯선 사람이 될 수도 있다.

영화 한 장면에 나온 날개 달린 천사의 모습을 기대하고 있다면 실망할 것이다. 하지만 만일 슬픔을 통해 삶의 순간들을 더 가까이 들여다본다면 본능적으로 천사의 기운이 확연히 느껴지는 순간들을 감지하게 될 것이다.

천사는 평범함을 통해 내려온 평범하지 않은 존재이다. 슬픔에 빠지면 평소보다 더 그들이 필요하며, 그러면 그들은 우리를 돕기 위해 언제든 와줄 것이다.

꿈은 잠을 자는 동안 일어나는 자연스런 현상이다. 그것은 희망과 극심한 두려움, 그리고 이 둘 사이에 존재하는 모든 감정들을 구체화시킨다. 사랑한 사람을 잃고 그 사람이 아직 살아 있는 꿈을 꾸는 것은 이상한 일이 아니다. 남편을 잃은 한 여성은 꿈속에서, 병원에서 실수가 있었음을 알려주기 위해 누군가 문을 두드리는 소리를 들었다. 알고 보니 죽은 사람은 다른 사람이었다. 그것은 터무니없는 실수였다. 남편은 멀쩡히 살아 있었고 회복되어 퇴원해서 집으로 돌아오는 중이었다.

꿈의 다음 장면은, 이 기막힌 실수를 알리러 오는 사람처럼 남편은 사이렌이 울리는 앰뷸런스 앞좌석에서 훌쩍 뛰어내린다. 그는 예전 그대로의 건강한 모습으로 그녀에게 다가왔다. 그 사이렌 소리가 그녀의 알람시계 소리로 들릴 때까지 남편의 눈동자를 들여다보며 그녀는 뛸 듯이 기뻐했다.

우린 꿈속에서 종종 지킬 수 없는 약속을 한다. 그것은 다시 만날 거라는 순간적인 생각을 들게 하는 영혼의 속임수다. 결말과는 상관없이 꿈속에서 사랑한 이와 단 몇 분이라도 함께 할 수 있다면 감사할 거라고 말하는 사람들이 많다.

꿈은 마음 안에서 실로 어떤 일이 일어나고 있는지에 대해 정보를 준다. 감당할 수 없는 어떤 느낌에 억눌려 맥을 못 추는 꿈을 꾸기도 한다. 아내를 잃은 한 남자는 어느 날 헬스장 안에 있는 꿈을 꾸었다. 누워서 아령을 들어 올리고 있는데 누군가 계속 추를 더 많이 쌓아올렸다고 했다.

"너무 많아요, 너무 빨라요."

그는 꿈에서 깨어날 때까지 큰소리로 소리쳤다.

비탄에 빠져 있을 때, 감정 통제가 안 되는 어쩔 수 없는 자신의 상황이 꿈으로 그대로 나타난다. 여동생을 잃은 한 여성이 탈출구가 없는 폭풍의 소용돌이에 갇힌 꿈을 꾸었다. 이것은 해석하기 쉬운 꿈이지만, 해몽이 어려운 꿈들도 많다.

고통에서 잠시나마 벗어나고자 하거나 현실과 맞서고 있는 영혼의 모습을 드러내고자 하는 등의 여러 목적들이 꿈을 통해 이루어진다. 내용의 의미와는 상관없이, 잠을 자는 동안 꿈은 이해할 수 없던 감정들을 어루만지게 해주며, 그것은 치유에 도움이 된다. 왜냐하면 무의식 상태에서는 희망과 현실을 구분하지 못하기 때문이다. 완전 반대의 상황이 나란히 존재하는 비논리적인 꿈을 꾸게 된다. 예를 들어, 사랑한 이가 죽어버린 꿈속에서 당신은 매우 화가 난다. 동시에 그가 멀쩡히 살아서 등장하는 꿈속에서 함께 그의 죽음에 대해 이야기를 나눈다. 깨어 있는 상태에서는 이치에 맞지 않는, 감히 생각할 수도 없는 경험들이다.

사랑한 이가 죽은 후, 그가 어디엔가 여전히 존재하고 있음을 느끼고 싶은 욕구는 매우 중요할 수 있다. 꿈은 이 논리적인 세상이 결코 줄 수 없는 어떤 확신을 발견하게 해주는 매우 은밀한 방법이다. 꿈을 꾸고 있을 때는 우리가 얼마나 심리적으로 마음이 풀리고 있는지 깨닫지 못한다. 매일 밤 꿈을 꾼다는 사실을 염두에 두라. 하지만 꿈에서 깨어나면, 우리 안에 오직 일부분만이 그 꿈을 의식할 뿐이다. 꿈속의 세상은 우리가 살아가고 있는 이 세상과 고인이 존재하는 영적 세계 사이에 만남이 이루어지는 장소이다.

상실의 아픔을 겪기 전에는, 꿈의 메시지가 명확하지 않기 때문에 이해하기 어렵다는 의견에 동의한다. 풀이해봐야 할 상징적인 내용이 많고 머릿속에서 스쳐지나가는 단편적인 장면들은 궁금증으로 남아 있게 된다. 하지만 상실을 겪고 나면 꿈은 달라진다. 대체적으로 꿈은 자신의 상황에 거의 맞고, 명확한 계시가 보이며 반복적으로 보이는 장면이 있으며, 스스로도 확신이 간다. 심지어 메시지가 뚜렷하지 않을 때도 슬픔에 잠긴 사람들은 사랑한 이에게 고마워하며 꿈에서 깨어난다. 자신을 찾아오는 것이 꿈에서만 이루어진다 하더라도 그것은 고통과 상실이 가득한 현실 세계로부터 벗어나 잠시나마 쉴 수 있게 해준다.

본래 그 사람은 병원에서 눈물을 흘리며 작별 인사를 고했던 환자가 아님을 꿈은 보여준다. 장례식에서 봤던 차가운 시신도 아니다. 사랑한 이는 건강하고, 예전 모습 그대로, 우리가 알고 있었던, 지금 무척 보고 싶은 바로 그 사람이다. 어떤 면에서, 꿈속에서 그들의 방문은 감당할 수 없는 절망을 가져온다. 사랑한 이를 꿈에서 만나길 원하지만 쉽사리 그런 꿈이 꿔지지 않는다. 사랑한 이의 꿈을 꿔보길 갈망하지만 그럴 수 없음이 너무 고통스럽다. 꿈을 전혀 꾸지 않는 사람도 있다. 또는 이따금 꿈을 꾸긴 하지만 사랑했던 고인은 등장하진 않는다. 그것은 삶 속에서 그리고 꿈속에서도 사랑한 이의 부재를 더욱 공허하게 만든다.

잠자리에 들기 전 사랑한 이를 생각하고 앨범을 들춰보면서 사랑한 이의 얼굴을 떠올릴 기회를 자주 늘린다는 사람도 있다. 꿈은 순식간에 사라져버리고 사랑한 이의 꿈을 꾸게 해달라고 간청할 수도 없으며, 그리고 그 간청이 이루어질 거라는 확신도 없다. 그리고 실제로 그것이 이루어졌다고 해도, 꿈의 내용과 기간을 조절할 수 없으며, 꿈이 꿔지지 않는 때에 다시 꿈에 나타나라고 강요할 수도 없다. 이렇다 할지라도, 어떤 사람은 그 꿈을 다시 꾸기 위해 기억을 더듬어 기록해 놓는 사람도 있다. 그것은 마치 수많은 인파 속에서 사랑한 이를 찾고 있는 것과 같다.

누군가를 잃는 꿈은 실제 상실의 상황을 반영하지만 그것이 실제 사건으로 재현되는 것은 거의 드물다. 현실 속에서의 기나긴 싸움은 숲속에 어두움을 지나쳐 사랑한 이에게 도달하는 길을 찾아가는 꿈을 꾸게 한다. 사랑한 이가 자동차 사고로 죽으면, 꿈속에서 살아 있는 그가 친구들과 함께 차 안에 앉아 있지만 그 안은 관의 내부처럼 되어 있는 꿈을 꾸기도 한다.

사랑한 이의 꿈을 꾸고 나면, 평화로워지고 말로 표현할 수 없는 근심이 사라진 편안함을 느꼈다고들 말한다. 꿈에서 깨어나 막상 그것이 꿈이었음을 깨달았을 땐 무척 상심하지만 결국 그 꿈은 점점 희미해지고 횟수도 줄어들게 된다. 꿈을 꾸는 동안 그것은 대화 형식으로 나타나며 정말로 간절히 보길 바랐던 사람과의 만남으로 안도와 위로를 받는다. 사랑한 이가 꿈속에서 나타나는 것은 삶에서 아직 끝내지 못한 일이 남아 있음을 말하고자 하는 것이며, 갑작스럽게 서로 멀리 떨어지게 된 걸 마무리하는 시간이기도 하다.

꿈은 우리에게 작별 인사를 할 기회를 주고 못 다한 일을 끝낼 수 있도록 해준다. 또한 우리 자신과 사랑한 이가 마음의 평화를 찾을 수 있도록 서로에게 허락해주고 또한 허락받을 수 있게 해준다.

조이스는 가장 가까웠던 친구 마이클이 죽고 3개월이 지날 무렵 샌프란시스코의 어느 상점거리를 지나고 있었다. 그녀는 마이클로 착각할 만큼 똑같은 머리 스타일과 체형을 가진 한 남자를 발견하고 너무나 놀랐다. 그 남자는 심지어 걸음걸이도 같았다.

그녀는 한참 동안 그를 지켜보고는 제어할 수 없는 이끌림에 그를 따라갔다. 너무나 그리웠던 친숙한 얼굴을 보기를 갈망했기에, 그 뒤를 따라가는 동안 줄곧 그의 품으로 달려가는 상상을 했다. 하지만 그녀 자신은 그를 붙잡거나 환상이 깨지는 걸 원치 않았다. 그러자 그녀는 일부러 거리를 유지했다. 억지스럽게 들릴지라도, 그가 살아 있고 자신의 바로 몇 미터 앞에서 걸어다닐 수 있다는 가능성 그 자체만으로도 충분히 위로가 되었다. 결국 그를 붙잡지 않았지만 이 경험 덕분에 그녀는 기분이 한결 좋아졌고, 자신이 '선명한 환영'을 경험했음을 깨달았다.

환영이 보이는 현상은 여러 형태로 나타난다. 소리가 들리며 사람 형상이 보이고 또한 메아리처럼 말이 들리기도 한다. 심지어 뭔가에 닿는 신체적 감각도 느껴진다. 현재 혹은 과거의 어떤 사건이, 또한 미래에 일어나길 바라는 일이 계속 눈앞에 보일 수도 있다. 그것이 당신을 위로해주고 또는 혼란을 가져오더라도 이 현상은 주의가 필요한 상실의 일부이다.

상실을 느낀다는 것은 곧 뿌리칠 수 없는 슬픔을 느끼는 것이다.

끊임없이 뭔가 보인다는 것은 머릿속에서 지워지지 않는 어떤 장면처럼 상실의 정신적 충격이 재현되고 있는 것을 말한다. 대개 어떤 물체나 사람이 계속해서 나타난다. 눈으로 확인하고 싶지 않았던 장면들이 눈앞에 보이며 관 속에 누워 있는 사랑한 이의 모습이 장소를 불문하고 어디서든 불쑥 나타난다. 병실 냄새와 사랑한 이의 고통스런 표정이 당신을 괴롭힌다.

그 병을 처음 선고받았을 때 그녀가 지었던 표정을 도저히 떨쳐 버릴 수 없다. 또한 죽음을 눈앞에 두었을 때의 모습과 숨을 거두고 난 후의 모습 역시 마찬가지다.

그게 무슨 장면이든, 사랑한 이는 사라졌지만 그 장면은 고스란히 기억 속에 남아 있다. 하지만 이런 환영의 현상은 자주 도움이 된다. 왜냐하면 자꾸 떠오르는 장면을 머릿속에서 지워버리고, 예전으로 돌아오기 위해 필요한 건 뭐든 해보려고 하는 자극을 주기 때문이다.

그 장면을 말로 묘사할 수 있고 그림으로도 나타낼 수 있다. 미술 치료는 마음 안에 있던 장면이 캔버스 위로 옮겨질 때 비로소 물리적인 형체를 갖게 된다. 그 장면이 무엇이든, 그것을 밖으로 꺼낼 수 있는 방법을 찾으라. 그것을 구체화시키도록 애쓰라. 그것에 대해 이야기하라. 누군가에게 편지를 써보라.

환영은 감정에 의해서도 생겨날 수 있다. '만일 그렇게 한다면' 또는 '만일 그랬다면'이라는 후회가 가득한 이 단어에 집요하게 사로잡혀 있는 사람이 많다. '더 빨리 행동했었더라면……' '만일 시간이 더 주어진다면……' 하지만 이런 후회는 우리가 상실을 받아들이기에 앞서 경험해야 할 감정의 환영이다.

환영은 방안에서 느껴지는 어떤 기운이기도 하다. 사랑한 이가 여전히 자신의 곁에 맴돌고 있는 것처럼, 떠나지 못한 사랑한 이의 영혼이 옆에 있는 것처럼 느껴지기도 한다. 실제로 그런 감정과 감각은 말로 표현하기에는 불가능하다. 다만 그런 기운이 실제 가능하다는 걸 인정할 필요가 있고, 그 존재가 불안해하는 것 같다면 가까운 곳에 아직 끝내지 못한 일이 남아 있는 것이다.

절망에 빠진 한 어머니가 자신의 손바닥에 작은 손이 닿는 기분을 느낀 적이 있다고 간증하였다. 남편을 잃은 한 여인은 직장을 얻기 위해 첫 면접장 안으로 들어갈 때 그가 부드럽게 출입문을 열어주는 기운을 느꼈다고 말한다.

어느 날 밤 아련히 들리는 사랑한 사람의 이름을 부르는 목소리가 슬픔에 잠겨 있는 이를 부드럽게 어루만져 준다. 아마 그 목소리는 속삭일 것이다.

"난 여전히 살아 있어요. 사라진 게 아니에요. 난 당신을 영원히 사랑할 거예요."

또한 그것은 당신에게 용서를 구하거나 또는 용서를 받으려고 부탁할 수도 있다.

환영은 당신이 괜찮아질 거라는 예후이기도 하며, 더 세밀히 말하자면 다시 삶을 살아가도 괜찮고, 다시 행복을 찾아도 괜찮으며, 심지어 다시 사랑을 찾아도 된다는 허락의 표시이기도 하다. 한 여성은 새롭게 돋아난 잔디를 깎는 냄새를 맡을 때마다 환영을 본다는 사실을 털어놓은 적이 있다. 남편이 죽었을 때 그녀는 옆집에 사는 십대 소년을 고용해 정원 일을 대신하게 했다. 잔디는 잘 손질되었지만 누구도 그녀의 세계로 엄습해 오는 냄새를 없앨 수는 없었다.

사랑한 이가 죽은 후 환영이 보이는 것은 정상적이고 흔히 있는 일임을 기억하는 것이 중요하다. 그것은 슬픔의 내적 세계에서 일어난 정신세계로부터 중요한 메시지를 가져온다. 그 메시지와 함께 두려움도 가져올 수 있지만 대체로 위험하지는 않다. 슬픔과 관련된 수많은 감정들 중에 환영은 그 원인을 밝혀낼 수 있는 쓸 만한 단서와 실마리를 가지고 있다. 환영은 어떤 이에게는 끝내지 못한 일을 드러내는 것이고, 다른 이에게는 큰 위안을 주는 것이기도 하다.

네 살짜리 로비의 할아버지가 죽고 난 후 로비의 아버지는 로비를 위로하기 위해 최선을 다했다. 저녁 식사 후 어느 늦은 밤에, 아버지는 자신의 방에서 어린소년이 이야기하는 소리를 들었다. 무슨 일인가 확인하러 갔을 때 로비가 그곳에서 혼자서 미소를 지으며 서 있었다.

아버지가 물었다.

"로비야, 너 여기서 뭐하고 있는 거니?"

로비가 대답했다.

"할아버지랑 이야기하는 중이에요."

아버지는 아이를 꼭 껴안았다. 그는 네 살짜리 아이가 상실감에 빠져 있다고 여기며 말했다.

"나도 할아버지가 그립단다. 하지만 할아버지는 지금 천국에 계셔."

로비는 "아직은 아니에요"라며 아버지의 말을 정정해주었다.

"할아버지는 방금 전까지 여기에 계셨어요. 그리고 내가 얼마나 보고 싶은지 말씀하셨어요. 아 참. 할아버지는 괜찮고 암은 사라졌다고 아버지께 전해달라고 하셨어요."

환영이 실제 현실이든 아니든 치유의 과정과는 관련이 없다. 슬품에 잠긴 당신을 위로하고 지켜주는 것은 무엇이든 그 자체만으로도 가치가 있다. 그 경험을 의심하면서 시간을 허비하는 것은 주요 핵심을 놓친 것이며 선물을 놓친 것과 같다.

4 떠나간 이가 해왔던 것, 그것을 하라

ⓒ Constantine Manos | Magnum Photos | 유로포토-한국매그넘

사랑하는 이가 떠나고, 당신이 '남겨졌다'는 것에 대해 의미를 잃었는가? 당신이 왜 굳이 남겨졌는지 이유를 알고 싶은가? 신과 우주만이 그 정답을 얘기해주겠지만, 한 가지 확실한 것만은 있다. 당신들은 모두 '살기 위해' 남겨졌다는 사실이다.

삶 속에서 우리는 많은 역할을 맡는다. 아내, 남편, 자녀, 부모…… 그리고 납세자, 정원사, 주최자, 말썽꾼, 학생, 선생님, 요리사, 칭찬하는 사람, 비평가, 믿을 만한 친구가 되기도 한다. 혹은 수리공, 영화 파트너, 여행 동반자, 옷을 골라주는 사람, 정비사일 수도 있다.

사랑한 이가 죽을 때 그들이 맡았던 모든 역할들은 그대로 남겨진다. 어떤 역할들은 의식적으로 혹은 무의식적으로 자기 자신에게 맡겨지기도 한다. 다른 누군가에게 의식적으로 혹은 무의식적으로 나머지 역할을 할당해주거나 또는 누군가가 그것을 자진해서 떠맡을 수도 있다. 하지만 자신에게 넘겨지지 않은 역할들이 아직 남아 있다.

마이클과 아내 멜리사는 작은 그래픽디자인 회사를 운영했다. 마이클은 디자인을 담당하고 멜리사는 재정 담당 및 회사 운영, 그리고 스케줄 관리를 했다. 어느 날 멜리사가 췌장암을 선고 받게 되기 전까지, 그들은 암이 급속도로 퍼져 그녀의 생명을 그렇게 순식간에 앗아갈지 전혀 예상하지 못했다. 아내가 죽고 한 달이 지나자 은행으로부터 한 통의 전화가 걸려왔다. 통장계좌에 잔고가 부족해서 회사 어음 다섯 장을 돌려보낸다고 했다.

마이클은 아내가 병원에 누워 있었기 때문에, 지난 3개월 동안 고객들에게 한 번도 운송장을 발송하지 않았음을 깨달았다. 그 결과 누구도 그에게 돈을 지불하지 않았고 그래서 통장에 입금된 돈이 한 푼도 없었던 것이다. 그는 갑자기 울음을 터트리며 과거를 돌이켜보았다.

'내 아내의 암이 너무 빨리 퍼져서 멜리사가 내게 이걸 처리하는 법을 가르쳐줄 시간이 없었어. 이 회사를 시작하고부터 줄곧 모든 것을 아내가 맡아왔기 때문에 나는 지금 뭘 어떻게 해야 할지 모르겠어.'

마이클은 22년 동안 함께 살아왔던 아내를 잃었을 뿐만 아니라 부부만의 세계에서 그녀가 맡았던 중요한 역할도 모두 상실했음을 깨달았다. 그는 아내가 했던 일을 일부 시도해보았지만, 그 일은 자신의 전문 분야가 아님을 깨닫고 낙담하며 손을 놓았다. 이 분야에 능숙하게 도와줄 누군가를 고용하려 했지만 적임자를 쉽게 찾을 수 없었다. 어떤 면에서는 아내의 역할을 인수받을 사람을 둔다는 게 그를 영 불편하게 만들었고 마치 아내를 배신하는 것과 같이 느껴졌다.

하지만 만일 회사를 계속 운영할 의사가 있다면 그는 도움이 절대적으로 필요했다. 마이클은 누구도 고용하기를 원치 않았다. 다만 멜리사가 돌아오기만을 원했다. 그럼에도 불구하고, 그는 그녀가 해왔던 일들을 다른 누군가가 맡아야 한다는 것을 인정했다. 회계사를 회사로 직접 부르는 것은 큰 도움이 되지 않을 거라는 걸 알고 절충안을 냈다. 대신 그는 근처 회계사무소에 자신의 정보를 주었다. 이제 그는 자신이 견딜 수 있을 객관적인 방법으로 멜리사를 대신할 역할을 비로소 인수인계할 수 있었다.

우리는 종종 누군가 우리 삶 속에서 맡고 있는 역할의 자리가 얼마나 큰지 실감하지 못한다.

30년 동안 친구 사이였던 엘리너와 신시아는 모든 것을 함께 해왔다. 심지어 두 사람은 2년 간격으로 남편을 잃었다. 지금 엘리너와 신시아는 60대 후반이 되었다. 지난 10년간 그들은 서로의 동반자가 되어주었기에 재혼은 전혀 염두에 두지 않았다. 신시아가 먼저 세상을 떠나자 엘리너는 전보다 더 세상에 외롭게 남겨졌다. 그들은 언제까지나 영원히 함께 할 거라 믿었기 때문에, 신시아가 죽고 나자 엘리너는 그녀의 소중한 친구가 자신의 삶에서 맡아왔던 역할들을 실감하기 시작했다.

이제 그녀는 혼자 영화를 보러 가고 혼자서 저녁식사를 하기도 한다. 세탁소의 한 여점원이 엘리너에게 이번에 어디로 휴가를 갈 거냐고 물었을 때, 자신의 동반자가 세상에 없다는 사실과 더불어 지금껏 신시아가 여행을 계획하고 맡아왔다는 사실이 떠올랐다. 매년 휴가철이 되면 신시아는 선물을 포장하고 그것을 고아원에 배달하는 봉사활동을 지원하기 위해 두 사람 자리를 미리 예약하곤 했다.

엘리너가 친구의 빈자리를 크게 느끼기 시작할 무렵, 마침 휴가철이 다가왔다. 엘리너는 그 동안 자신이 자원봉사활동 장소를 한 번도 직접 정해본 적이 없으며, 신시아가 이용했던 자원봉사활동을 소개해주는 단체 이름조차도 모른다는 사실에 엄청 충격을 받았다.

신시아가 죽고 난 다음해, 엘리너는 자신의 삶에 신시아가 맡았던 모든 역할들을 피부로 실감했다. 신시아는 그녀의 친구, 영화 파트너, 동반자, 여행계획자, 휴가스케줄 담당자였다. 엘리너는 그녀가 상실한 모든 것이 슬펐지만 동시에 무한한 감사를 표했다. 몇 해가 지난 후, 그녀는 또 다른 신시아를 찾을 수 없을 거라는 것을 알았지만 그 빈자리를 채워줄 큰 교회에 더 열심히 참석했다. 교회의 다양한 그룹에 참여해 일 년에 한 번 여행을 했고, 봉사활동도 많이 참여했다. 그렇다 하더라도 어느 특정한 누군가가 나타나 엘리너에게 신시아가 해주었던 역할을 그대로 해줄 수 있는 것은 아니었다.

종종 우리는 스스로 의식하지 못한 채 어느덧 사랑한 이의 역할들을 떠맡는다.

샬롯은 학구파 타입이었다. 그녀는 학교에서 학생들을 가르치고 남은 시간은 독서를 하면서 보냈다. 남편 샘은 어떤 상황에서도 유머를 들려줄 수 있고 웃음을 자아낼 수 있는 탁월한 재능을 가진 개그맨이었다. 그는 언제든 들려줄 수많은 이야깃거리로 샬롯을 매일같이 웃게 만드는 최고의 입담꾼이었다. 그런 그가 갑작스레 심장마비로 사망했을 때 샬롯은 자신의 세계에서 갑자기 유머가 사라져버렸음을 깨달았다.

그 후 6개월이 지나, 딸들과 중국 식당에서 점심식사를 하고 있을 때 갑자기 샬롯이 농담 한마디를 던졌다. 두 딸들은 너무 놀라 서로 멍하니 쳐다보았다. 결혼 생활 51년째인 어머니가 그간 농담을 던지는 것은 단 한 번도 들어본 적이 없었기 때문이다. 유머는 그녀의 삶에 많은 자리를 차지했지만 남편의 사망과 함께 텅 비어버린 상태였다. 샬롯의 삶을 밝게 만들어주었던 모든 농담들이 사라졌고 진지함이 그 자리를 대신했다. 삶의 균형이 깨졌음을 알았지만 남편이 담당했던 그 웃음과 위트의 역할을 누구에게 위탁할 수 있었겠는가?

의식적으로 결심한 건 아니었지만, 자연스럽게 그 역할을 떠맡음으로 자신에게 빠져 있던 것을 스스로 채웠다.

죽음을 앞둔 사람과 그의 가족들이 함께 앉아 있을 때, 그는 자신이 맡은 역할들도 함께 죽게 될 거라고 말한다. 그 말도 사실이지만 동시에 고인이 맡았던 역할은 우리 안에서 그대로 존재하는 것도 사실이다. 샬롯과 샘의 상황처럼 말이다. 지금도 여전히 그녀는 남편이 하던 농담을 사람들에게 들려주며 아직까지도 많은 이들을 재미있게 해주곤 한다.

인간은 많은 지식을 가지고 있지만 그것의 대부분은 그의 죽음과 함께 소멸할 것이다. 그런데 전부는 아니다. 인간은 항상 누군가에게 전수한다. 어느 글쓰기 모임에서 2년 사이에 두 명의 회원이 사망했을 때 회원들은 그 두 작가가 지닌 학식이 이 모임의 일부가 되어 자신들을 더 좋은 작가로 거듭나도록 하는 방법에 대해 토의했다. 그들을 존경하고 기리면서, 누구도 그 두 회원의 자리를 대신하지 않았으며, 특별한 방식으로 고인이 된 두 친구가 그 모임 안에서 여전히 살아 숨쉬도록 했다.

사랑한 이는 우리 삶에서 너무 많은 역할들을 맡고 있다. 가족과 친구라는 명백한 역할 외에도, 어떤 특정한 역할을 수행하는 데 보였던 그만의 스타일도 함께 잃고 만다. 부모로서 그는 엄격했고 당신은 너그러웠다. 그녀가 결정권자이면 당신은 그것을 검토했다. 눈에 명확히 보이든 또는 그렇지 않든 놓치기 쉬운 역할들이 많다.

최근 어느 추모식에서 한 목사가 참석한 사람들에게 이렇게 말했다.

"여러분은 가장 사랑했던 사람의 모든 것을 잃은 것은 아닙니다. 그들은 여러분 안에 있습니다. 여러분은 남은 인생 동안 그들과 언제나 함께할 수 있습니다."

그리고 나서 그는 참석자들 모두에게 큰 도전이 되는 과제를 내주었다.

"여기에 모인 여러분들 모두가 이 미망인의 친구들입니다. 고인의 가장 좋은 면들이 전부 그녀 안에 여전히 살아 있지만, 그가 행했던 실질적인 역할과 임무들이 아직 해결되지 않은 채 남아 있습니다. 전화로 무엇을 할 수 있는지 묻지 마십시오. 다만 그 일을 해주세요. 오늘 저녁에 부인의 집에 들르지 마시고 한 시간 동안 가만히 앉아서 자신의 역할을 끝냈는지를 생각해보세요. 내년에 부인을 어떻게 도와줄지에 대해 숙고해보십시오. 슬픔에 잠긴 부인을 위해 하나의 역할을 맡으세요. 그것이 여러분이 그녀에게 줄 수 있는 가장 큰 선물일 것입니다."

사랑한 이가 아프면, 병원을 방문하고 비슷한 환자 사례를 듣거나 검사를 받는다. 그리고는 종양이 발견되면 그 즉시 당신의 세상은 달라져버린다.

이젠 그 상실의 경험을 기억하며 홀로 앉아 있다. 아마도 친구와 가족들에게 그 사건을 반복하게 될 것이다. 모두들 곧바로 당신의 이야기를 귀담아 들으며 그 일이 어떻게 일어났는지를 알고 싶어한다. 당신은 슬픔에 젖어 눈물을 글썽이며 그 이야기를 들려준다. 장례식을 마치고도 그 사건에 대해 연이어 말한다. 친구들이 집에 찾아와주면 "차가 오는 걸 못 봤어" 또는 "병원에서 그녀가 아프다고 말했지만 그렇게 아팠는지는 정말 몰랐어"와 같이 계속해서 맘에 담아두었던 생각들을 함께 검토한다.

하지만 시간이 지남에 따라, 당신은 그 사건을 말하는 게 아직 싫증나지 않았는데 사람들은 듣는 걸 점점 지루해하기 시작한다. 의식적으로 그것을 눈치 채지 못할 수도 있지만 자신의 이야기를 듣지 않은 사람과 마주쳤을 땐 그 사람이 귀가 있다는 게 새삼 고마워진다.

그 사건에 대해 계속해서 언급하는 것은 본인에게는 자연재해와 전혀 다를 바 없는 그 큰 충격적인 사건으로부터 서서히 치유되고 있는 과정이다.

사건을 이해해보려고 애쓰고 이해가 안 가는 것을 이치에 맞게 생각해보며 가슴으로 상실의 고통을 느끼는 동안, 어떤 새로운 것이 영혼과 결합되어 마음의 속도를 늦춘다. 그것은 마음이 너무 빨리 움직여 이해할 수 없었던 것이다. 마음에 걸리는 자신의 행위들을 머릿속으로 재현하고 떠올리면서 사건의 전말에 미련을 두는 동안, 마음 안에 고통이 자리 잡는다. 정신과 마음이 연결되어 고통의 기억을 다시금 꺼내게 된다.

그 사건을 언급하는 것은 일단 고통을 가시게 하는 데 도움이 된다. 자신의 이야기를 자주, 그리고 자세하게 하는 것은 슬픔이 치유되는 최초의 반응이다. 그것을 밖으로 꺼내야 한다. 슬픔은 치유되기 위해 입증되어야 한다. 슬픔을 나누는 것은 슬픔을 덜어내는 일이다.

애도자들의 모임이나 유가족 모임에 참여하는 것은 중요하다. 상실을 경험한 사람들과 함께할 수 있는 시간을 마련해줄 뿐 아니라, 자신의 세상에 들이닥친 충격적인 사건을 말로 표현할 수 있는 대화의 장을 제공해주기 때문이다. 자신의 이야기를 들려주어라. 그것은 자신의 상실이 문제가 되는 부분을 보완시켜준다.

당신은 상실의 퍼즐을 맞추는 데 도움이 되는 단서를 조사하는 탐정이 된다. 상실의 경험을 사람들에게 들려주는 동안, 조사가 필요한 부분을 그대로 덮어둘 때 생겨나는 혼란을 털어놓게 된다. 하지만 단서들을 정리하는 데 도움이 되는, 깊은 내면의 생각을 꺼내어 그것을 터놓고 말함으로써 특별한 뭔가가 생겨난다. 그것은 당신의 세계를 형성하고 있던 것이 흔들리는 것을 일시적으로 잡아주는 버팀목이 되어줄 수 있다.

상실의 경험을 말하는 것은 그 세계를 재탄생시키고 재형성하는 데 도움을 준다.

시간이 지남에 따라 자신의 이야기가 서서히 변하고 있음을 알게 된다. 그것이 반드시 사건 전체가 아니더라도 신경이 쓰이는 어느 한 부분이 될 수도 있다. 또한 이야기를 함으로써 중요한 반응이나 정보를 얻을 기회를 가질 수 있다. 왜냐하면 듣는 사람이 없어진 퍼즐 조각이나 이전에 자신이 부족했던 통찰력을 가지고 있을 수 있기 때문이다.

어머니가 죽은 후 브랜디는 슬픔과 후회가 뒤섞인 복잡한 감정이 되었다. 의사들이 어머니에게 산소호흡기를 부착해 주었을 때 숨을 쉬려는 그녀의 힘겨운 싸움이 끝났다는 사실에 마음이 놓였다.

하지만 곧 브랜디는 어머니의 생명 연장에 대해 번복할 수 없는 결정을 내려야 하는 상황에 직면했다. 불행하게도 어머니는 살 가망이 거의 없는 위독한 상황에 대비한 사전 의료지시서를 작성하지 않은 상태였다. 어머니가 뇌졸중으로 쓰러진 후, 희미한 뇌 활동이 감지됐다고 의사는 말했지만 브랜디에게는 여전히 버거운 현실이었다.

아무 호전도 보이지 않은 채 어머니는 3주간 중환자실에 입원해 있었고 그 후 브랜디는 인공장치로 생명을 유지하도록 결정했지만 그 육신은 더 이상 자신의 어머니가 아니었다.

어머니가 돌아가신 후 6개월이 지나자, 가족들은 반복되는 그녀의 이야기를 듣는 데 신물이 났다. 내색은 안 했지만 하루빨리 그녀가 나아지길 바랐다.

어느 날 브랜디는 남편과 함께 쇼핑몰에 갔을 때 10년 전 어머니 회사 동료였던 분을 우연히 만났다. 남편은 그녀가 어머니 이야기를 꺼내지 않기를 내심 바랐다. 아마도 그 사람 역시 듣기를 원하지 않았을 것이다.

브랜디가 그녀에게 간단히 중요한 이야기만을 건네자 듣고 있던 회사 동료는 이렇게 말했다.

"내 아버지가 신장병 말기를 진단 받으셨을 때가 70대 후반이었어요. 거동도 못하시고 침대에서 꼼짝없이 누워 계셨을 때, 당신 어머니께서 내게 '난 기계에서 꼼짝 못한 채로 생을 마감하지 않길 바란다'고 말했었어요. 어쨌든 난 그녀가 자신의 바람대로 생을 마감해서 다행이라고 생각해요."

실로 그 말은 브랜디에게 필요한 말이었다. 그녀는 자신이 어머니가 원했을 일을 했다는 것을 이제 알게 되었다. 또한 자신이 그 이야기를 반복해서 하지 않았다면 이 중요한 핵심내용을 놓칠 뻔 했다는 것도 알게 되었다.

의사에게 좀 더 일찍 갔더라면 상황이 달라질 수도 있었을 사례들이 많이 있다. 하지만 의사에게 더 일찍 갔다면 의사가 죽음의 운명을 바꿔줄 수도 있었을 거라는, 그래서 마치 그 죽음이 실수였다는 잘못된 억측들의 사례들 또한 무척 많다. 생명이 탄생되기 위해서는 신의 인증이 필요하듯 죽음 역시도 마찬가지다.

'이야기하는 것'은 사랑한 이의 죽음에 의미를 부여해주는 것이다. 미국 인디언 문화에서 이야기하는 것을 최우선으로 여기는 이유도 그 때문이다. 사실 노인들의 가장 큰 역할은 인생 이야기, 조상의 죽음, 그들의 역사를 살아 숨쉬게 하는 사건들을 들려주는 것이다.

옛날에는 노인들이 젊은이들과 둘러앉아 이야기를 들려주었다. 그 이야기들은 엄청난 가치를 지녔다. 오늘날 '대화 단절, 기억에서 지워버리기, 앞을 향해 전진하기' 사고방식 속에 우리 사회는 너무 많은 것들을 놓치고 있으며, 사실 우리도 우리의 이야기를 들려주기를 애타게 바라고 있는 세대라는 것도 새삼 놀랍다.

죽음을 앞둔 사람과 슬픔에 잠긴 사람들을 치료하는 동안, 매체로부터 현재 죽음을 눈앞에 둔 사람과 상실을 겪은 가족들과 직접 대화를 나누는 시간을 가져달라는 요청을 종종 받는다. 처음에 우리는 사람들에게 어떤 일이 있었는지를 말해달라고 부탁하는 것에 서툴렀지만, "싫어요"라고 거절당한 적은 거의 드물었다. 사람들은 자신의 이야기를 하길 원한다. 자신의 삶이 중요시되길 원하며 자신의 슬픔에 귀 기울이길 원한다. 많은 이들은 비극적인 일을 겪은 후 TV 토크쇼에 나와 그 사건을 말하는 사람을 보면서 몹시 놀라워한다.

슬픔과 상실을 도외시하기 때문에 우리 사회는 상실을 나누는 방법들이 점점 줄어들고 있다. 하지만 그것을 말하지 않고 억누르는 것은 엄청난 양의 에너지를 소모시킬 뿐이라는 것을 결국 알게 될 것이다. 친구들에게 괜찮다고 말하는 것이 나중엔 끔찍하게 느꺼진다. 자신의 이야기를 하는 것은 원초적인 일이며, 오히려 말하지 않은 것이 본성에 어긋나는 일이 될 수 있다.

우리 모두는 엄청난 양의 고통을 담고 있는 자신만의 기억이 있을 것이며, 이는 때때로 한 사람이 감당하기에는 버거울 정도의 고통도 있다. 그러나 작은 물방울을 나눠주면서 물방울을 흩어지게 하듯 우리는 이 고통을 남들과 나눌 때 더 작은 고통으로 줄어든다는 것을 기억하자.

또한 이야기는 교훈을 담고 있다. 밀드레드는 가족 모임에서 남편과 부모의 죽음에 대해 이야기하곤 했다. 그녀가 들려준 이야기가 우울한 사건일 거라고 상상하겠지만 그녀는 남편에 대한, 그리고 남편이 해왔던 중요한 역할들을 잘 짜맞춰가며 들려주었다. 그녀가 들려준 이야기는 언제나 친절과 정직에 대한 교훈으로 가득했다.

상실은 너무나 거대해서 더 큰 받침대가 필요할 때도 있다. 그 이야기를 비디오로 만들거나 글을 쓰거나 책으로 펴내기도 한다.

플로리다 에버글레이드에서 비행기 추락사고로 사망한 어느 비행기 여조종사의 어머니가 책을 한 권 출간하게 되었다. 책에서 밝힌 추락의 원인은 화물칸에서 생긴 폭발 때문이었다. 그녀는 딸이 누구이며 그녀가 주요 항공사의 최초 전문 여조종사가 되기 위해 얼마나 힘들게 노력했는지를 사람들에게 알리고자 했다.

어떤 특정 집단에게 그들의 상실을 말하는 사람도 있다. 예를 들어, 거식증으로 딸을 잃은 한 어머니는 학교를 돌아다니며 십대들의 섭식 장애에 대해 강의했다. 또한 숨바꼭질 놀이를 하던 중 자동차 트렁크 안으로 들어갔다가 갇혀버린 아이들의 부모들은 자동차 회사에게 트렁크 안에서도 문을 열 수 있도록 야광 비상 문고리를 내부에 설치하도록 압력을 가하기도 했다.

누군가 당신에게 그들의 이야기를 반복적으로 말할 때는, 그들이 뭔가를 이해하기 위해 노력하고 있는 것이다. 그들은 일부 내용을 빼기도 할 것이다. 혹은 한껏 얘기를 진행하다가 이내 자신들도 지겨워질 것이다. 눈을 굴리며 '또 시작이군'이라고 말하기보다는, 연결이 매끄럽지 않은 부분에 대해 질문하도록 하라. 이야기의 증인이 되어주고 더 나아가 안내자가 되어보라. 그들이 알기 원하는 것을 찾으라. 이것이 곧 천사가 되는 게 아니겠는가? 의사라면 또는 남편이라면 지금 물었을 것을 질문하라. 만일 그녀의 상황에 있었다면 어땠을까? 깊은 슬픔 안에서 놓쳐버린 것을 이중으로 조사하기 위한 심오한 초대가 이루어진다.

상실이 아무래도 당신 잘못처럼 느껴진다. 당신은 그곳에 있었다. 그때 상황을 전부 목격했다. 시간이 지나고 생각해보니 달라질 수도 있었던 상황들이 눈에 많이 띈다. 하지만 모든 사건은 여러 사안들이 동시에 연결되어 발생하게 되는 것이다.

예를 들어 종양이 좀더 일찍 발견될 수 있었지만, 병에 걸렸는지를 검사하는 데 온통 시간을 쓸 수 없는데다 예방약에 근거를 둔 의학체제가 없다. 사고가 일어날 때도 마찬가지다. 그런 일이 일어나기까지 관련된 요소가 대개 한 가지 이상이다. 하지만 그 과거를 자신이 잘못한 일이라고 여기며, 슬픔 속에 계속해서 그대로 남아 있다.

물론, 사랑한 이는 더 일찍 의사에게 갈 수 있었다. 검사 받으러 병원 가는 데 매일같이 시간을 낼 수 있었지만 실제 삶은 쉽사리 그렇게 되지 않는다. 그리고 더 자주 병원에 갔다고 한들 그 병이

때맞춰 진단될 수 있는 것도 아닐 것이다. 그는 더 잘 먹고, 더 열심히 운동할 수도 있었다. 그를 격려해주고 도와주며 심지어 그렇게 하도록 그를 강요할 수도 있었다.

떠나간 그 사람 스스로 자신에게 그런 일이 생길 줄 미리 알았어야 한다고 생각해 보기도 한다. 아마도 그의 잘못이 아닌 만큼 당신 잘못도 아닐 것이다. 우리의 최상 혹은 최저의 노력에도 불구하고, 언젠가 우리는 죽을 것이고 소망했던 것보다 그 시간이 더 일찍 찾아온다는 게 슬픈 현실이다. 매년 건강검진을 받고 몸 구석구석을 검사해보지만 몸속에서 불행한 일이 일어나고 있음을 발견할 뿐이다. 아무리 자신이 건강에 유념한다 할지라도 채식주의자 역시도 죽는다는 것을 명심하라.

위대한 프로 육상선수 중에 한 사람인 짐 픽스가 심장마비로 죽었다. 생명을 연장하기 위해서 희망을 가지고 여러 방법을 써보지만, 떠나야 할 시간이 되었을 때 그것이 죽음을 피하게 해줄 거라는 환상을 가져선 안 된다.

모두가 머리로는 이 사실을 인지하고 있으면서도 여전히 자신에게 묻는다. '어떻게 이런 일이 일어날 수가 있지?' 그것은 누군가의 잘못이어야 하며, 누군가를 탓하는 것은 마음의 평화를 찾기 위해 필요한 일이라고 생각한다.

열네 살짜리 딸이 실종되었을 때 한 어머니는 경찰서에 신고하고, 실종된 청소년을 찾아주는 모든 웹 사이트에 딸아이의 정보를 올렸다. 또한 지역 방송국에 전화하고 신문에 광고를 내고 단서를 찾기 위해 해야 할 항목들은 모조리 숙지했다. 딸아이가 자주 갔던 곳은 전부 찾아가보고 어디든 차를 세워 사람들에게 아이의 얼굴을 실은 전단지를 보여주었다. 3주 내내 형사 조사구조반에서 일하는 여경처럼 밤잠을 설쳐가며 딸아이가 있을 만한 장소는 모두 찾아다녔다. 그러던 어느 날 두 도시 떨어진 어느 곳에서 딸아이의 시체가 도난차 트렁크 안에서 발견됐다는 전화를 받았다. 그 즉시 그녀는 '오 이런, 왜 내가 도난차를 생각하지 못했지?'라는 반응을 보였다.

하루에도 수만 가지 나쁜 일이 생기고, 병에 걸리고, 사고가 일어나며, 범죄가 발생한다. 당연히 우리는 이런 일들을 사전에 막기를 원한다. 하지만 삶은 위태롭고 위험하다. 죽음을 두려워하며 어느 날엔가 그것이 자신에게 다가올 거라는 사실을 아는 건 지구상에서 인간이 유일하다.

테러의 일부는 매체에서 전하는 폭격당할 거라는 공포의 메시지로부터 생겨난다. 그리고 비교적 안전한 삶이 비극으로 가득할 때 탓을 돌릴 누군가를 찾는다.

슬픔은 통제할 수 없는 상황 앞에서 느껴지는 당연한 반응이며 그 속에서 살아가기는 힘들다. 하지만 곧이어 상황에 적응하고 더욱 노력하며 그것을 희망적으로 보기 시작하지만, 그 현실은 항상 변함이 없을 것이다. 할 수 있는 만큼 최선을 다하지만 슬픔은 여전히 그곳에 존재한다. 남을 탓하는 것도 아무 효과가 없다. 그것은 사건의 진실을 정확하게 반영하는 게 아니기 때문이다. 때가 되면 당신은 평화를 찾고 자신이 고인의 동반자로서, 돌봐주는 사람으로서, 친구와 가족으로서 훌륭하게 해냈던 역할들을 떠올린다. 죽음은 피할 수 없는 것이며, 대개의 경우 누구의 탓으로도 돌릴 수 없다.

루시가 친구 스탄을 커피숍에서 만났다. 스탄은 루시랑 헤어지면서 부탁의 말을 남겼다.

"혹시 조나단 만나면 나 볼링장에 있다고 전해줘."

그날 저녁, 루시는 조나단에게 그 말을 전해줬고, 그녀는 스탄을 만나러 볼링장으로 향했다. 그 후 한 시간이 지나, 루시에게 전화 한 통이 걸려왔다. 조나단이 볼링장 부근에서 차에 치여 그 자리에서 즉사했다는 것이었다. 그 충격적인 소식을 전해 듣는 동안 루시는 자책하기 시작했다.

'내가 조나단에게 그 메시지를 전하지만 않았다면 그녀는 지금 살아 있었을 거야. 모두 내 잘못이야.'

루시는 심해져가는 죄책감을 한 카운셀러에게 털어놓았다. 카운셀러는 말했다.

"크리스토퍼 콜럼버스가 미국 대륙을 처음 발견했을 때, 그것은 그렇게 될 만한 요소들이 잘 뒷받침된 결과였습니다. 이미 항로에 대한 탐사가 이뤄졌고, 그들은 또 다른 새로운 항로를 찾고 있는 중이었어요. 만일 콜럼버스가 아니었더라도 다른 누군가가 그 업적을 이루었을 겁니다. 바로 콜럼버스의 때였던 거죠. 받아들이긴 힘들겠지만 죽음도 마찬가지에요. 만일 당신이 그 말을 조나단에게 전달하지 않았어도 다른 누군가가 했을 겁니다. 아니면 조나단 스스로 스탄을 찾으러 갔을지도 모르죠."

병도 엄밀히 말하면 이와 같은 방식이다. 제프는 회사에서 새 업무를 맡기 시작했을 때 두통이 약간씩 느껴졌다. 두통의 요인이 갑자기 가중된 업무로 인한 스트레스 때문이라고 여긴 그는 아내 도로시에게 타이레놀을 구해달라고 부탁했다. 약을 먹었지만 두통은 사라지지 않았다. 업무 스트레스를 없애보려고 아내와 함께 집에서 편안한 저녁시간을 보내려고 노력했지만 두통은 오히려 더 심해졌다. 의사에게 가보려고 했지만 모트린 진통제로 약을 바꾸고 나서는 머리가 한결 좋아져서 그와 아내는 약이 효과가 좋았다고 생각했다.

그 후 2주가 지나, 통증이 복수라도 하듯 다시 찾아왔고 도로시는 제프를 응급실로 데리고 갔다. 제프는 어머니가 앓았던 그 끔찍한 편두통을 진단받을까 몹시 두려웠다. 하지만 결과는 그보다 더한, 수술이 불가능한 뇌종양이었다. 그 후 그는 6개월을 더 살았다. 그가 죽고 난 후 도로시는 그를 바로 의사에게 데리고 갈 수 있었다는 사책에 사로잡혔다. 그렇다면 뭔가 달라졌을 거라고 생각했다. 병세를 더 일찍 눈치 챘더라면 수술이 가능했을 거라고.

친구들은 자책하는 그녀를 걱정했고 그 중 누군가가 죽은 남편의 담당의사를 만나서 그의 병에 대해 물어보도록 제안했다. 그녀는 그 충고를 따랐고, 의사는 그녀를 보자 매우 반가워했다. 그녀의 걱정과 죄책감을 털어놓았을 때 의사는 부드럽게 말했다.

"도로시, 그의 죽음을 당신 잘못이라고 느끼는 걸 이해합니다. 하지만 이것은 매우 빨리 커지는 종양이었고 남편이 두통을 느끼기 시작할 때는 이미 매우 커진 상태였어요. 첫날 왔다고 하더라도 결과는 마찬가지였을 겁니다. 정말 유감입니다. 하지만 당신 자신과 남편을 비난해서는 안 됩니다."

대부분은 제프의 상황만큼 진작 결론이 뚜렷하게 나와 있지는 않다. '만약 그랬다면 어땠을까?'라는 생각이 사라지지 않고 계속 떠오르며 애매한 요소들이 마음에 남는다. 하지만 과연 올바른 선택을 어떻게 할 수 있을까? 암의 경우에, 나중에 책임 돌리기에 딱 알맞은 항암치료를 결정하기 위해 여러 선택 중에 하나를 택해야 하는 상황에 직면하게 된다. 무엇을 선택하든, 하나하나에 얼마나 많은 고심을 하든, 전문가가 무슨 말을 하든 당신에게는 여전히 이런 의문이 남는다.

'내가 다른 걸 선택했다면 어땠을까?'

가장 비극적인 일은 생기게 마련이고 그것은 누구의 잘못도 아니라는 걸 이해해야 한다. 누구는 죽고 누구는 살아남게 되는 이유를 누구도 알지 못한다. 그 의문들은, 생존자의 죄의식이라고 불려지는, 죄책감에 쌓여 자기 비난의 상황으로까지 몰고 간다. 하지만 이런 죄책감들은 어떤 논리적인 근거를 수반하지 않는다.

2차 세계대전 이후 이 생존자의 죄의식이라는 개념이 널리 관심을 받았다. 어느 집단 수용소에서 살아남은 생존자들은 이런 의문을 가졌다. '왜 그들은 죽고 나는 아닌가?' 오클라호마 시 폭파사건, 9·11 테러, 자동차 사고, 심지어 에이즈 등의 질병 확산 같은 대재해를 겪고 살아남았을 때 생존자의 죄의식 현상이 일어난다. 또한 사랑한 이가 나이가 들어서 죽어도 충격을 받을 수 있다. 고통이나 끔찍한 사건을 겪고 살아난 사람들이 왜 자신들이 남겨졌는지 궁금해 하는 것은 이해가 가지만 그것은 결국 정답이 없는 질문이다.

인간은 어떤 상황을 통제할 능력이 없으며, 통제하려고 하는 것은 오만한 행동이라고 믿는다. 그 사람이 왜 죽었는지 또는 왜 살았는지 묻지 않는다. 다만 신과 우주에게 결정을 맡길 뿐이다. 그 질문에 정답은 없지만, 그렇게 된 이유는 있다. 생존자들은 살기 위해 남겨졌다는 사실이다.

진정한 질문은 이것이다.

'만일 살기 위해 남겨졌다면 당신은 살아갈 것인가? 만일 상실을 슬퍼하지 않으면 온전히 살아갈 수 있는가?'

비난과 죄책감도 다른 것처럼 상실의 고통에서 벗어나기 위해 이용될 수 있다. 사랑한 이가 영원히 사라졌다는 사실과 함께 앉아 있기보다는 '왜'와 '만일 그랬다면'이라는 질문과 상상들 속에 휘말려 있는 것이 차라리 마음이 더 편안하다. 물론 자기반성은 하겠지만, 반성하는 동안 사건을 검토하는 것은 이미 일어난 일을 바꿀 수 없다는 것을 깨닫게 될 것이다. 만일 끔찍한 범죄나 지독한 소홀함이 아니었다면 누구도 비난받을 수 없다.

인간은 건강할 책임은 있지만, 병에 대해 비난받을 존재는 아니다.

어느 늦은 밤, 벨슨 집에 전화벨이 울렸다. 아내 케이트가 전화를 받았다. 그녀는 조금의 동요도 없이 전화 내용을 듣고는 잠시 기다려달라고 했다. 그리곤 남편에게 큰소리로 물었다.
"당신 아버지가 죽어간대요. 뭐라고 말할까요?"
빌은 대답했다.
"장례식이 언제인지 알려달라고 해."
남들이 들으면 매우 무정하게 들릴 수도 있다. 하지만 빌의 아내 케이트는 그 말이 이 상황에 적합한 말임을 알고 있다. 빌의 아버지는 빌이 여섯 살 때 바람이 나서 가정을 버렸다. 아버지와 새 부인은 새로운 가정을 꾸려 더 여유로운 삶을 살기 위해 다른 도시로 이사했다. 빌과 그 밑의 남매는 아버지 없이 자랐다. 아버지는 돌봐주는 시늉도 하지 않았으며, 크리스마스 선물도 보내주지 않았고, 생일 축하메시지도 전하지 않았다. 대신 빌은 안내원으로 일하며 최선을 다해 가정을 꾸려나가는 어머니를 지켜보았다. 아버지에 대한 원망은 당연할 수밖에 없었다.

전화를 끊고 케이트는 빌에게 딱 한 가지 묻고 싶은 게 있었다.
"아버지 임종을 보고 싶지 않은 것은 이해하는데, 왜 장례식은 참석하려는 거예요?"

빌은 자신도 잘 모르겠다는 듯 말했다.

"그냥 작별인사 하고, 속시원하다고 말하려고 그러나 보지."

사람들은 사랑한 이의 상실에 대해 종종 갈등을 느낀다. 복잡한 감정을 가지고 있는 부모에 대해서는 특히 그렇다. 그 상실을 받아들이고 치유하는 데 가장 장애가 되는 것은, 빌의 경우처럼 정말로 싫어했던 사람에 대해 느끼는 그런 감정을 스스로 이해하지 못하는 것이다. 한 여성이 물었다. "어머니는 나를 너무 함부로 하셨어요. 말 그대로 폭군이었어요. 어머니가 죽은 것을 제가 왜 신경 써야 하죠?"

메리 셸리의 유명한 소설 〈프랑켄슈타인〉을 원작으로 한 영화에서, 프랑켄슈타인 박사는 자신이 창조할 생명체의 행복과 그의 삶이 어떨 거라는 생각은 전혀 고려하지 않은 채 괴물에게 생명을 불어넣는다. 그것은 결국 그에게 불행과 고통을 가져다준다. 이 이야기의 마지막 부분에서 프랑켄슈타인 박사가 결국 죽음을 맞이했을 때 괴물이 우는 장면이 나온다. 자신에게 그토록 큰 고통을 가져다준 사람을 위해 왜 우느냐고 묻자, 괴물은 짧은 한마디를 남긴다.

"그는 내 아버지였어요."

우리는 우리를 돌봐준 사람의 죽음에 애도를 표한다. 또한 받아야 할 사랑을 주지 않은 사람의 죽음에도 명복을 빈다. 우리는 이런 현상을 자주 본다. 심하게 맞은 아이가 병원에서 엄마를 애타게 찾지만 엄마를 만날 수 없다. 아들을 구타한 죄로 엄마는 감옥에 가 있으므로. 자신에게 심하게 했던 사람을 위해 완벽하게 슬퍼할 수 있다. 그리고 만일 그들을 향해 슬퍼할 필요가 있다면 그렇게 해야 한다. 자신의 상실을 애도하고 경험하는 데 충분한 시간을 가져야 하며, 사랑을 받을 자격이 없는 사람이라고 생각해도 그의 죽음을 부정할 수 없는 현실을 인정해야 한다.

원한은 죽음과 함께 사라지지 않는다. 원한은 결코 다룬 적이 없고 다룰 기회도 없었던 오래된 분노이다. 그것은 다음에 소개될 토니처럼 침착하고 또는 드러나지 않는 상태에서도 생겨난다.

토니의 아내 캐롤은 아이들이 아버지 토니의 말을 듣지 않을 때마다 항상 분노가 치밀었다. 그녀는 토니에게 말하곤 했다.

"아이들이 아버지인 당신 말을 잘 듣는 게 중요해요. 만약에 언젠가 내가 없을 땐 어떡할 거예요? 애들이 당신 말을 잘 들을 필요가 있다고요."

그리고 일 년 후 캐롤이 자동차 사고로 죽었을 때 토니는 그녀의 말을 떠올렸고 분노로 몸부림쳤다. 그 사고 앞에 어쩔 수 없었다는 것을 알지만 종종 그녀가 정말로 자신의 죽음을 예감했는지가 궁금했다. 그리고 그녀의 말이 현실이 되어 아내 없이 두 아이만 남겨졌다는 사실에 화가 났다. 유가족 모임에서 그는 말하곤 했다.

"나는 아내를 무척 사랑했어요. 지금도 보고 싶을 따름입니다. 하지만 그녀가 죽어버렸다는 사실에 너무 화가 납니다."

그 사람이 우리를 남겨두고 죽고 싶지 않았다는 것을 머리로는 이해하지만, 매번 그 메시지는 상실에 대한 극한 감정에 전혀 위로가 되지 않는다.

오직 하나의 상실을 두고 슬퍼할 수 없다. 사랑한 이를 잃었지만 그 슬픔은 과거와 현재에 일어났던 모든 상실들을 생각나게 한다. 과거의 상실들은 전에 일어났던 누군가의 죽음이다. 현재 당면한 상실들은 가장 최근의 상실이 남기고 간 공허함을 채우기 위해 삶 속에서 순응해야 할 모든 변화들을 말한다.

　어렸을 때 부모를 잃은 기억이나 차사고로 죽은 고등학교 친구 또는 어린 시절의 또 다른 상실들이 생각나는 것은 어쩔 수 없다. 과거에는 마음이 쓰이지 않았지만 여전히 관심이 필요한 모든 슬픔을 느끼게 된다. 아직 슬퍼하지 않은 채로 남겨진 것이 몸과 마음에, 그리고 가슴과 영혼에 그대로 남겨져 있다. 새로운 상실을 경험할 때마다 매번 모습을 드러낼 수 있다.

　질리안은 남편 토드가 베트남으로 파병되었을 때 스물두 살이었다. 그들은 열렬히 사랑했고 결혼한 지 일 년도 채 되지 않아 그는 해외로 나갔다. 군인의 아내가 된 질리안은 남편을 멀리 떠나보낸 다른 군인 아내들과 함께 시간을 보냈다. 그들은 모두 젊었고 결혼 생활 또한 행복했다. 많은 여행과 새로운 경험을 동반한 군대생활에 호기심이 가득했다. 그러던 와중에 그녀가 그토록 피하고자 했던 소식, 즉 남편이 교전 중에 전사했다는 연락을 받게 되었다. 그 후 남편과 군대 안에서 있었던 모든 경험들이 마치 한낱 꿈이었다는 듯 그녀는 돌연 고향으로 돌아가는 길을 택했다.

　질리안은 곧 직장을 얻었고 이내 승진해서 다른 도시로 옮겨갔다. 그곳에서 직장동료인 짐을 만나 다시 결혼식을 올렸다. 그 후 두 번째 남편인 짐과 35년간을 함께 지냈으며, 자식과 손자 그리고 많은 친구들을 주위에 둔 채 행복하게 살 수 있었다. 그러던 어느 날, 짐이 차사고로 사망해버렸다. 질리안은 충격에 싸여 슬픔 속에 허우적댔다. 하지만 오직 짐 때문만은 아니었다. 스물셋에 떠나보낸 토드의 기억이 다시금 떠올랐고, 예순셋이 된 지금 전남편이었던 토드의 죽음을 깊이 애도하고 있는 자신을 발견했다. 짐을 향한 슬픔 바로 아래, 조용히 앉아 있었던 전남편의 죽음을 향한 슬픔의 저장소에 깊게 문을 두드린 건 이번이 처음이었다. 약 40년 전 그의 죽음이 막을 내렸다고 생각했지만 전혀 그렇지 않았던 것이다.

이것은 그녀가 어느 한 사람을 더 사랑했다는 의미가 아니다. 그것은 그녀가 슬퍼해야 할 중요한 두 가지 상실을 가지고 있었음을 의미한다. 즉 최근의 상실과, 과거에서부터 지금까지 줄곧 내버려두었던 상실이었다. 그녀는 한 상담자에게 짐의 죽음을 마음껏 슬퍼하고 싶을 때는 토드를 향한 슬픔이 분산되는 것 같다고 털어놓았다. 상담자는 그녀의 마음을 이해하며 우선 남편의 상실에 더 충분히 슬퍼하고 장례식 준비에 온 신경을 쓰도록 제안했다. 그녀는 이에 동의했고, 토드에 대한 감정이 일어날 때면 자주 혼잣말을 했다.

'토드, 당신도 곧 존중해줄게요. 난 당신을 절대로 잊지 않았어요. 하지만 먼저 짐을 애도하는 데 집중해야 해요.'

장례식이 끝나고, 질리안은 오래된 사진들을 모두 들고 가서 토드가 주둔했던 미시시피 주의 빌럭시에서 일주일을 보냈다. 옛날에 함께 살았던 집을 방문하고 앨범을 들여다보면서 40년 동안 쌓아뒀던 눈물을 전부 흘렸다.

집으로 돌아갔을 때쯤 자신이 두 사람 모두의 상실을 존중했으며, 사랑을 포용할 수 있는 마음이 넓어졌기에 이제 모두를 위해 슬퍼할 수 있음을 깨달았다. 젊었던 토드를 향해 미뤘던 슬픔의 눈물을 마침내 모두 쏟아내자 비로소 홀가분한 기분이 들었다. 그리고 짐의 상실을 감당해야 할 현실로 완전히 돌아와 가족을 위해 그곳에 존재했다. 두 사람의 상실을 여전히 품은 채로.

오래된 상실로 돌아가는 또 다른 이유는, 나이가 들어가며 더 깊은 존재로 완성되면서 더 편해진 마음으로 그들을 방문할 수 있기 때문이다. 이젠 그 상실을 바라볼 수 있는 더 큰 팔레트를 가지고 있다. 질리안과는 달리, 그 당시 상실을 충분히 슬퍼했을지 모르지만 계속해서 성장하므로 슬퍼해야 할 것들이 더 생기게 된다. 감사하게도, 우리는 그 상실을 다룰 새로운 연장들을 개발한다.

빌과 로드니는 2년 터울의 친한 형제 사이였다. 빌이 스물한 살 때 로드니는 위에 통증을 호소했다. 로드니는 의사에게 가서 단순 궤양으로 약을 받아왔다. 그러나 그날 밤 로드니는 맹장이 파열되어서 죽고 말았다.

로드니가 사라지자 빌은 어찌할 줄을 몰라 했고, 그 후 몇 년간 슬픔의 어둠 속에서 살아야만 했다. 겉으로는 꽤 정상적으로 생활하는 듯했지만 가슴속에 항상 로드니가 자리 잡고 있었다. 그 후 10년이 지나 결혼하여 가정을 이루었을 때, 빌은 온전한 삶을 살아가며 깊은 감사를 느끼기 시작했지만, 반면에 로드니에 대한 죄책감이 더 깊어만 갔다. 젊은 나이에 죽은 동생이 지금의 나처럼 행복한 삶을 살아보지 못한 것에 대한 슬픔이었다. 동생은 결혼도 못했고 자식들도 없었다. 빌의 친구들이 모두 40대를 맞아 중년의 위기를 느끼는 동안 그 역시도 그런 것처럼 보였지만, 사실은 로드니의 상실을 다시 온몸으로 맞이하고 있었던 것이다.

몇 해가 지남에 따라 자녀들이 10대 청소년으로 자라가면서, 빌은 동생이 죽었을 때가 얼마나 젊었었는지를 실감하며 그 생각에 온통 빠져 있었다. 그는 아내에게 말했다.

"동생의 상실을 점점 더 몸소 느끼게 되요. 로드니가 놓쳤던 것을 다 생각해 볼 때 난 더 깊이 울어요. 사람들에게 로드니의 죽음을 지속적으로 다시 방문하는 법을 이야기하곤 하지만 그들은 이해하지 못해요. 내가 동생을 아직 못 잊는 이유를 알고 싶어해요. 그 슬픔에 끝이 없음을 어떻게 그들에게 설명할 수 있겠어요? 상실에 있어 어떤 것도 정지되어 있는 건 없어요. 우리가 변화하듯 그것도 역시 마찬가지에요."

옛 고통과 슬픔의 부활은 중요한 목적을 가지고 있다는 것이 상실이 가진 진실이다. 고통이 모습을 드러내면 과거에는 존재하지 않았던 자기 자신을 치유하는 새로운 방법을 찾게 된다. 옛 고통을 방문하는 것은 하나의 실천이 되며, 우리는 그것과 하나가 되고 적응하며 본래의 나로 돌아온다.

또 다른 상실은 과거의 '당신'을 상실하는 것이다. 즉 상실이 일어나기 전의 당신 모습, 결코 다시 존재하지 않을 당신이다. 지금까지는 이런 슬픔에 대해 전혀 몰랐다. 이토록 나쁘게 느낄 수 있다고는 상상조차 할 수 없었다. 슬픔에 잠긴 지금, 새로운 '당신'은 영원히 변화된 채로 부서지고, 깨지고, 회복될 수 없을 것처럼 느껴진다. 이런 일시적인 감정은 사라질지라도 결코 예전의 당신으로 회복될 수 없을 것이다.

새로워진 당신, 달라진 당신, 결코 다시 예전과 같아질 수 없는 당신, 과거의 눈으로 세상을 바라볼 수 없는 당신만이 남는다. 엄청난 상실에 순수함을 잃고, 다만 상처받기 쉬운 마음과 슬픔 그리고 이런 일이 당신에게도 일어날 수 있다는 사실과 일어난 새로운 현실이 그 자리를 대신한다.

느끼게 될 또 다른 상실들이 있다. 결혼하게 되면 친구들이 대부분 결혼한 부부들로 바뀐다. 이제 당신은 구경꾼이다. 과거 친구들은 당신을 끼워주려고 노력하고 당신은 어울리려고 노력하지만, 대개의 경우 친구 모임에서부터 거리가 멀어지게 된다고 사람들은 말한다. 편안함을 주는 몇몇 부부들과만 자주 만나게 된다. 눈에 띄는 움츠림이 친구들에게서 일어나든 아니면 당신에게서든, 그것은 감당해야 할 또 다른 상실이 된다.

또 하나의 상실은 사랑한 이가 속해 있던, 그리고 당신을 포함시켜줬던 세계이다. 아마도 당신은 회사에 다니고, 아내는 연극을 가르쳤을 것이다. 혼자서는 결코 연극 공연에 참석하지 못하고 배우와 감독 그리고 작가들을 만나지도 못한다. 하지만 그곳은 아내의 세계이므로 당신은 그 안에서 설 자리가 있다. 그런데 그녀가 사라져버리면 당신은 회사 동료들과 형식적인 저녁 시간을 몇 번 가지고 함께 애도하며, 몇 군데 연극에 초대받기도 하겠지만 예전과는 전혀 다르다. 아내 없이는 더 이상 그 세계에 낄 수 없다.

또한 함께 해왔던 활동들을 상실한다. 일요일 저녁만찬을 위해 가장 좋아하는 레스토랑을 방문하는 이벤트는 더 이상 없다. 혼자 가거나 또는 다른 친구와 함께 가는 것이 뭔가 잘못된 것처럼 느껴진다. 아마 당신과 배우자는 함께 골프도 치고 볼링도 쳤을 것이다. 좋아했던 활동이 무엇이든 이제 사라져버렸고 전부 혼자 해야 하며 지금은 예전과 같은 기분이 들지 않는다.

어떤 이들에게는 재정적인 문제가 생긴다. 생존하기 위해 새로운 생계 수단과 수입을 가져올 다른 방법을 찾는 것, 그 자체가 하나의 상실이다. 어떤 경우에는 집을 경매에 붙이도록 강요받는다. 그것은 모욕을 주는 것부터 마음의 상처까지 입히는 상실 위의 상실로서 또 하나의 거대한 상실이 된다.

이처럼 겉으로 드러나는 상실 외에도, 마음 안에서 울려 퍼지는 상실들이 있다. 친구로서, 말동무로서, 인생의 동반자로서 사랑한 이를 상실한 것이다. 그녀는 모든 것을 털어놓을 수 있는 유일한 사람이었다. 그녀는 당신 인생의 산증인이었다. 서두를 먼저 꺼내거나 굳이 이유를 말할 필요도 없었다. 많이 사랑했고, 당신의 과거를 알고 친구들과 일에 대해 함께 의논할 수 있는, 결정을 내리는 데 도움을 주는 바로 그 사람과 당신은 함께 삶을 이어왔다.

상실로 가득한 새로운 세상 앞에 행해야 하는 무시무시하고 가슴 찢어지는 적응이다. 어느 누구도 당신이 있는 곳에 설 수 없고 당신이 잃은 모든 것을 살펴볼 수 없다. 이 일은 실로 당신을 위한 것이고 혼자 알아야 할 일이다.

새로운 방법과 새로운 것들 그리고 함께할 새로운 사람들을 발견하게 된다. 아마 시간이 지남에 따라 이것을 알아가는 것을 낙으로 삼을 것이다. 존재하는지 전혀 몰랐던 당신의 바깥세상과 내면의 세상을 발견할 것이다.

하지만 지금 당신의 과제는 슬퍼하는 것, 그리고 이 상실과 또 다른 상실들을 느끼는 것이다.

슬픔은 '삶이 어때야 한다'는 의식적 혹은 무의식적인 많은 믿음들이 산산이 부서지는 것이다.

인간은 어떤 공통된 믿음을 공유하고 있다. 태어난 후에 좋은 유년시절을 보낼 것이며, 그 유년시절이 어렵다면 그것을 극복함으로써 더욱 강해질 것이라는 믿음이다. 그 후 특별한 사람을 만나 결혼하고 직장도 구할 것이다. 세상에서 가장 훌륭한 직업을 얻거나 결혼 생활이 완벽할 거라고는 생각하진 않지만, 자녀들을 사랑할 것이고 대체적으로 자신의 삶에 만족하길 기대한다. 마지막으로, 나이가 들어 백발이 될 때 가족들을 초대해 옛 앨범을 보여주며 모두를 얼마나 사랑하는지를 말할 것이다. 그리고 그날 늦은 밤 잠을 자다 평화로운 죽음을 맞이한다.

이것이 우리의 믿음이고 희망이며 상상이다. 이것이 인생에 펼쳐져야 할 노정이다. 하지만 40대에 암에 걸리는 건 무슨 일인가? 사랑한 이가 차사고로 죽는 것은 도대체 무슨 일인가? 또는 아이가 죽는 것은? 이것은 삶이 전개될 노선이 아니다.

인생이 결코 완벽하진 않지만 제법 길 거라고 기대한다. 병, 지진, 사고, 그리고 건물로 돌진하는 비행기 사고 등이 일어날 거라고 예측하지는 않는다. 이런 일들이 일어나면 그 상실을 애도해야 할 뿐 아니라, 그 일이 절대 일어나선 안 된다는 믿음을 잃어버린 것에 대해 슬퍼해야 한다.

이런 믿음이 어떻게 생겼을까? 네 살 된 아이가 물었다.

"아빠, 사람들은 왜 죽어요?"

가장 편안한 대답은 이것이다.

"육신이 늙어서 기력이 약해지기 때문이지."

이것은 네 살짜리 아이에게 적당한 대답이며 다른 대안은 없다. 물론 이렇게 말할 수는 있다.

"아들아, 이 세상은 무질서하고 혼란스러워서, 우리가 이렇게 말하고 있는 이 순간에도 당장 내가 암에 걸릴 수도 있다. 사실 네가 걸릴 수도 있단다. 오늘은 나의 마지막 날이 될 수도 있고, 드물게는 너의 마지막 날일 수도 있단다."

하지만 어느 누구도 아이에게 이렇게 말하기를 원치 않는다. 그렇지만 아이가 자라면서 삶과 죽음을 바라보는 관점을 새롭게 해줄 필요가 있다. 만일 그렇게 하지 않으면 우리 생애가 절대 나쁘게 되지 않을 거라는 믿음이 영원히 지속될 수 있다. 만일 아이가 성인이 되어서도 그 믿음을 가지고 있다면, 현실 감각이 떨어져 삶에 대처하는 데 어려움을 겪게 될 것이다. 텀블러 기계 위에서 원석이 윤 나게 다듬어지듯, 상실은 다이아몬드와 같은 삶을 만들기 위한 인생의 텀블러인 것이다.

상실이 엄습해올 때 애도해야 할 눈에 보이는 상실이 있을 뿐만 아니라 삶이 어때야 한다는 믿음과 가정도 산산조각 난다.

이런 삶의 믿음은 따로 떼어서 애도해야 한다. 때로는 그것을 먼저 슬퍼해야 한다. 만일 '이런 식으로 일이 일어날 수는 없어'라는 생각에 갇혀 있으면 그 상실을 슬퍼할 수 없다. 우리는 지금껏 충격과 망연자실에 싸인 사람들의 얼굴을 모두 지켜보았다. 머리로는 나쁜 일이 생길 수 있다는 걸 알고 있다. 하지만 그 일은 다른 사람에게나 있을 뿐이지 자기 자신에게는 아니며, 자신이 살아갈 세상은 아니라고 단정 짓는다.

믿음 체제에 예외가 생길 때 자기 자신을 더 안심시켜줄 구실을 만들길 원한다. 예를 들어, 비행기 충돌 기사를 읽었을 때 "비행기를 너무 많이 타고 다녀서 그럴 거야. 비행기를 타고 다니지 않으면 그렇게 많은 숫자가 죽진 않을 거야"라고 말할지도 모른다.

눈사태나 지진, 태풍과 같은 자연재해로 인해 매번 엄청난 숫자의 사람들이 죽는 것이 현실이다. 하지만 자신의 현 믿음 체제로는 이것의 자연 발생적인 면을 인지하지 못한다.

아이는 아프지 않고 죽지 않을 것이며 아이의 죽음은 자연 법칙에 어긋난다는 믿음은 현실에 맞지 않다. 100년 전으로 거슬러 올라가 보면 영아 사망률은 매우 높았고 삶의 일부였다. 7명의 자녀가 있으면 오직 몇 명만이 살아남을 뿐이었다. 그게 현실이었다.

오늘날 현대 의학은 인간을 고통스럽게 하는 것은 모두 치료할 수 있다고 믿는 경향이 있다. 아론은 여섯 형제 중 막내로 힘이 가장 셌다. 아론은 매우 체격이 좋았고 건강에 좋은 음식만을 먹었으며 형제들에게 자신을 닮으라고 잔소리했다. 나머지 형제들은 전혀 운동에 흥미가 없었고 건강에 대해서 신경 쓰지 않았던 터라, 아론의 열정에 매우 감탄할 뿐이었다.

그랬기에 더더욱 아론이 서른한 살의 나이에 직장암 말기를 선고받았을 때 느꼈을 충격과 절망감을 상상조차 할 수 없었다. 그의 죽음 이후, 그들은 여섯 형제 중에서 건강에 유일하게 제일 신경 쓴 아론에게 이런 일이 어떻게 일어날 수 있는지 도무지 말로 설명할 수 없었다.

본질적으로 올바른 일을 하면 좋은 결과가 있을 거라는 믿음이 무너져버린 것에 그들은 고통스러워했다. 운동선수도 죽을 수 있고 심장마비에 걸릴 수도 있다는 사실을 기억하기 전까지는 이런 억측이 그럴 듯해 보일 것이다. 이런 궁금증이 남는다. 왜 하필 형제 중에 건강하려고 노력하던 사람인가? 건강한 삶은 병이 발병되거나 악화될 조건을 예방한다는 것이 맞는 말이다. 하지만 깊은 슬픔에 빠져 있을 때 건강한 삶이 우리의 죽음을 막아줄 거라는 억측은 실현되기 힘든 믿음체제이다.

당신이 슬픔을 겪는 중에, 그렇게 펼쳐져야 했던 자신의 상상에 애도를 표하는 시간을 가질 필요가 있다. '이런 일이 다른 사람에게는 일어나지 않고 내게 일어났다'라는 사실을 일깨우며 우리 자신의 상실을 존중해주어야 한다. '왜 하필 나인가?'라는 질문을 가지고 살아가도록 시간을 가지라. 어떤 이에게는 '왜 하필 내가 아닌가? 왜 나는 삶의 상실에서 제외되어야 하는가?'라는 질문이 도리어 해답이 될 수도 있다.

영혼을 치유하고 재정비할 필요가 있는 만큼 당신의 믿음 체제 역시 그렇다. 기초에서부터 새로운 믿음 체제를 다시 세우기 시작해야 한다. 그곳에서는 현실을 위한 자리가 마련되어 있고 달라진 삶에 대해 안전과 희망을 여전히 제공해 준다. 그것은 결국 삶과 상실을 발견하는 그 자체로 궁극적인 아름다움을 가질 믿음 체제이다.

생명이 없는 숲속에 어린 새싹이 머리를 내밀며 황폐함으로부터 벗어나는 순간을 상상해보라. 슬픔의 치유 속에 우리는 전에 있던 황폐함을 부정하지 않은 채로 죽음에서 생명으로 소생되고 있는 것이다.

당신은 혼자이다. 당신과 세상 사이, 과거에는 아무것도 없던 곳에 벽이 하나 생긴다.

하지만 고립은 주변 환경이나 옆사람과는 관련이 없다. 친구들과 친척의 무리 안에 있지만 사막에서 길을 잃은 것처럼 고립된 기분이 들 수 있다. 이 폭풍에는 항구가 존재하지 않고 당신에게 연결끈을 가져다줄 사람은 영원히 떠나버린 그 사람뿐이다. 그래서 영원히 길을 잃은 것처럼 느껴질 것이다.

친구들은 당신이 마음의 문을 닫고 바깥세상과 단절하려는 것 같다며 걱정한다. 사실 오랜 기간 동안 이런 고립이 계속된다면 분명 경계해야 하고, 도움의 손길을 뻗어야 한다. 하지만 상실 후에 오는 고립감은 정상적이고 예상했던 것이며 건강한 것이다. 심지어 친구들이 정말 걱정되는 게 뭐냐고 말하라고 재촉할 때도 실로 할 말이 있는지 의문스럽다. 때때로 고립으로부터 당신을 해방시키려는 사람들의 욕구는 당신의 고립을 걱정하기보다는 그들 자신의 두려움이나 불안과 더 관련 있다.

친구들은 당신이 상실로 인해 마음의 문을 닫았고 고립이 깊은 침묵을 가지고 왔음을 왜 이해할 수 없는 것일까? 당신은 비정상적이고 외롭고 환영받지 못한 새로운 세상으로 들어가고 있다. 그곳에서 당신은 다만 슬픔의 섬이 된다. 다른 사람이 당신에게 무엇을 원하든 밖으로 나갈 길은 없다.

릴리는 한 미성년자가 운전했던 차가 교실로 돌진한 바람에 남편과 두 아이를 잃었다. 그 때문에 한동안 몹시 고립되어 있었다. 고립감에 깊이 빠진 그녀가 특별한 변화 없이 몇 달을 보내자 진심으로 그녀를 걱정하는 친구들이 간섭하기 시작했다. 화요일 저녁에 그들은 그녀의 집에 방문했고, 릴리는 놀라운 기색이나 아무 감정변화도 없이 문을 열어주었다. 그들이 걱정했다고 얘기하자 그녀는 말했다.

"난 지금 너희들이 감히 이해할 수 없을 만큼 고립감을 느끼고 있어. 너희들은 내 마음 안에서 일어나고 있는 단면만을 보고 있지만, 적어도 내 내면 세계와 바깥 세계는 서로를 비추고 있어. 너희들은 내 세상의 균형이 깨지길 바라지는 않을 거야. 그렇지?"

그러자 가장 가까운 친구가 제안했다.

"하지만 세상 밖으로 나와서 뭔가 해보는 것도 도움이 될 거야. 한번 시도해보고 싶지 않니?"

릴리는 허공으로 시선을 돌리며 말했다.

"그건 내게 도움이 될지도 몰라. 하지만 난 지금 여기 있을 필요가 있어. 신경 써줘서 너무 고마운데 누구도 나를 이해하리라고 기대하지 않아. 내가 말할 수 있는 건, 다시 예전처럼 살아갈 시간이 올 거라는 걸 알고 있지만 지금은 그때가 아니라는 거야."

고립은 그녀의 내적 현실과 바깥 현실이 조화를 이루도록 해주었기 때문에 릴리에게 있어 그것은 슬픔을 위한 중요한 수단이었다. 그녀는 본능적으로 그것을 감지했고 또한 일상으로 다시 돌아가는 것은 자신에게 시기상조라는 것을 인지했다. 그리고 그 시간이 올 거라는 것도 알았다.

사랑한 이의 죽음은 종종 겉으로뿐만 아니라 상징적으로도 당신을 분리시켜 놓는다. 누군가와 함께 있었지만 지금은 아니다. 언제나 두 사람을 생각하고, 식사는 항상 누군가와 함께 하기로 되어 있다. 아마도 수많은 다양한 도전에 형제자매와 함께, 사랑한 이와 함께, 가장 친한 친구와 함께 했을 것이다. 어찌 분리된 기분이 들지 않을 수 있겠는가?

'분리됨'은 슬픔을 지나는 길 위에 서 있는 중요한 정거장이 되지만, 대개 차근차근 밟아가는 하나의 단계가 되어야 한다. 너무 오래 혼자 머무르거나 갇혀 있으면 회복에서 점점 더 멀어질 수 있다. 너무 심하게 그리고 너무 오랫동안 고립되어 있으면 끝내는 당신의 세상이 점점 답답하고 비좁게 느껴진다. 완전히 무력해져버릴 때까지.

표출할 출구가 충분치 않은 것이 고립에서 가장 견디기 힘든 일이다. 분노를 가지고 누군가에게 화를 낼 수 있고 소리칠 수도 있다. 슬프면 울 수도 있다. 하지만 고립감은 문도 창문도 없는 방 안에 갇혀 있는 것 같은 기분이다. 그리고 그곳에 더 오래 빠져 있을수록, 슬픔의 다음 단계로 이동하기 위한 고통과 슬픔을 나누는 일이 더욱 힘들어진다. 고립감에 빠져 있을 때는, 모든 희망이 사라지고 절망감이 지배하며 당신을 가둔 보이지 않는 벽 너머의 세상을 더 이상 잠시라도 바라볼 수 없게 만든다.

자신을 세상으로 되돌아가도록 부드럽게 밀어내는 것도 도움이 된다. 한 여인은 억지로 친구들과 마음에도 없는 네 번의 점심 식사를 한 다음 다섯 번째 식사시간부터는 갑자기 무척 즐거워졌고 농담에도 웃음이 나오더니 결국에는 모든 것을 극복했다고 했다. 하지만 자신을 밀어낼 수 없는 사람들에게 사별한 사람을 위한 모임은 고립의 좋은 해독제가 된다. 그 모임은 개인적이고 혼자 있는 시간을 유지할 수 있게 해주면서 동시에 안전하고 통제된 방식으로 세상과 연결될 기회를 제공한다.

때가 되면 바깥세상으로 돌아갈 다리를 발견할 것이다. 사별한 사람을 위한 모임과 어울리는 또 하나의 추천방법으로, 상실을 경험한 사람과 함께 이야기를 나누는 것도 좋은 방법이다. 고립됐다는 기분이 들고 같은 처지의 사람이 옆에 있다는 걸 알게 될 때 우리는 고립감을 다소 덜 느끼게 된다. 아마 실제로 두 사람은 고독감의 일부를 유대감으로 대신할 것이다.

빌리는 어머니가 죽어가는 동안 매우 고립된 기분이 들었다. 주변에 모든 사람들은 열 살인 빌리가 아직 슬퍼할 능력이 없다고 여기며 어른들만이 제대로 된 슬픔을 겪고 있다고 생각했다. 물론 실상은 그렇지 않다. 사랑할 수 있을 정도의 나이라면 당연히 슬퍼할 만큼의 나이인 것이다. 다만 아이들은 슬픔의 표현 방식이 다를 뿐이다. 어머니가 병원에 입원해 있는 동안 사회복지사를 걱정시키기는 했지만, 빌리는 계단에 홀로 앉아 있는 걸로 스스로 위로 삼았다.

문제는 어머니가 죽음을 앞두고 병상에 누워 있기 때문에 그는 사별한 사람을 위한 모임에 참여할 수 없었다. 어느 날 중환자실에 입원한 남편을 둔 부인이 계단에 앉아 있는 빌리 옆을 지나갔다. 그녀는 인사를 건네고 그의 고독을 방해하고 싶지 않아서 가던 길을 계속 갔다. 하지만 그날 저녁 그녀는 빌리에게 다가와 곁에 앉아 슬픔을 억누르며 물었다.

"나도 너와 함께 혼자 있을 수 있겠니?"

빌리는 고개를 끄덕였다. 그 후 며칠 동안 그들은 계단 위에서 함께 시간을 보냈고, 단 둘이서, 가끔 아픈 가족에 대해 이야기를 나눴지만 대부분은 침묵 속에 보냈다. 두 가족들은 빌리와 그 새 친구가 각자 고립되어 있다고 생각했다. 그렇지만 그들의 고립은 세상과 연결하는 정거장이 되었기 때문에 그것은 그들이 할 수 있는 가장 건강한 방법이었다. 실제로 외로움과 슬픔으로부터 벗어나 탄생된 그들의 유대감이 그 후 20년 동안 우정으로 지속되었다는 것은 무척 의미 있는 일이다.

빌리와 친구가 된 이 여인은 참으로 현명하게도 '아이들이 느끼는 슬픔은 어른이 느끼는 것과는 다르다'는 것을 이해했다. 아이들은 자신의 슬픔을 말로 표현할 단어를 모르거나 표현하는 데 허락받을 필요가 없는 반면, 어른들은 감정을 표현하는 데 무척 애를 먹는다. 하지만 슬픔에서 살아남고 감당하기 위해 실행하는 것이 무엇이든, 혼자 있는 것은 자신을 이해하지 못하는 사람들에게 상처받기보다는 훨씬 더 안전하다.

빌리의 경우처럼 고립이 항상 장애물은 아니다. 오히려 그것은 꼭 필요한 중간역이 될 수 있다.

고립을 뛰어넘어야 할 시간이라면 이렇게 실천을 해보라. 친구에게 전화를 걸고 조언을 구하거나 만남을 요청하라. 고립이라는 대상 앞에 그림 그리기, 정원 꾸미기, 산책하기 같은 활동들을 소개시켜 주라. 자연은 영혼을 치유하는 힘을 가지고 있다. 위에서 말한 사별한 사람을 위한 모임 외에도, 사람들 모임에서의 교류가 아직 끌리지 않은 사람을 위한 개인 상담도 있다. 만일 어느 정도 도전할 준비가 되어 있다면, 수업이나 집단 활동 시간에 뒤에 앉아 어떤 기분이 드는지 자신을 지켜보라. 물론 흥미가 확 끌리기 전까지는 억지로 한다는 느낌이 들 수도 있다.

고독은 슬픔의 일부분이며 삶으로 돌아가는 중요한 과도기를 제공해줄 수도 있다. 궁극적으로 고립은 경험할 수밖에 없는 암흑세계이지만, 결코 살아가야 할 장소는 아니다.

우리 모두는 비밀을 가지고 있다. 큰 비밀에서부터 대수롭지 않은 비밀까지 다양하다. 크기에 상관없이 비밀은 우리 자신의 것이고 어떤 이유에서든 이 정보를 다른 사람과 공유하지 않기로 마음먹었다.

사랑한 이가 죽고 나서 여기저기서 하나 또는 두 개의 비밀이 드러나는 것은 이상한 일이 아니다. 가장 힘든 부분은 그 비밀을 자기 혼자만 마음속에 담아 두어야 한다는 것이다. 사랑한 이가 도박에 중독되어 있었다거나 외도를 했다는 사실을 알게 되는 것은 너무 고통스러울 것이다. 비밀은 그 자체보다 더 많은 것을 남길 수 있다. 비밀을 알게 되면서 많은 의문점들이 생긴다. 때때로 배우자나 형제자매가 우리에게 숨겼던 비밀이 우리를 만나기 전 또는 우리가 태어나기 전의 일일 수도 있다. 지금껏 살아오면서 경험했던 일이나 살았던 곳을 낱낱이 다 사람들에게 말하지 않는 게 보통 삶의 진실이다.

비밀이 드러날 때는 엄청난 충격을 받는다. 때론 슬픔과 별도로 그 충격을 감당할 시간을 가져야 한다. 여러 면으로 보아 다뤄야 할 슬픔은 딱 두 가지 형태가 있다. 사랑했던 이를 상실한 것과 그 비밀에 반응하는 것이다. 이 반응은 종종 슬픔을 만들어내는 요소가 된다. 비밀을 밝혀내면서 생기는 슬픔, 화, 분노, 배반감, 의문점들을 단독으로 하나씩 느껴야한다는 것에 유의하라.

사실상 모든 비밀이 다 부정적이지는 않다. 그 사람의 모든 것을 다 안다고 생각했는데, 그가 비밀스런 취미나 열정을 가지고 있었다는 것을 알게 될 때 사랑했던 사람은 충격을 받는다. 사랑한 이의 긍정적인 면을 우연히 알게 되더라도, 그것을 자신과 공유하지 않았다는 사실에 똑같이 곤혹스러워할 것이다. 서로에 대해 모든 것을 알고 있다고 또는 심지어 그래야 한다고 여기는 것은 착각에 불과하다.

자살처럼 죽음과 관련된 상황을 비밀로 하려고 하면, 자기 자신과 상실 속에서 도움을 받는 그 사이에 걸림돌이 생기게 된다. 상실을 누군가에게 알릴 때, 그들의 걱정을 받아들이는 대신 자신이 지어낸 비밀이나 거짓말에 온통 신경을 쓴다. 비밀은 상황에 맞는 치료법을 찾는 걸 어렵게 만든다.

그가 삶 속에서 비밀을 만들었듯 자신도 죽음과 애도 속에 비밀을 만들어 놓는다. 어떤 이들은 슬퍼하면 약해진다고 생각한다. 슬퍼하는 것은 슬픈 상황을 해결할 수 없다고 오해를 한다. 하지만 슬픔을 숨길 때 슬픔 자체가 비밀이 되어버린다. 감정을 드러내지 않고 아무 일 없었던 것처럼 행동하고 자신의 슬픔을 비밀로 한 일이 얼마나 많았을까? 우리는 그런 그들에게 이렇게 말하고 싶다.

"어쩜 아무 일도 없다는 듯 행동할 수 있단 말인가?"

하지만 어떤 이유로든 슬픔을 비밀로 해야 할 경우가 있다. 한 장의사가 '시간 외 근무'라고 부르는 일을 얼마나 자주 해왔었는지를 들려주었다. 전부인, 정부, 사생아, 집안의 망나니, 장례식에 환영 받지 못한 사람들에게 전화를 받았던 상황들을 들을 수 있었다.

조이스라는 한 여성은 그녀가 젊을 때 어떻게 결혼하게 됐는지,

그리고 결국 합의이혼으로 끝나게 된 배경 등을 들려주었다. 그녀와 전남편은 각자 재혼하고 새로운 가정을 꾸렸다. 그녀는 말했다.

"나는 전남편을 향한 사랑을 멈출 수 없었어요. 그는 저의 첫사랑이자 첫 결혼이었어요. 그에게 감히 말할 수 없었지요. 왜냐하면 내 가족과 그의 가족에게 피해가 가는 걸 원하지 않았기 때문이죠. 하지만 어쨌든 그는 이 사실을 알고 있었어요. 그가 죽었을 때 그를 위해 울고 싶었지만, 저는 엄연히 전부인이기에 현재 그의 가족을 위해 낮은 자세를 유지할 필요가 있었지요. 내 깊고 깊은 슬픔을 경멸하지 않고 존중해주길 원했기 때문에 난 장의사에게 전화를 걸어 내 문제에 대해 말했어요. 그는 내 부탁에 응했고, 근무시간 후에 장례식장을 보여주었어요."

여러 상황에서 다양한 이유로, 때로는 자신의 슬픔을 보이지 말아야 한다고 느낀다. 그 숨김이 효과가 있든 그럴 수밖에 없든 그것은 문제가 되지 않는다. 문제가 되는 것은 슬픔을 숨기고 비밀을 간직하는 것이 문제를 더 복잡하게 만든다는 사실이다.

때때로 사랑한 이가 죽은 원인을 비밀로 하기로 결심한다. 아들이 에이즈로 죽었을 때 그 가족들은 남들에게 아들이 암에 걸렸었다고 말하듯이, 실제 원인은 받아들이기 어려운 일이라고 여길지도 모른다. 언제, 왜 그런 일을 하는지는 종종 주위 사람들에게는 수수께끼다. 뚜렷한 선입견이 있을 수 있고 그렇지 않을 수도 있다.

예를 들어 한 노부인이 췌장암으로 죽었을 때 아들은 다른 사람들이 그 병을 폐렴으로 생각하길 원했다. 어떤 이유로든 폐렴은 받아들일 수 있지만 암은 그렇지 않다고 생각했다. 또한 알츠하이머도 비슷한 성격을 가진다. 사람들이 그의 당황하는 모습에 눈치를 챌 수는 있어도, 적어도 그것이 죽은 이가 그 병을 앓았다는 것을 창피스럽게 여겨서 그런 것은 아니라고 믿는다.

50대 중반의 조쉬는 너무나 가혹한 경제 문제에 부딪혀 스스로 목숨을 끊었다. 아내는 모든 사람에게 심장마비였다고 말했다. 왜냐하면 인생을 '열심히 살다가 갑자기 죽은 사람'의 이야기는 자살한 사람의 이야기보다 훨씬 듣기에 좋기 때문이다. 하지만 이 과부는 그 비밀을 위해 얼마나 많은 대가를 지불해야 했을까? 절친한 친구들이 그녀에게 "갑작스럽긴 했지만 그래도 편안히 죽었잖아"라고 말하곤 할 때 그녀는 슬픔을 감당하기가 더 힘들었다.

좋은 죽음이 아니었다는 인식은 그녀에게 고통을 더해주는 비밀이 될 뿐이었다. 상실은 비밀의 부담 없이 그 자체만으로도 충분히 힘들다. 만일 일반 사람들에게 완전히 솔직해질 수 없다면 적어도 당신의 슬픔을 솔직하게 터놓을 수 있는 한두 명 정도를 찾도록 하라.

대부분의 경우, 죽음이 일어난 후 그 비밀은 오래도록 지켜진다. 마샬은 좋은 남편이었다. 주부이자, 어머니이자, 할머니이자, 아내였던 신시아와 함께 40년 동안 만족스런 결혼생활을 했다. 그는 아내가 죽고 난 후 아내의 소지품을 정리하다 대학 시절에 언론과 웅변으로 그녀가 받았던 상들을 발견했다. 심지어 전국 웅변대회에서 입상을 하기도 했다. 마샬은 아내가 이런 엄청난 재능을 가지고 있었음에도 이에 대해 전혀 언급하지 않았다는 사실이 충격적이었다.

그는 아내가 재능을 가졌는데도 그 재능을 계속 살리지 않기로 선택한 것이 어떤 의미가 담겨져 있는지 의문스러웠다. 자신이 아내의 재능을 표현할 수 있을 만한 결혼생활의 분위기를 만들어주지 못한 것일까? 결코 정답을 알 수는 없었지만 그는 함께했던 시간 동안 아내가 행복했기를 소망했다. 그녀가 자신의 모습에 행복했고, 할 수 있었지만 이루지 못한 꿈을 갈망하지 않았기를 다만 바랐다. 아내에 대해 자꾸만 알아가는 것이 흥미로웠지만, 아내의 비밀을 알게 됨과 동시에 자꾸만 생겨나는 의문 속에 그는 더더욱 괴로웠고 슬펐다.

'아내가 말하지 않은 건가, 내가 묻지 않은 것일까?'

궁극적으로 비밀은 우리가 알고 있던 그 사람을 바꿔놓지 못한다. 다이아몬드의 모든 면이 진짜지만 각각 다른 형상을 보이는 것처럼, 그들의 다른 면 때문에 사랑한 이에 대해 소중히 여겼던 모든 것을 부정하지 말라. 당신이 알았던 것은 모두 진짜였다. 당신이 발견한 것도 진짜일 것이다. 그 비밀이 부정적인 것이면 당신처럼 그도 단지 인간일 뿐이었음을 깨닫도록 최선을 다하라. 필요하다면 그 비밀을 잊어버리고 그렇지 않으면 몰랐던 사실들을 받아들이도록 노력하라. 죽음은 사생활에 침입해서 자신의 행동을 설명할 기회를 빼앗아가 버린다.

이해하기 어렵겠지만 비밀을 간직하고 있었던 것은 대개 당신 탓이 아니다. 그것은 그 사람이 오직 자신의 정체성을 지키기 위해서 자신의 일부를 알리지 않은 것이다. 또는 좋지 않다고 느껴지는 인생의 어느 한 부분을 숨기기 위해서 한 일이다. 아마도 비밀을 간직하면서 실제로 즐거워했을지도 모른다. 만일 상대가 비밀을 얘기해줬더라면 당신을 크게 기쁘게 할 수도 있었을 텐데, 그런 기회조차 주지 않고 떠나간 것에 화가 날지도 모른다. 맞는 말이다. 죽음은—의도가 있었다면 그런 자기 자신을 만회할 기회를 포함해서—많은 것에 대한 기회를 빼앗아가기 때문이다.

사랑한 이는 당신과 자신의 모든 것을 나눌 의도가 전혀 없었는지도 모른다. 잘 생각해보면 당신 역시도 당신의 모든 것을 사랑하는 이에게 나누고 있지는 않을 것이다.

  다만 입장을 바꿔 생각해보라. 만일 당신이 죽었다면? 사랑한 이가 당신에 대해 발견하게 될 비밀이 있는가? 그가 비밀을 만들었을 상황을 생각해보면 오히려 연민의 정이 느껴질 것이다.

5 사랑을 위해 사랑할 권리를 내려놓으라

ⓒ Steve McCurry | Magnum Photos | 유로포토-한국매그넘

착하고 바르게 살면 그 대가로 고통 받지 않고 살 수 있을까. 하지만 그 기대는 여지없이 무너지고 만다. 사랑을 알아간다는 것은 사랑할 권리를 조용히 내려놓을 줄 알아야 한다는 것, 그러니 인생을 살아간다는 것은 곧 죽음을 받아들여야 한다는 것⋯⋯.

이런 벌을 받을 만큼 당신이 뭘 그렇게 잘못했는가? 고된 병을 앓고 결국 세상을 떠날 만큼 사랑한 이는 과거에 도대체 무슨 죄를 지었을까?

그럴 만한 일은 하지 않았다. 하지만 벌 받았다는 기분이 드는 건 막을 수 없다. '만일 내가 더 좋은 사람이었다면 이런 일은 생기지 않았을 거야' 또는 자신의 결점들을 깨달으면서도 '이 잘못으로 벌 받는 건 온당치 않아'라고 느낄 것이다. 둘 다 옳지 않다. 올바르게 살면 고통 받지 않을 거라는 믿음 아래 우리는 살아간다. 하지만 인생을 살아간다는 것은 곧 죽음을 알아간다는 것이다. 사랑하기 위해서는 사랑할 권리를 가졌던 것을 결국엔 놓아줘야 한다.

어떤 면에서 벌의 개념은 종교로부터, 벌을 내리는 신으로부터 나온 것일 수도 있다. 행동은 결과를 지니고 있지만 상담자의 관점에서 볼 때 상실이 벌을 받은 거라고는 생각하지 않는다.

상실을 미루어 생각하다 보면 자신이 저지른 잘못들이 뚜렷하게 드러나 보여서 벌을 받았다고 느껴지겠지만, 모든 생명을 사랑하시는 신이 인간에게 그런 고통을 내리실 리는 없다. 죽음은 탄생과 동시에 따라오는 것이지만 벌은 사랑과 보살핌을 위한 신의 결말이 아닌 것이다.

벌 받은 기억은 이따금 우리의 유년 시절로 거슬러 오른다. "벌을 받고 있는 것 같아요. 하지만 이런 고통을 받을 정도로 내가 뭘 잘못했는지 기억나지 않아요." 이런 말을 심심치 않게 듣게 된다.

로버트는 척추에 생긴 종양을 제거하고 암에서 해방됐다는 사실에 기뻤다. 암이 자신에게 얼마나 큰 선물이었는지에 대해 말했다. 이런 생각은 보통 병이 완치된 사람들에게 일어난다. 암에 걸린 사람들은 만일 암이 선물이라면 도로 갖다 줄 거라며 그의 말에 동의하지 않는다. 하지만 로버트가 정말 말하고자 하는 것은 그가 죽음에 맞서면서 얻었던 선물을 말한다. 자신의 삶 때문에 벌을 받았다고 생각했지만 이제 마음을 달리 먹었다고 했다. 질병 치료에 관한 서적과 부정적인 사고가 우리에게 영향을 미치며 우리 스스로가 병을 키우고 있다는 내용의 기사를 읽었다. 암에서 벗어날 수 있게 해준다는 식이요법에 대해서도 공부했다. 또한 아침마다 기도하고 밤엔 묵상을 했으며, 다시 교회에 나가기 시작했다.

문제는 자기 자신과 주변 사람을 사랑하는 마음에서 그런 일을 행한 게 아니라는 점이다. 그는 '신이시여, 당신께 모든 것을 드리면 암이 다시 찾아오지 않게 해주실 건가요?'라고 타협하면서 두려움 속에 그런 일들을 했다.

로버트는 자신이 열심히 노력했기 때문에 암을 물리쳤다고 확신했지만 그 후 일 년이 지나 복부에 또 다른 혹이 발견됐다. 완전히 좌절에 빠진 그는 벌 받았다고 생각했다. 화학치료를 받기 시작하면서 그는 자신에게 수없이 자문했다.

"내가 뭘 놓친 거지? 다 나았다고 생각했는데, 이것은 어떤 영적 가르침일까? 왜 내가 다시 벌을 받아야 하는 거지?"

살아가면서 많은 질병과 싸우면서 흔히 쓰는 말로 병을 '물리치고' 그 전투에서 '승리'한다. 그런데 언젠가 죽기로 운명 지어진 것이 현실이라면, 질병은 승리한 것이고 인간은 항상 지기만 하는 것일까? 충분히 영적으로 성장하면 병을 치료할 수 있을 거라고 믿는 사람도 있다. 하지만 그것은 타협하는 것이지 영적으로 성장하는 것이 아니다. 영적 성장은 병을 위한 치료법이 아니다. 그것은 죽음을 눈앞에 두고도 자기 자신과 영혼의 존재 그리고 삶이 다시 깊이 연결되는 것을 말한다. 그것이 바로 진정한 평화를 얻는 방법이다. 있는 그대로 받아들여야 한다는 것이 로버트가 배워야 할 배움이다. 아마도 그는 별다르게 잘못한 일이 없었을 것이고 그저 예정대로 일이 전개되었을 뿐이다.

내적 평화를 찾고 자기 자신과 다른 사람을 용서하며 마음을 가라앉히는 것은 몸에 이롭지만, 본래 영적 성숙이 늘 육신을 치유해 주는 것은 아니다. 그리고 병에 걸렸다는 것은 어떤 잘못을 저질러서 생긴 것은 절대 아니다. 진정한 영적 성숙은 비난하거나 단점을 찾아내지 않는다. 그것은 자신의 가장 순수한 위치까지, 그리고 사랑으로 연결되는 곳으로 도달하는 것을 말한다. 또한 그것은 (신의 존재를 믿는다면) 신에게로 이르는 길과 육신과 건강 그리고 병을 뛰어넘는 어떤 존재로 다가가는 것이다. 영적 성숙은 마음과 영혼과 육신이 모두 어우러지는 것이다.

어린 시절에는 벌을 실수의 결과로 여기는 부모의 교육을 받아 왔지만 이것은 다른 경우다. 당신은 달라졌다. 슬픔은 신과 그의 속성을 더 세밀하게 정의토록 한다. 과연 신은 벌을 내리는 존재인가? 신은 실수를 저지르는 인간에게 과연 끔찍한 고통을 부여하는가? 인간으로 성숙하기 위해선 필수불가결한 그 실수 때문에 과연 그랬을까?

현대 문화에서는 모든 것을 사랑하고 보살피는 신이 그의 마음대로 죽음을 좌우지한다는 믿음에 이르게 되었다. 슬픔에 빠져 있지 않을 때는 그것이 진실이 아니라는 것을 판단할 수 있지만, 삶이 너무나 힘들 때는 신이 잔인하게 죽음을 벌로 이용한다고 믿기 쉽다. 진실로 신은 인간에게 죽음으로 서듭나는 순환적인 삶을 부여했다. 우리는 양면적인 세상에 살고 있다. 신은 낮과 밤, 빛과 그림자 그리고 삶과 죽음을 창조하였다. 신에게 분노함으로 신을 재시험해볼 수도 있을 것이다. 신은 벌 주는 존재, 그리고 당신은 벌 받는 자라는 개념에서 해방되기 위해서 필요한 일을 행하라.

벌 받는다는 느낌이 진짜가 아니라는 의미는 아니다. 만일 아이를 잃었다면 어떻게 벌 받고 있는 게 아니라고 생각지 않을 수 있겠는가? 아이를 잃은 것에 대해 의미를 발견하거나, 최소한 벌 받는 것은 아니었음을 느끼기 위해선 최소 일 년은 지나야 가능한 일이다.

때때로 벌 받는 느낌은 사랑한 이와 계속 연결되게 해주지만, 또 다른 것이 있다면, 기억을 유지하는 데도 상황의 문맥을 연결해주는 역할을 한다.

어느 때가 되어 과거를 돌아볼 때, 죽음은 항상 인간에게는 꺼려져왔고 아마 영원히 그럴 것이다. 그것은 연속선 위의 하나의 점이며, 영혼은 영원하지만 죽음은 항상 고통스럽고 벌을 연상케 한다. 이유를 설명한다면 죽음의 운명을 가진 인간은 삶의 결말을 이 지구에서는 완전히 이해할 수 없다는 것이 가장 좋은 답변이 될 것이다. 이 삶이 끝나야 한다면 그 끝은 언제나 누군가 또는 어떤 것에 의해 외부로부터 오는 악의적인 개입을 탓할 것이다. 그래서 본래 죽음은 그 자체로 보복과 벌을 불러일으키는 나쁜 행동이나 무서운 사건과 연루되어 있다. 그리고 만일 원시적 차원에서 인간의 죽음을 벌이라고 여긴다면 사랑한 이의 죽음으로 벌 받고 있다고 느끼지 않겠는가?

무의식은 화를 내는 것과 죽이고 싶다는, 또는 제거하고 싶다는 바람을 구별하지 못하듯이, 무의식 속에서 우리는 감정과 행동의 차이를 구별하지 못한다. 어머니가 자기를 혼자 내버려두고 잔소리를 그만하길 바라는 한 소년은 실제 어머니의 죽음에 엄청난 충격을 받았다. 이 사건이 시간 순서대로 가깝게 연결되지 않더라도 그는 항상 어머니의 상실에 대해 죄책감을 적잖이 느낄 것이다. 깊은 심리 차원에서는 '내가 그랬어'라고 느낄지도 모른다. 어머니에게 화를 낸 일이 자책의 이유가 될 테니까.

어른이 되어도 우리는 항시 실수하고 떳떳하지 못한 행동을 한다. 그래서 어떤 차원에서는, 사랑한 이가 죽으면 그 상실을 '당할 만하다'고 여긴다. 사랑해줄 수 있을 만큼 그를 사랑하지 않았기 때문에 벌을 받았다고 생각한다. 혹은 벌 받았다는 기분을 좋은 행동으로 이끌어내는 사람도 있다. 처음부터 벌 받았다고 느끼지 않는 것이 바람직하지만 우리의 감정을 부정해서는 안 된다. 그래서 어떤 사람은 벌에서 벗어날 필요가 있다고 느끼기도 한다. 만일 궁극적으로 자기 자신을 용서할 수 있다면, 세상에서 선한 일을 행하는 것이 해를 끼치는 것보다 훨씬 활력에 넘칠 것이다.

어느 목사는 벌 받았다고 느끼는 사람은 풀리지 않은 문제를 해결하기 위해 때때로 고해성사를 할 필요가 있다고 말했다. 인간의 마음 안에는 죽음 이후 가게 될 자신의 위치에 대해 알고 싶어 하고 속죄 받아야 한다고 느낀다. 원초적인 수준에서 신에게 불복종하는 것은 어떤 사람에게는 죽음을 의미한다. 사실상 구약성서에서는 벌을 내리는 신에 대한 긴 역사가 담겨 있다. 벌 받았다는 자책 속에 빠지지 않기 위해서 용서라든가 사과와 같은 개념이 절대적으로 필요하다. 슬픔에 잠겨 있을 때는 자비보다는 상실과 더 연관될 수 있다. 자비 속에서 인간은 용서를 통해 관계를 회복한다.

상실의 최고 미덕은 '고난은 성장을 위한 기회'라는 사실을 깨닫게 해준다는 점이다. 이 같은 주장에 대한 첫 반응은 이럴 것이다. "신은 내가 수업을 통해 성장하도록 해야지 사랑한 이의 상실을 통해서가 아니지." 하지만 세월이 지나 삶을 되돌아볼 시간이 되기 전까지는 자신의 성장을 깨닫거나 이해할 수 없을 것이다.

그랜드캐니언이 수백 년 동안 폭풍으로 벌을 받았다고 할 수 있을까. 사실 그곳은 폭풍으로 인해 창조된 것이다. 상실이 벌처럼 느껴질지도 모르지만, 인간의 존재는 사랑한 이의 죽음을 가지고 벌을 내리는 그런 신의 작품이 아니다. 인간은 삶의 모진 폭풍을 견뎌내는 믿을 수 없는 힘을 소유한 창조물이다.

만일 누군가 그 폭풍으로부터 그랜드캐니언을 막아주려고 시도했다면 우리는 그 조각의 아름다움을 결코 볼 수 없었을 것이다.

몸을 혹사시키거나 과중한 스트레스는 우리로 하여금 완전히 맥을 못 추도록 만든다. 오늘날 의료계를 보면 의사들은 환자들과 시간을 거의 보내지 않는다. 간호사들은 항의하지 못한 채 힘들게 일하면서 저임금으로 철야근무를 강요받는다. 뿐만 아니라 병원 분위기는 마치 치명적인 실수가 바로 코앞에서 일어날 것 같고, 잠시라도 한눈을 팔았다가는 사랑한 이가 사라져버릴 것 같다.

이런 압박은 우리를 '통제쟁이'로 쉽게 변하게 한다. 모든 일이 정확하게 진행되도록 하기 위해 냉정한 경계심을 가지고 일에 속도를 올린다. 사랑한 이가 죽고, 이런 통제 상황은 장례식까지 쭉 이어진다. 결국 시간과 장소를 포함해 행사 형식에 대해 논의하기 위한 전화통화와 결정들만 남게 된다.

란디는 사별한 사람들의 모임에 나가, 남편을 병원에 안치했던 당시의 일을 털어놓았다.

"해야 할 일과 통제할 일이 너무 많았어요. 하지만 이젠 그게 다 무의미한 일이었다는 걸 알아요. 마침내 그 일은 내 손에서 벗어났어요. 걱정했던 것들이 나중엔 별 차이가 없었어요. 하지만 그때 난 뭔가를 하고 있어야만 했어요."

이것은 마치 산모가 아기를 출산할 때가 왔을 때, 무작정 물부터 끓이려고 부엌으로 돌진하는 산파와 같은 모습일 뿐이다. 요즘은 첨단 기술로 소독하기 때문에 더 이상 물을 끓일 필요가 없다. 하지만 란디가 설명했듯이, 그런 상황은 우리로 하여금 뭔가를 하지 않으면 못 견디도록 만든다. 하지만 상황이 잠잠해져도 통제하려는 욕구가 여전히 남는다. 심지어 우리가 그것을 인식하지 못할 때도.

가족 중 누군가 죽고 나서 뭔가에 사로잡혀본 적이 있는가? 가장이 죽어갈 때 엄마와 딸은 뭔가를 통제해야 한다는 사고에 사로잡히게 된다. 그들은 끊임없이 서로 싸운다. 과거에는 절대 싸운 적이 없었는데 지금은 무슨 일에도 동의할 수 없다. 방의 온도를 따뜻하게 아니면 차갑게 유지해야 하는가? 비전통식을 해야 하나, 아니면 서양식 접근방식을 취해야 하는가? 그가 죽은 이후에도 그들은 어김없이 싸웠고 이번에는 손자를 키우는 일로 싸웠다. 통제하는 것이 습관처럼 되어갔고 사랑한 이가 세상을 떠났을 때도 그들은 멈출 수 없었다.

그들은 이성을 잃은 채로 다퉜지만, 이상하게도 지나치다고 느낄 정도의 논쟁이 차라리 상실감을 느끼는 것보다 훨씬 나았다. 통제하고자 하는 마음은 슬픔, 상처, 분노 같은 고통스러운 감정을 뒤덮어버린다. 대부분 슬픔과 상실감 그리고 위로받을 수 없을 것 같은 고통을 느끼기보다는 차라리 싸우는 걸 더 선호한다.

하지만 통제는 그 아래 더 상처받기 쉬운 감정들을 덮고 있기 때문에 공허감과 가혹함을 느끼게 한다. 그것은 안전하다고 착각하게 만들고, 모든 게 다 자기 손아귀에 있다고 생각하게 한다. 하지만 착각은 말 그대로 착각이다. 그리고 착각을 깨는 일은 겁나는 일이다.

영화 〈브로드캐스트 뉴스〉에서 홀리 헌터는 권위적인 뉴스 프로듀서를 연기했다. 영화에서 상사가 빈정대며 "그렇게 항상 정확하게 사는 것도 참 훌륭한 일일 거야"라고 한 말에 그녀는 자신의 행동을 돌아보게 되었다. 그녀의 예상 밖의 대답은 뭐였을까? "아니요. 지옥 같아요."

통제할 수 없는 것을 통제하려고 하는 일은 결국 지옥에서 사는 것이다. 슬픔은 모든 것을 과장시키고 자신을 행동의 노예가 되게 한다. 제럴드는 아내를 저 세상으로 떠나보낸 후, 자신이 운영하는 제과점 직원들이 모두 엉망으로 일하고 있다고 생각하게 되었다. 아무도 제대로 일하는 것 같지가 않았다. 케이크 맛도 예전 같지 않았다. 그 후 배달 주문도 서서히 줄어들었고, 예전에는 늘상 사이좋게 지냈던 종업원들 사이에도 불화가 생겼다. 오랫동안 제럴드와 함께 일해 왔던 팜은 제럴드의 어머니를 찾아가 다음과 같이 말했다.

"우린 지금까지 했던 그대로 일하고 있어요. 그런데 제럴드는 우리가 하는 일이 모두 잘못됐다고 여기는 것 같아요. 한 달 동안 병원에서 부인을 간호할 때도 저희들끼리 가게를 순조롭게 잘 꾸려갔어요. 그런데 지금은 그가 모든 걸 다 통제하려고 들어요."

이 말을 들은 제럴드의 어머니는 아들을 따로 불러서 말했다.

"네가 일을 전부 완벽하게 한다 해도 아내를 다시 되살릴 순 없어. 세상은 완벽하지 않고 고칠 필요가 없는 것들에 집착하면서 네 슬픔을 치료할 순 없단다. 종업원들은 그들이 뭘 해야 하는지 잘 알고 있단다. 네 아버지가 돌아가신 이후부터 집이 얼마나 깨끗해졌는지 그리고 내가 얼마나 깔끔을 떠는 사람이 됐는지 너 혹시 기억하니? 어떤 것도 한 군데 가만히 두질 않았지. 난 바꿀 수 없는 걸 바꾸려고 애쓰고 있었기 때문에 가구 위치를 바꾸고 또 바꾸고 그랬지. 어느 날 너와 네 누나가 울고 있더구나. 네 누나가 그러더라. '엄마 우린 모든 걸 완벽하게 만들 순 없어요'라고 말이다. 그 순간 난 내가 무슨 짓을 하고 있는지 깨달았단다."

제럴드는 마지못해 어머니가 옳다고 인정했다. 통제하려는 그의 욕구는 그에게 전혀 도움이 되지 않았고 다른 사람을 힘들게 만들었다. 모든 것은 완벽하지 않고, 아내가 죽기 전으로 돌아갈 수는 없었다. 그는 종업원들을 통제하려고 했던 것을 놓아버리고, 대신 손볼 데가 많은 집수리에 자신의 에너지를 쏟았다.

슬픔은 또한 친구들을 통제자로 변하게 만든다. 그들은 당신의 슬픔이 끝나도록 애쓰고 노력하면서 덩달아 자기 기분까지 좋아지곤 한다.

십년지기 친한 친구를 간암으로 잃은 카렌은 실의에 빠졌다. 그녀의 친구들은 카렌을 합류시킬 계획으로 바하마로 유람선 여행을 떠나기로 계획했다. 그들은 여행 일정을 전했고, 그녀는 질질 끄는 일 없이 함께 떠났다.

사실 카렌은 친구들과 어울리고 싶지 않았지만 그들은 '싫다'는 대답을 받아들이지 않았다. 그러나 카렌은 배에 닻이 오르고 출항할 때쯤 자신이 실수했음을 깨달았다. 친구들이 대부분의 시간을 먹고 마시고 춤추며 보내는 동안, 그녀는 죽은 친구의 생각을 떨쳐버리지 못한 채 정처 없이 갑판 위를 걸었다. 친구들이 그녀를 파티나 놀이에 끌어들이려고 했지만 그녀는 자신을 그냥 유령처럼 생각해달라고 했다. 그녀가 원한 것은 다만 조용히 앉아서 내면의 소리에 귀 기울이다 집으로 돌아가는 것이었다.

카렌은 친구들이 그녀의 슬픔을 통제하려고 할 때, 어딜 가든 슬픔이 자신과 동행하고 있음을 쓰라린 경험을 통해 배웠다.

하지만 통제가 항상 부정적일 필요는 없다. 어머니를 잃은 월터는 정작 그의 아버지 때문에 무척 힘겨웠다. 아버지 당신 자신이 내리는 결정에 무조건 불만을 토로했기 때문이다. 아버지에게 있어 뭐든 혼자 힘으로 하는 건 너무 버거웠다. 저녁에 뭘 먹을지도 가까스로 결정했다. 멀리 떨어져 사는 월터는 아버지에게 말했다.

"아버지, 몇 달 동안 여기로 오시는 게 어떠세요? 여기로 오시면 아버지 혼자서 결정할 일은 없을 거라고 약속드려요. 그냥 비행기만 올라타세요."

필요하면 돈으로 환불해버릴 수도 있다는 걸 알면서도 그는 아버지에게 비행기 표를 보내드렸다. 하지만 아버지는 비행기 표를 굳이 버릴 필요 있겠느냐는 핑계를 대며 월터의 유혹을 받아들였다.

그 후 3년 동안 월터는 자신의 약속을 지켰다. 아버지가 다닐 곳을 자상하게 매번 정해드리거나, 자신이 하는 건설업에 아버지의 도움을 일부러 요청하기도 했다. 정원 일을 부탁하는 것도 잊지 않았다. 아버지는 자신의 슬픔을 서서히 치유했기에, 아버지의 삶에 간섭한 것은 그가 줄 수 있는 가장 탁월한 선물이었다.

그래서 도움이 된다고 보든 방해된다고 보든, 누군가를 통제하려는 것을 막으려고 하는 것도 근본적인 통제 행동이 될 수 있다. 자신의 직관이 당신을 안내하도록 하라. 왜냐하면 통제는 소금과 같기 때문이다. 소금의 적당량은 음식 맛을 한층 돋우지만 과하면 망치기 십상이다.

베트가 말했다.

"어머니를 보스턴에서 피닉스로 이사 오게 한 건 우리가 했던 일 중 가장 잘한 일이었어요. 옆집이 적당한 가격에 매물로 나온 건 정말 믿을 수 없는 우연의 일치였어요. 어머니는 우리의 이웃이 되는 걸 무척 좋아하셨어요. 어머니는 일찍 일어나 우리 집으로 건너와서는 모두를 위해 커피를 끓이고 아침식사를 준비하는 걸 무척 좋아하셨어요. 마치 끈끈한 대가족이 된 기분이었어요. 아이들은 할머니가 가까이 사는 걸 무척 좋아했고 어머니는 아이들 덕에 다시 젊어지는 것 같다고 말씀하시곤 했어요. 우리의 가장 큰 문제라고는 두 집 사이로 연결된 잔디밭에 난 낡은 통로였지요. 어머니가 여기로 이사 온 지 5년이 됐다는 게 믿어지지 않아요. 어머니는 열아홉 살 손자아이와 스페인어 수업을 들을까 생각 중이었어요. 어머니와 함께 살면서 삶이 더 풍요로워졌어요."

그런 베트의 눈에서 어느새 눈물이 쏟아졌다.

"그런데 이게 다 상상일 뿐이에요. 어머니가 여기로 이사 오고 나서 3개월 만에 어머니의 장례식을 치르게 될 줄 정말 상상도 못 했어요."

　우리는 늘 완벽한 상황을 꿈꾼다. 어릴 적부터 우린 자신의 삶과 그 삶이 어떻게 펼쳐질지, 누가 자신과 함께하게 될지, 그리고 마지막에 삶이 어떤 결말을 지을지에 대해 상상한다. 슬픔에 잠겼을 때 그 상상에서 벗어나기가 쉽지 않다. 죽음이 우리에게서 사랑하는 사람을 돌연 빼앗아가 버릴 때는 특히 그렇다. 베트와 어머니는 은퇴 이후의 생활에 많은 기대감을 품고 있었다. 그 기대 아래 계획을 세웠고 이사까지 했다. 그런데 갑자기 어머니가 병에 걸려버렸다. 이제 베트는 '그랬을지도 모를' 상상과 함께 살아가고 있다.

　베트는 어머니의 상실을 슬퍼할 뿐만 아니라, 동시에 그 상상에 대해서도 별도의 애도를 보내야만 했다. 상실은 너무나 복잡하게 얽히고설켜 있어서 때론 그것을 한 조각씩 나눠야 한다. 어머니의 죽음, 할머니의 죽음, 친구의 죽음 그리고 아직 펼쳐지지 않은 인생. 뒤에 남겨진 즐거웠던 상상 역시도 잃어버린 한 조각이며 충분히 슬퍼할 만하다. 기억의 모든 조각과 그것의 상실이, 차마 버릴 수 없었던 옛 물건들로 가득 찬 나무 상자처럼 쏟아져 내릴 때 우리는 주체할 수 없는 슬픔을 느낀다.

　하지만 그 기억의 조각들을 분리시켜 각각에게 슬픔의 예정일을 지정해준다면, 그것은 우리의 영혼을 정화하기 위해 맞는 따뜻한 슬픈 소나기처럼 느껴질 것이다. 베트의 경우 그녀는 어머니에 대한 그리움과, 앞으로 펼쳐질 10년 또는 20년 동안의 미래에 대한 즐거운 상상이 물거품이 되어버린 것에도 마음 아파해야 했다.

　장례식을 치르고 몇 주 후 베트의 가족은 집을 부동산에 내놓았다. 집을 사려는 사람들이 속속들이 생겼다. 하지만 그녀는 가격만으로 집을 넘기지 않았다. 베트는 집을 보러온 사람들을 직접 만나 그들에게 그 집이 그녀에게 어떤 의미였는지를 들려주었다. 그녀는 자신과 어머니에 대해 측은함을 보여주지 않는 사람에게는 절대 집을 팔지 않기로 맹세했다. 다행히 집을 사기로 한 사람이 그녀의 이야기에 안타까워했다.

계약을 끝내고 부동산에서 계약 조건들을 이행하기 전에, 베트는 에어 매트리스를 어머니집 안으로 들여놓았다. 그러고는 그 집에서 펼쳐질 온갖 좋았던 상상이 결국 물거품이 되었다는 것을 곱씹으며 밤새 눈물을 흘렸다.

새로운 가족이 이사 왔을 때 베트는 그들이 잘 살기를 진심으로 바랄 정도로 그 집에 대한 미련을 버렸다. 어머니에 대한 슬픔뿐만 아니라 그 집을 애도하는 의식을 행하기로 한 그녀의 선택은 탁월했다.

베트의 경우, 결코 이루어지지 않은 것을 애도하는 일이 실제로 가능했다. 하지만 어떤 경우에는 그러기가 쉽지 않다.

짐은 그의 아내가 죽기 전까지, 앞으로 아내와 함께 할 황혼의 삶과 온갖 여행 계획을 나누며 늘상 즐거운 상상에 빠져 있었다. 하지만 아내가 죽고 나자 베트와는 달리, 그는 밤을 지새울 집이 없었다. 아내와 수년 전부터 계획했던 아프리카 여행을 갈 수 없게 된 데에 어떤 식으로 애도할 수 있겠는가? 그는 아내 없이는 여행을 가고 싶지 않았고, 슬픔치료 워크숍에서도 자신은 결코 갈 수 없을 여행에 대해 마음의 위로가 생기지 않는다고 털어놓았다. 그가 좋은 제안이 있느냐고 물었을 때, 진행자는 그에게 그 여행 계획을 세우게 된 계기를 생각해보라고 제안했다. 그 아이디어가 어디서 생겼을까?

짐은 여러 사건이 계기가 되었다고 설명했다. 우선 그와 아내는 영화 〈아웃 오브 아프리카〉를 매우 좋아했다. 그리고 샌디에이고 야생동물원에 방문한 적이 있었는데 그때 바로 그 자리에서 퇴직하면 진짜 아프리카 사파리를 가보기로 결심했었다.

짐에게는 그 아이디어의 출처를 생각해보는 것이 은퇴 이후의 즐거운 상상을 따로 분리시켜 애도할 수 있는 수단이 되었다. 그는 영화 〈아웃 오브 아프리카〉 비디오를 빌려 혼자 보면서 내내 울었다. 그리고 몇 주 후 샌디에이고 야생동물원으로 홀로 여행을 떠났다. 이런 의식은 앞으로 올지 모를 사건들을 애도하기 위한 체험적 처방이 되었다.

결과를 어떻게 바꿀 수 있었을까? '내가 그와 함께 있었다면 그 차 사고를 막을 수 있었을 텐데'와 같은 현실불가능하다고 생각되는 상상이 우리 마음을 달래줄 수도 있다. 하지만 대개의 경우 죽음은 어떤 식으로든 일어나기 마련이다. 하지만 뭔가를 바꾸는 상상을 하는 동안 우리는 사랑한 이와 연결되고, 마음속에 그들이 살아 있음을 느끼며, 그들을 잠깐 동안이라도 다시 살아나게 해달라고 타협한다.

또한 사랑한 이에 대해 더 세밀한 방법으로 과거를 다시 쓴다. 사랑한 이가 어떤 존재였고 누구였는가를 이상화시킨다.

조세핀과 소피는 순탄치 않은 관계였다. 조세핀은 직장에서 인정받지 못하고 자주 옮겨다녀야 했다. 그것은 소피를 늘 불안하게 만들었다. 또한 그녀는 수시로 몸 상태를 체크해야만 했고, 음식을 꼼꼼히 살피지 않으면 바로 반응을 보이는 신장 질환을 앓고 있었다. 건강이 좋다가 혹은 더 악화되는 일상이 자주 반복되었던 것이다. 조세핀의 급한 성미와 이기심 등으로 인해 소피는 스트레스를 받고 있었고, 이로 인해 더더욱 병이 악화되어갈 뿐이었다. 게다가 그녀는 조세핀이 바깥에서 허튼 짓을 하고 다닌다고 의심했다.

처음에 조세핀은 그녀에게 그건 사실이 아니라고 납득시키려 했지만, 그 의심이 끊임없이 표출되자 이내 진저리가 났고 그녀에게 화를 내기 시작했다. 대화를 나누는 시간보다 논쟁하는 시간이 더 많아졌다. 그러나 막상 그녀의 건강이 악화되었을 때는 논쟁의 분위기를 그치고, 다시 그녀 옆을 든든히 지켜주었다. 시간이 흘러 그녀가 죽고 난 후, 슬픔에 가득 찬 조세핀은 항상 논쟁하던 아내가 아닌, 늘상 천사같이 착한 모습만을 보이는 아내 소피를 상상해보았다. 그 상상 속에서 아내는 완벽하고 다정한 행동만을 하는 여인이었고, 그는 마음속으로 완벽한 아내의 모습을 창조했다. 그는 살아오면서 한 번도 함께 만들어보지 못한 결혼생활을 상상하며 고인이 된 아내를 이상화시켰다.

사랑한 이가 죽은 후 남겨진 이들은 종종 현실을 공상으로 바꾼다. 이런 현상의 일부는 문화의 영향 때문이기도 하다. 죽은 사람에 대해 절대 험담해서는 안 된다고 배웠고 고인이 저지른 실수를 기억하는 것에 죄책감마저 느낀다. 사라져버린 것을 무의식적으로 부풀려서 전하기 위해서 떠나버린 사람을 종종 이상화시킨다. 그 사람이 위대하면 위대할수록, 우리가 상실한 것들을 더 많은 사람들이 이해한다고 생각한다.

때로는 과거를 우리 입맛에 맞게 만들어 그것을 정화하려고 한다. 우리의 실수가 밖으로 퍼져나가기를 원치 않으며 특히 누군가를 잃었을 때는 더욱 그렇다. 이런 작업을 거치다 보면 그 사람의 전부 그리고 장단점, 밝고 어두운 면 모두 포함한 그대로의 모습을 애도할 기회를 놓쳐버릴지도 모른다.

강해져라. 이 짧은 문구가 종종 슬픔에 잠긴 사람들에게 언명 내려진다. 남자들은 여자보다 이 말을 더 자주 듣는다. 부모는 특히 이런 말을 종종 듣는다.

"남은 자식들을 생각해서라도 강해지세요."

제니퍼는 남편이 죽은 후 누군가에게 이 말을 들었다. 그녀는 말했다.

"사장님이 한 말이 썩 기분 좋진 않더군요. 난 이 충고를 어떻게 받아들여야 할지 정말 모르겠더라고요. 내가 아이들 앞에서 울면 안 된다고 생각하나요? 난 정말 울지 않았어요. 이유는 단지 나보고 그러지 말라고 해서요. 하지만 화가 나기 시작했어요. 마치 슬퍼하는 것이 잘못된 거라고 말하는 것 같았어요. 난 강해지길 원하지 않았어요. 가슴이 너무 미어져서 태연한 척할 수 없었어요. 하지만 난 그렇게 했어요. 아이들을 위해서 그랬던 것 같았어요."

사람들은 좋은 의도를 가지고 강해지라고 말한다. "남자답게 받아들여"라는 메시지를 전한다. "넌 감정을 너무 드러내고 있어. 겁쟁이처럼 굴지 마." 마치 사랑한 이의 죽음에 영향 받지 않아야 된다는 것처럼. 하지만 때론 '강해져라'라는 것은 '인간이 되지 말라'라는 의미가 되어버릴 수도 있다.

그런 용감함은 위험을 앞두고 처신해야 하는 영웅에게나 필요한 것이다. 그렇지만 용감함은 비정하게 되라는 의미가 아니다. 우리 사회에서는 용감함을 '끄떡 않고 버틴다'는 의미와 혼동하고 있다. 중요한 것은, 그 강함은 분명 상실감으로 전달될 수도 있지만 상실감을 더욱 악화시킬 수도 있다는 것이다.

고등학교 3학년인 한 학생이 어머니가 죽었을 때 학교 축구팀에서 경기를 하고 있었다. 바로 다음날 원정을 오는 라이벌 학교 축구팀과 경기를 하기로 되어 있었지만 이 학생은 어머니의 죽음으로 마음을 다잡을 수가 없었다. 코치가 그에게 말했다.

"네 어머니를 위해 경기에 임하라. 강해져라, 용감해라, 어머니를 위해 승리하라."

그 말은 멋진 영화 속 한 장면처럼 들렸지만, 그 팀은 줄줄이 패하고 있었고 그날 경기도 역시 졌다. 몇 년이 지나 그 학생은 자신이 얼마나 큰 상처를 받았는지를 털어놓았다.

"제일 가고 싶지 않았던 곳이 축구 경기장이었어요. 하지만 그때 나는 달리 무엇을 해야 할지 몰랐어요."

그의 경우에는 슬퍼하지 말아야 할 이유도, 혹은 용감해야 할 이유도 없었다. 하지만 누군가 의식적으로 슬픔을 경기로 향하게 해서 사랑한 이에게 영광을 돌리게끔 할 때 그 반대가 되는 상황이 생긴다. 그러나 심지어 그때라도 충분히 슬퍼하라는 말을 전한다면 당신은 일어나 힘을 낼 것이다. '강해지라'는 말이 문제가 되는 것은 강해지기 위해서는 감정의 문을 닫아야 한다는 것을 내포하기 때문이다.

사람들은 왜 강해지라고 말할까? 아마도 동기 유발의 수단으로 그 말을 사용한 것을 영화 속에서 봤기 때문에, 그것이 슬픔을 치유하는 과정에 해를 끼치거나 방해가 될 거라고는 생각하지 않아서일 것이다. 그리고 사람들은 슬퍼하는 사람이 막 쏟아질 것 같은 감정들을 표출하지 않을 때 더 편안함을 느낀다. 만일 슬퍼하는 사람이 울지 않고 너무 많은 감정을 표현하지 않으면, 우리 역시도 그만큼 많은 감정을 느끼지 않을 것이다. 사실 고통은 전염된다. 깊은 슬픔에 빠진 사람 옆에 있지 않으면 그 슬픔을 느끼지 못한다. 만일 슬픔에 잠긴 사람의 감정을 억제시킨다면 우리 자신이 그들의 감정을 감당할 필요가 없게 된다.

하지만 무슨 대가를 바라고 슬픔을 위장하는가? 고통을 깔아뭉 갠다고 그것이 사라지지 않는다. 오히려 여러 형태로 곪아터질 것이다. 강함과 슬픔이 함께 어우러질 수 있다는 것을 이해할 필요가 있다. 우리는 슬픔을 다룰 만큼 강해져야 하고, 궁극에 가서 슬픔은 이미 우리에게 존재하는 강함을 드러내준다.

제니퍼는 남편이 죽었을 때 아이들을 위해서 강해져야 한다는 말을 들었다. 지금에 와서 그녀는 자신의 메마른 두 눈이 담고 있는 메시지가 궁금하다. 아이들은 어머니가 아버지 죽음을 상관하지 않는다고 생각했을까?

"만일 아이들 앞에서 눈물을 흘렸다면 어땠을까요? 만약 아이들을 위해 슬퍼함의 본보기를 보여줬다면요? 나는 '엄마는 아빠가 죽어서 슬퍼서 운단다'라고 말해야 했어요. 그럼에도 아이들을 위해 곁에 있어주고 돌봐줄 만큼 내가 여전히 강하다는 사실을 확인시켜줘야 했어요."

강한 사람도 사랑한 이가 죽을 때는 울 수도 있다는 것을, 그리고 그것은 삶을 계속 살아나갈 힘에 어떤 장애도 되지 않는다는 사실을 어린이들에게 알려주어야 한다. 제니퍼는 잘못된 강함의 허울을 보여주는 대신 자신의 상실을 함께 공유할 기회를 놓쳐버렸음을 느꼈다.

슬픔 속의 강함은 여러 다양한 방법으로 나타난다. 완다는 암으로 쌍둥이 오빠 다와니를 잃은 것에 통탄했다. 그 후 한 달이 지나 친구 가일이 그녀의 집에 방문했을 때, 여전히 감당할 수 없을 만큼 흐느끼고 있는 잠옷 차림의 완다를 보고 매우 충격을 받았.

가일은 흐트러져 있는 친구에게 말했다.

"넌 강해져야 해. 오늘은 토요일이야. 쇼핑하러 나가자. 저 밖으로 나갈 필요가 있어. 한 달이 다 지났잖아. 평일엔 일하지도 못하고 매 주말마다 울 순 없어. 무슨 삶이 이런다니?"

완다는 그렁그렁한 눈빛으로 친구를 바라보며 물었다.

"쇼핑하러 가는 게 뭐가 그렇게 강한 거야? 가일, 내가 진짜 묻고 싶은 건, 넌 내가 가진 슬픔과 함께 나랑 이곳에 그냥 앉아 있을 만큼 강하기는 한거니?"

완다는 다른 사람들이 말하고 싶어 했지만 차마 하지 못했던 말을 할 수 있는 강인함이 있었다. 사람들은 친구를 진정시키기 위해, 아니면 자신의 고통을 피하기 위해 쇼핑이나 낚시를 선택하는 경우가 많다. 슬픔에 빠진 누군가와 함께 앉아 있기보다는 무작정 뭔가를 하려고 든다. 하지만 반대편에서 치유의 선물을 받기 위해서는 슬픔을 완전히 겪어야 한다. 밖으로 나갈 유일한 방법은 그것을 통과하는 것뿐이다. 그리고 그것을 지연시킬 수는 있지만 건너뛸 수는 없다. 슬픔을 늦추기 위해서는 주위에 조심스럽게 앉아 슬픔과 함께 살아가야 한다.

고통과 슬픔이 갑자기 찾아왔을 때, 완다가 시도했던 것을 해볼 수 있다. 단지 슬픔 곁에 앉으라. 슬프면 자신이 그 슬픔을 느끼게 하라. 분노와 실망에게도 이같이 하라. 하루 종일 울어야 한다면 그렇게 하라. 상처를 억누르거나 또는 표현할 정도로 충분히 아물지도 않았는데 인위적으로 꺼내려고 하는 것만 피하면 된다. 여기서 얻어야 할 것은 고통을 느끼고 난 후 찾아오는 해방감을 느끼는 것이다.

슬픔이 엄청난 힘을 가지고 찾아올 때 인간은 본능적으로 압도당하는 기분을 피하기 마련이다. 이 사실을 의식하라. 하지만 고통에게 저항하는 것은 그것을 오히려 확대시킬 뿐이다. 슬픔 속으로 내려가 그것을 느끼려 한다면 많은 공간이 생길 것이다. 고통으로 자신을 씻어내어 몸과 마음으로 돌아온 에너지를 느껴보라. 슬픔에게 항복하면 상상했던 것보다 자신이 훨씬 더 강해졌음을 발견하게 될 것이다. 평화는 고통의 정중앙에 놓여 있으며, 고통은 제법 고통스럽겠지만 외부의 산책을 통해 기분을 전환시키먼 그것을 더 빨리 통과할 수 있을 것이다.

완다의 본능은 그녀에게 정확히 무엇이 필요한지를 말해주었고, 친구의 반대에도 불구하고 그녀는 그것을 따랐다. 마음의 휴식이 필요하고 기분 전환이 도움이 될 때가 있지만, 우리는 친구가 준비되기도 전에 슬픔에서 빠져나오게 하려는 권리 침해 행동을 범할 수 있다. 누군가가 당신의 슬픔이 언제 끝날지를 말해주길 가만히 기대하고 있어선 안 된다. 한 달이 될 수도, 일 년이 될 수도, 2년이 될 수도 또는 훨씬 더 길어질 수도 있다. 상실감이 사라지고 밖으로 나와 세상을 다시 즐길 때가 언제일지는, 오직 당신만이 알 수 있다.

종종 사랑한 이의 죽음으로 생긴 잔류의 감정들이 남아 있다. 강함이 우리에게 의미했던 것을 생각해본다. 병마와 수많은 경기를 치르는 동안 우리와 사랑한 이는 종종 전투 외침 소리를 들어왔다.

"강해져라! 그래야 병과 싸울 수 있다!"

강한 사람만이 병을 물리칠 수 있다고 확신한다. 그는 해낼 것이다. 암은 강한 남편에게도 굳게 결심한 부인에게도 게임이 안 된다. 강함은 살아남는 것이고 죽음은 나약함이라는 의미를 담고 있다. 그러면 사랑한 이가 죽을 때 남긴 것은 나약함인가? 그가 병을 이겨낼 만큼 충분히 강하지 않았다는 의미인가? 그는 굴복한 것인가? 그가 싸움에서 진 것인가? 너무 나약해서 싸울 수 없었고 그래서 결국 그는 '죽었다'는 믿음이 담겨 있는데, 이것은 그가 졌고 병이 이겼다는 의미인가?

인간은 결국 패배자로서 죽을 운명이라는 것인가?

여성들이 아이를 낳을 만큼 충분히 강해야 하는 것처럼, 인간은 죽기 위해 엄청난 힘을 보유해야 한다. 영적 신념체제에서는, 인간은 자신이 세상에 태어남을 동의하고 죽게 되는 것에 동의한다고 믿는다.

죽음과 죽어감에 대한 수많은 경험 속에서 우리는 영혼이 육체를 떠나려고 시도할 때 생기는 몸의 전율을 직접 눈으로 보아왔다. 그리고 나서 단념의 조용한 순간이 찾아오는데, 그때의 힘은 붙잡으려는 힘이라기보다는 오히려 놓아버리려는 힘이다. 죽음 앞에서 과거를 돌아볼 때 모든 것이 다르게 회고된다. 병과 고투를 벌일 때 모든 치료들을 견뎌낼 만큼 누워있던 그들은 모두 강했다. 그리고 결국 미지의 세계로 해방되어 약함이 아닌 강함 속으로 죽어갈 때 그는 어느 때보다도 더욱 강했다.

뭐니 뭐니 해도 상실에 맞서기 위해서는 엄청난 양의 힘이 필요한데, 이 힘은 다름 아니라 자신의 상실에 의미를 두고 사랑한 이를 기리려는 결심 바로 그것이다.

젠과 제프리는 결혼 10년차 부부였다. 제프리는 이런 농담을 하곤 했다.

"내가 아는 사람 중에 우리만큼 이렇게 신혼인 부부는 없을 거야. 사실 만난 첫날부터 우린 부부였던 것 같아."

어느 날 유람선 여행 도중, 젠은 가벼운 운동을 하고 있었을 때 엉덩이에 통증을 느꼈다. 그녀는 근육에 쥐가 난 거라 생각하며 대수롭지 않게 여기고는 운동을 계속했다. 그들이 집에 돌아와 짐을 풀었을 때가 토요일 늦은 밤이었고 젠은 남편에게 강한 어조로 말했다.

"우리 내일 일찍 교회 가요."

제프리는 젠의 절박함에 놀라며 말했다.

"우린 예배에 매주 참석하잖아. 지금 방금 집에 도착했으니 한 번 정도는 빠질 수 있다고 생각해."

젠은 근육 통증이 계속되는 동안, 9·11 테러 이후 사람들이 얼마나 신앙이 깊어졌으며 기도를 얼마나 많이 하고 있는지에 대한 글을 몰두하면서 읽어내려갔다. 근육통 약은 아무런 효과가 없었다. 의사를 찾아가 기다리는 동안 비치된 책 중 종교 자료들을 모조리 읽기 시작하며 젠은 죽은 사람들에 대한 이야기에 매료되었다. 어느 날 그녀는 남편에게 대뜸 말했다.

"제프리, 난 내가 곧 죽을 거라는 걸 알아요. 왜냐하면 할머니께서 나타나서 내게 '넌 곧 우리와 함께 가게 될 거야'라고 말했거든요."

젠은 자신은 할머니를 몹시 사랑했기 때문에 정말로 마음이 편안하다며 남편을 안심시켰다.

남편은 웃어넘기며 말했다.

"임종 때나 영혼이 찾아오지. 체육관에서 근육에 쥐가 난 다음이 아니라고."

젠은 신이 그녀에게 죽음을 허락한다고 말하는 것을 느꼈다고 주장했다. 그녀는 제프리에게 설명했다.

"내가 죽어도 괜찮다는 신의 목소리를 들으려고 요새 교회에 열심히 다니는 거라고요. 난 그 말을 계속해서 들어야 해요."

제프리는 그녀의 생각이 말도 안 된다고 생각하면서도 그것이 사실일까 두려웠다. 왜냐하면 근육통이 사라지지 않아 아내가 의사에게 진찰 받으러 가는 게 떠올랐기 때문이다. 그리고 며칠이 지난 뒤 제프리는 젠에게, 그녀가 곧 죽을 거라는 망상에 대해서 정신과 의사와 상담해볼 것을 제안했다. 그러자 아내가 말했다.

"미안해요, 제프. 하지만 이건 사실이에요. 난 곧 죽을 거예요. 그렇지 않고선 내 꿈에 죽은 가족들과 친구들이 그렇게 자주 등장할 이유가 없잖아요? 저도 죽고 싶지 않아요. 하지만 이젠 내 차례예요."

정밀 건강검진 결과가 나왔고 폐암이 뼈까지 전이됐다는 진단이 나왔다. 의사는 그녀에게 이미 암이 퍼질 대로 퍼진 상태이며 손쓸 방법이 없고, 오래 전부터 암세포가 생겨난 것 같다고 말했다. 그녀가 젊은데다 비흡연자라서 암 발생률이 낮았기에 일찍 발견하지 못한 것 같다고 말했다.

그 후 몇 달 동안 젠은 제프리를 안심시키려고 최선을 다했다.

"그들은 나를 도와주고, 나를 준비시키러 온 거예요. 신과 나는 의사가 알기 전에 이미 알고 있었어요. 죽을 때 난 편안할 거예요. 그리고 당신의 마지막 순간에 당신을 위해 그곳에 내가 있을 거라는 확신이 드는 통로를 찾길 바랄게요. 내가 떠난 이후에도 당신이 생활을 잘해나가길 바라고 내가 어딜 가든 난 혼자가 아니라는 사실을 알아두길 바라요."

젠이 죽은 후 제프리는 아내가 남은 시간 동안 죽음에 이리저리 끌려 다녔다던가 종교에 빠진 게 아니었음을, 오히려 그들이 아내를 도와주기 위해 이곳에 왔음을 깨달았다.

영혼의 방문을 일반적으로 사후현상이라고 말한다. 예를 들어, 죽음을 앞둔 환자가 20년 전에 죽은 어머니 모습을 보게 되는데,

어머니는 모든 것이 괜찮을 것이며 그녀를 기다릴 거라고 말한다. 이런 일이 적지 않게 일어나지만 현대의학은 이런 현상을 약물 투여나 소망으로 인해 생기는 환상이라며 둘러댄다.

하지만 영혼의 방문이 왜 그토록 믿기 힘든 발상인가? 당신이 아이를 무척 사랑하고 소중하게 여겼던 부모라고 생각해보라. 당신은 아이가 자라는 동안 아이를 먹이고, 아이가 건강하고 안전하도록 지켜준다. 아이가 무릎에 상처가 났을 때, 캄캄한 어둠을 두려워할 때, 고등학교 진학에 불안해 할 때 당신은 아이를 도와주었다. 아이의 기쁨과 대학 진학에 대한 두려움을 함께 느끼며, 결혼하고 부모가 되어가는 모습을 함께 옆에서 지켜보았다.

그럼 60년이나 80년 후의 미래로 가보자. 당신은 수십 년 전에 이미 죽은 존재고, 두려운 매순간을 당신이 함께 해줬던 그 딸아이 역시도 죽음을 맞이하고 있다. 만일 당신이 딸을 만나러 갈 수 있는 능력이 있다면 만나러 가지 않겠는가? 마치 죽음과 삶 사이의 베일을 걷어 올리는 것처럼, 그녀에게 아무 고통도 없을 것이며 당신이 여전히 그녀 곁에 있음을 확인시켜주고 싶지 않겠는가? 이런 식으로 생각한다면 영혼의 방문이 그렇게 터무니없이 들리진 않을 것이다. 많은 사람들은 자신이 죽음을 맞이할 때, 예전에 사랑하고 알고 지냈던 고인이 된 영혼들이 환영의 인사를 하며 자신의 곁으로 모두 올 거라고 믿는다. 이런 이유로 인간은 누구도 실제로 홀로 죽지 않는다고 믿는다.

또한 사후세계에서 자신의 삶을 재검토하는 시간을 갖는다. 자신의 관점에서가 아니며 삶 속에서 자신이 경험했던 대로 돌이켜 보는 것이 아니다. 타인이 당신을 경험한 그 눈으로 삶을 다시 바라보게 된다. 자신의 행동의 결과에 대해 느끼게 된다. 모든 고통을 알게 되고, 더 중요한 것은 타인이 당신으로부터 느꼈던 사랑과 친절을 모두 알게 된다. 이것은 형벌의 경험이 아니라 배움의 경험이다. 삶 속에서 자신이 얼마나 성숙했는지 그리고 더 배워야 할 것들이 남았는지에 대해 보게 될 것이다. 얼마큼 사랑했고 인류를 위해 얼마나 많은 봉사를 했는지 질문 받게 될 것이다.

사후의 삶에 대한 진실이 무엇이든, 죽음은 인간이 상상하는 대로 존재하지 않는다는 것은 확실하다. 만일 사랑한 이가 옆에 존재하고 있다고 느낀다면 그것을 의심하지 말라. 그들은 여전히 존재하고 있다. 탄생이 시작도 아니고 죽음이 끝도 아니다. 단지 연속선 위의 하나의 정거장에 불과하다. 죽음은 '모든 것의 끝'이라고 여기는 일반적인 전통적 형태로 존재하지 않는다. 사랑한 이를 잃었을 때 그 끔찍한 상실과 헤어짐의 고통을 건너뛸 수 있다고 암시하는 것은 아니지만, 죽어서도 사랑한 이는 여전히 존재하고 있음을 우리는 온 마음을 다해 믿고 있다.

이에 반해, 죽으면 모든 것이 끝난다고 믿는 사람들이 우리 사회에는 많이 있다. 어떤 것도 존재하지 않으며, 다만 주위에 오직 그들에 대한 자신의 에너지만이 살아 있다고 믿는 것이다. 만일 이것이 사실이라면, 사랑한 사람은 우리가 생각했던 것보다 훨씬 더 실제적인 방식으로 우리 곁에서 살아가고 있는 것이다.

대부분 사회에서는 육신은 단지 코트, 즉 이 생애에서 인간이 입는 옷 한 벌에 불과하다고 믿는다. 누군가가 죽고 그 사람의 육신 옆에 앉아 있어봤다면, 그것이 단지 껍질, 즉 뒤에 남겨진 누에고치 껍질과 다를 바가 없음을 경험했을 것이다. 그것은 더 이상 사랑한 이가 아니다. 그의 영혼이 사라져버렸음을 느낄 수 있다. 삶은 육신의 죽음을 뛰어넘어 계속된다. 죽음은 나비가 누에고치를 깨고 나오는 과정 속에 일어나는 따뜻함과 고요함에 불과하다. 그 나비를 볼 수는 없지만 사랑한 이가 더 이상 고통 속에 있지 않으며 관 속에 갇혀있거나 병상에 있지 않다는 것을 알고 있다. 더 이상 병들어 있지 않다. 사랑한 이는 이제 모든 것에 자유롭다.

사후에 대한 믿음은 애도하는 방식에 중요한 역할을 하며, 남겨진 각 개인들에게 잔잔한 충격을 남긴다. 사후에 대한 의문에는 새로운 게 없다. 태초부터 인간은 사후에 있을 일들에 대해 걱정해왔다. 사랑한 이가 지금 어디에 있을까? 육신을 그 사람이라고 생각했지만, 그의 육신이 사라졌음에도 마음 안에서는 그를 여전히 느낄 수 있다. 그가 세상을 정확히 언제 어떻게 떠났을까? 죽음의 직전에 그리고 때론 몇 시간 혹은 며칠 동안 그의 육신은 다만 숨을 쉬고 있을 뿐 사랑한 이는 이미 그곳에 존재하지 않음을 안다.

"그가 더 이상 이곳에 없다는 것을 느낄 수 있어요"라는 말을 우리는 수없이 들었다. 이것은 사랑한 이가 임종을 맞이할 때 그가 이미 육신에서 떠나버렸음을 감지하는 것이다. 가족들은 마지막 며칠 동안 그의 육신 옆에 모여 앉아 있지만 그의 육신에게 무의식적으로 관심을 거둔다. 사랑한 이의 몸에 예전만큼 관심을 가지고 있지 않음을 어느 순간 실감한다. 어느 차원에서 사랑한 이의 에너지가 더 이상 자신의 주의를 당기거나 끌지 않는다는 것을 분명 알았을 것이다. 그 에너지는 모두 흩어져버렸다.

죽음의 순간, 사랑한 이가 현세와 내세를 분리하고 있음을 짐작한다. 그녀는 잠시 머물다간 집, 즉 육신을 남기고 영생이라고 불리는 정신과 영혼의 깊은 세계로 이동하고 있는 것이다. 죽음의 순간에 공포, 두려움, 불안, 이 모든 것이 사라져버림을 경험한다. 온전치 않은 것들이 전부 흠 없이 완전해짐을 느낀다. 그것은 마치

발을 절단하는 수술을 받은 사람이 다리가 느껴지고, 귀가 들리지 않은 사람에게 아름다운 노래가 들리는 것과 같다.

　사후에 대한 믿음은 누군가의 죽어감을 어떻게 느끼고 있는지를 잘 표현한다. 만일 그녀가 천국으로 갈 거라고 믿는다면 그녀가 사라지는 것이 슬프지만 천국에서 행복할 거라는 사실에 마음이 놓인다. 만일 죽은 후에 모든 것이 사라진다고 믿는다면 그녀가 더 이상 고통스럽지 않을 거라며 자신을 안심시킬 것이다. 만일 환생을 믿는다면 그녀가 다음에 무엇으로 환생할지 궁금해할 것이다.

　사랑한 이는 살아 있지만 다른 행성에 존재하고 있다고 믿는 사람도 있다. 그들은 사랑한 이가 주위에 있지만, 제한된 물질적 세계에서는 감지할 수 없는, 즉 라디오나 TV 주파수 같은 신호를 보낼 거라고 믿는다. 그리고 지금도 애타게 기다리고 있다. 고인과 교신하기를 시도하며 이야기를 나누고 삶과 죽음의 베일에 구멍을 뚫어 보려고 한다. 이것의 현실성 여부에 대해 논의하는 것은 쓸모없는 일이다. 왜냐하면 그것은 인간의 지식 밖의 문제이기 때문이다.

　상실감에 빠져 있을 때는 고인이 된 그 사람과 접촉할 방법을 찾고 갈구한다. 다만 이런 탐구에 대한 열망이 부도덕한 이유로 누군가에 의해 그것이 이용되고 있다는 생각이 들 때에는 중지하거나 의심해봐야 한다. 누군가 이것을 경험했다고 한다면, 오직 중요한 질문은 이것이다.

　"위안이 되었는가?"

　무엇을 믿든지, 슬픔은 사후세계를 어떻게 느끼는지와 깊은 관련이 있을 것이다. 사후세계에 대한 어떤 믿음도 갖지 않고 있다면 다만 이곳에서 사랑한 이의 상실을 느낄 것이다. 어떤 이에게 사후세계는 문제가 되지 않는다. 그들은 단지 이 지구 안에서 고통을 느끼고 있는 것이다.

어린 소년 조니는 항상 학교 가는 길에 교회를 지나쳤다. 교회 안으로 들어가지는 않았지만 날마다 그는 교회 문을 열며 말했다.

"하나님, 저예요. 조니!"

그러고는 미소를 짓고는 문을 닫고 학교로 향했다.

소년은 나이가 들어서도 매일같이 교회 안으로 고개를 빠끔히 내밀며 말했다.

"하나님, 저예요. 조니."

여름에 런던으로 졸업여행을 갔을 때도 그는 언제나 열려 있는 교회 문을 열고는, 자신이 런던에 있어 방심하고 있을 신을 기습적으로 놀라게 하려는 듯 웃으며 그의 존재를 알렸다.

그리고 몇 년이 지나 고등학교 3학년이 되었을 때 조니는 그만 자동차 사고로 사망했다. 하지만 그가 죽기 바로 직전 조니는 어떤 목소리를 들었다.

"조니! 나야, 하나님!"

이것은 간병인과 임종 간호사가 가톨릭 학교의 한 수녀님께 들은 이야기를 전해준 것이다. 이 이야기는 여기저기 약간 변형되어 계속 전해지고 있지만 그것을 전해 듣는 사람에게 사후의 세계를 약속하며 편안함을 전달한다. 천국과 신 그리고 환생이나 밝은 빛의 존재를 믿든지 안 믿든지, 사후 세계가 실존하고, 인간은 육신 그 이상의 존재이며, 시작과 중간 그리고 끝이 존재하는 이 현세의 삶 외에 또 다른 삶을 살아가게 된다는 것에 위안이 된다.

죽어간다는 것은 탄생의 경험과 비슷하다. 마치 애벌레의 성장이 나비의 날갯짓을 향한 자연스런 하나의 단계인 것처럼. 인간의 귀로 감지하기에는 주파수가 너무 높은 개의 휘파람 소리를 들을 수 없는 것처럼, 사랑한 이가 전하는 채널링 주파수는 인간의 귀의 역량 밖이라 들을 수 없는 것이다. 하지만 그것은 사랑한 이가 우리의 말을 듣지 못한다는 의미는 아니다. 한 척의 배가 우리 시야의 한계선을 넘어 저 멀리 흘러가지만, 그것은 여전히 바다 위에 존재한다. 배 안에 있는 사람들은 결코 사라지지 않는다. 다만 다른 해변으로 이동할 뿐이다.

같은 개념으로, 죽음은 인지하고 이해하고 성장하는 의식의 세계보다 더 높은 차원으로 이르는 하나의 과도기라고 볼 수 있다. 잃은 것은 오직 더 이상 필요하지 않은 육신뿐이다. 그것은 마치 봄이 다가와 겨울 코트를 벗은 것과 같다. 더 이상 필요하지 않은 것, 고통스러웠던 것, 늙은 것 그리고 더 이상 정상적으로 작동하지 않는 것을 잃은 것이다. 이 같은 이해는 바로 그 순간에는 위안이 안 될 수는 있지만 결국에는 사랑한 이가 어딘가에, 어떻게 해서든 여전히 존재하고 있고 그들을 다시 볼 수 있을 거라는 걸 알도록 도와준다.

그런데 문제는 슬픔 속에서는 1분이 1년처럼 느껴지고 1년이 영원처럼 느껴진다는 것이다. 자신의 삶을 단 1분으로 여긴다고 할지라도 시간이 존재하지 않은 현실로 이동하는 사람이 견디기 더 쉬울 것이다.

프랭크와 마가렛은 50년 동안 항상 함께 붙어 다니며 멋진 결혼생활을 보냈다. 마가렛이 불치병에 걸렸을 때 그녀는 말했다.

"난 이 병을 받아들일 수 있어요. 내가 곧 죽을 거라는 현실 역시 마찬가지예요. 받아들이기 가장 힘든 건 내가 프랭크가 없는 곳에 있을 거라는 사실이에요."

병이 더 악화되어가는 동안 그녀는 남편과의 마지막 헤어짐을 상상하며 더욱 더 괴로워했다. 숨을 거두기 몇 시간 전, 그녀는 고개를 돌려 옆에 앉아 있는 프랭크를 바라보았다. 어떤 약물도 투여하지 않았기 때문에 그녀는 정신이 맑고 깨어 있었다.

그녀는 말했다.

"난 곧 떠날 거예요. 하지만 이젠 괜찮아요."

프랭크가 물었다.

"왜 괜찮아진 거지?"

그녀는 대답했다.

"당신이 벌써 가 있는 곳으로 내가 가게 될 거라는 목소리를 방금 들었거든요."

병실에 앉아 있으면서도 동시에 천국에서 사랑한 아내를 기다리고 있다는 것이 실로 가능할까? 아마도 이런 질문은 인간의 시간 개념에 초점을 맞추고 있다. 지구시간 안에서 살고 숨쉬고 있는 프랭크가 마가렛을 다시 만나려면 5년 혹은 10년 아니면 20년이 걸릴 것이다. 하지만 만일 그녀가 시간이 존재하지 않는 곳으로 간다면 그는 그녀 뒤를 따라 1초 만에 도착한다는 것처럼 들린다.

물론 죽은 이에게는 시간이 존재하지 않기 때문에 이렇게 하기는 훨씬 쉽다는 것은 의심할 여지가 없다. 반면에 우리는 시간의 세계에 갇혀 있고 슬픔에 빠진 우리에게는 한순간이 영원할 것처럼 느껴진다.

아이들은 사후의 문제에 대해서 어떤 의도도 가지고 있지 않다. 이것이 아마도 죽음을 앞둔 아이들이 사후세계를 실제 경험한 사례들을 많이 듣게 되는 이유이기도 하다. 거의 죽음의 문턱까지 갔다 온 열두 살짜리 아이가 있었다. 그 아이는 자동차 사고를 당해 죽음의 경지까지 이른 사건이 실은 아름다운 경험이었노라고 생각했다. 물론 그 생각을 어머니에게는 절대 말하지 않았다. 집보다 더 멋진 장소에서 행복했다는 사실을 털어놓아 어머니의 마음을 상하게 하고 싶지는 않았기 때문이다.

하지만 세월이 흘러 자신의 경험에 대해 이야기할 필요가 생겼다. 그 아이의 아버지가 서서히 생명이 꺼져갈 무렵이었다. 그래서 아버지에게 죽음은 아름다운 경험이었으며 다시 돌아오고 싶지 않았다고 말했다. 사실 그것은 빛의 경험일 뿐만 아니라 오랫동안 숨겨왔던 비밀을 터놓는 시간이기도 했다. 그 아이는 당시 사경을 헤맬 때 한 남자를 만났었노라고 고백했다. '안녕? 나는 너의 오빠야. 걱정하지 마. 넌 곧 괜찮아질 거야.' 그 남자는 아이에게 이렇게 말했다는 것이다.

"나를 무척 사랑한다고 말했어요. 그리고 아버지와 어머니 역시도 사랑한다고 했어요. 어떻게 자기를 내 오빠라고 하는 사람을 만날 수가 있었죠? 난 오빠가 없잖아요."

아버지는 그때 울음을 터트리며 말했다.

"네게 오빠가 한 명 있었는데 그 아이는 네가 태어나기 전에 죽었단다. 우리는 네가 좀 더 자라면 말해주고 싶었단다."

죽으면 모든 의사소통이 종식된다고 생각하는 실수를 종종 범하게 된다. 자궁에 있는 아직 태어나지 않은 아이에게 말을 건네는 것은 이상하게 여기지 않으면서, 죽은 사람과 대화를 나누는 것은 왜 미쳤다고 생각하는 걸까? 죽은 이후에도 미안하다고 말하거나 또는 얼마나 사랑했었는지를 말하는 것은 아직 늦지 않았다. '아직 마무리되지 않은 일'을 끝마칠 수 있다. 심지어 그 일을 10년, 20년, 혹은 더 오랫동안 간직하고 있었을지라도.

죽었을 때, 우리를 가장 사랑했던 사람뿐만 아니라 다른 많은 사람들도 우리를 기다리고 있을 거라는 사실에 당신은 매우 놀랄 것이다. 자신의 삶을 통해 큰 감동을 전해준 사람은 결코 만나본 적 없는 조상이나 또는 낯선 사람들일 것이다. 죽음을 맞이했을 때, 옛 친구들이 전부 다 모여 다음 세계로 들어왔음을 환영해주는 장면을 상상해보는 것은 어렵지 않다.

환생을 믿는 사람들은 영혼이 육신을 떠나 다른 육신으로 태어난다고 믿는다. 몇 번이고 다시 인간으로 환생하며, 같은 과제를 가진 삶을 살아가고 있는 사람 곁으로 자신이 배워야 할 배움을 들고 이 세상에 찾아온다고 한다.

거의 모든 것에 대해 증거를 요구하는 사회이지만 단순히 입증할 수 없는 것도 있다. 예를 들어 친구가 당신의 코를 만져보라고 한다면 당신은 그렇게 할 수 있고 그 요구가 행해졌음을 둘 다 동의할 것이다. 만일 친구가 당신의 뺨을 만져보라고 해도 결과는 똑같을 것이다. 하지만 아이나 부모에게 느끼는 사랑을 만져보라고 한다면 당신은 무엇을 만질 것인가?

모두들 사후 세계가 무엇이며 그것이 어떻게 생겼는지에 대해 궁금할 것이다. 어떤 이들은 대답에 가치를 둔다. 하지만 사실 질문 그 자체만으로도 충분하다. 실로 중요한 것은 사랑한 이가 어떻게든 아직 존재하고 있다는 사실, 그리고 남겨진 이가 그 때문에 큰 위로를 받는다는 사실이다.

6 몸이 요구하는 대로 다 들어주라

ⓒ Martine Franck | Magnum Photos | 유로포토-한국매그넘

이제 됐다. 그만 하면 됐다. 이제 당신에겐 오로지 당신 자신만을 들여다보는 시간이 필요하다. 돌아가서 자신과 접촉하고, 스스로 어떤 감정 상태에 빠져 있는지 눈여겨볼 일이다. 몸의 속도를 늦추고, 오직 몸이 해달라는 대로 다 들어주라.

애도는 상실의 외적인 영역이다. 그것은 우리가 취하는 행동이고 의식이며 관습이다. 반면 슬픔은 '우리가 어떻게 느끼는가'에 대한 내적인 영역이다. 슬픔의 내적 작용은 하나의 과정이며 여행이다. 그것은 어떤 특정한 날이나 날짜에 끝나는 것이 아니다. 그것은 저마다 우리만큼이나 개인적이다. 상실을 경험한 후 첫 해 당신은 비탄하며 슬퍼한다. 생명과 슬픔이 행복한 날과 불행한 날을 만드는 것이다.

상실을 겪은 후에야 삶에서 얼마나 많은 기념일들이 있었는지를 실감하게 된다. 사랑한 이가 한때 가져다주었던 행복이 무엇이든, 지금은 깊은 상실만이 남아 있다. 사랑하는 이가 이 세상을 떠난 날은 우리에게 어떤 식으로든 의미가 부여된다. 한 달이 되는 날, 반 년이 흐른 날, 일 년이 지난 날…….

주변 사람들은 당신에게 그 날짜를 머릿속에서 지우라고 권한다. 마치 잊을 수도 있다는 것처럼. 그것은 당신에게 무슨 말을 해줘야 할지 모르기 때문이다. 사실 우리조차도 우리 자신에게 뭐라고 말해야 할지 모른다. 사랑하는 이를 떠나보낸 후 모든 기념일들이 새롭고 더욱 의미심장하다. 기념일을 실로 기념일답게 만들어준 사랑한 사람 없이 이젠 홀로 그날을 보내야 한다. 그날은 기쁨 대신 이젠 상실감으로 대신 자리 잡는다.

친구들은 "30일째 되는 날이구나. 전화하고 싶었는데 네 맘이 다칠까봐 무척 조심스러웠어"라는 말을 차마 꺼내지 못한다. 만일 당신의 상실에 대해 말하는 걸 사람들이 편하게 느끼길 바란다면, 당신이 그 날짜를 기억하고 있다는 것을 겉으로 표현해야 한다. 바보스럽게, 이것은 우리 사회에서 가장 두려워하는 것 중의 하나다. 과부에게 전화해서 "네 남편이 죽은 지 6개월이 지났구나"라고 말하기는 힘들다. 친구들은 위로해주려고 전화를 했는데 "지금 아주 잘 지내고 있어. 사실 전부 잊었는데. 지금 네가 그 고통을 생각나게 하는구나"라는 말을 들을까 봐 조심스러워하는 것이다.

상대방이 겪은 죽음을 기억하고 있다는 말을 하려고 연락한 친구의 전화가 그 사람을 화나게 만들 것 같지는 않은데, 우리는 이런 염려들을 줄기차게 들어왔다. 실제로 정말 잊었는데도 대개 잠재적으로 기억하게 된다. 왜냐하면 인간의 몸은 감정을 기억하고 있기 때문이다. 이 증상은 고아원 아이들에게서 흔히 볼 수 있다. 사회복지사는 아이가 주로 언제 문제가 생기는지를 말해줄 것이다. 고아원으로 보내진 날이나 부모가 돌아가신 날과 같은 시기에 일어난다. 공교롭게도 아이들은 어떤 특정한 날이 되면 기분이 저하된다. 이런 현상에서 소름끼치는 점은 아직 달력을 읽기에는 너무 어린 아이들에게도 일어난다는 것이다.

우리 어른들도 다를 게 없다. 록산느가 회사에 지각을 했다. 그녀는 잠을 잘 못 잔데다가 회사에서 번번이 실수를 저질러서 신경이 곤두서 있었고 괜히 짜증이 났다. 분명 잠이 부족해서 그렇다고 생각했다. 그런데 동료가 오늘 날짜를 물어봤을 때 뭔가 번뜩 떠올랐다. 자신의 결혼기념일이 막 지났음을 깨닫자 말을 더듬거리며 대답했다.

"6월…… 21일이군요."

친구가 죽음을 겪은 날이 자신의 생일로부터 4일 전이기 때문에 본의 아니게 매번 생각나서 전화를 해줘야 한다고 생각한다. 만일 그가 그 날짜를 의식하지 않았다면 보통 이렇게 응답할 것이다. "어쩐지 오늘 너무 슬프더라." 또는 "그것 때문에 오늘 내가 이렇게 힘들었군." 대부분의 경우 그 친구에게 그 날짜를 기억해주고 신경 써줘서 고맙다고 할 것이다.

마리아와 폴은 프랑스에서 2주 동안 함께 시간을 보내기 위해 서로의 스케줄에 맞게 적당한 시간을 잡는 중이었다. 크리스마스 휴가 시즌보다 한 주 앞서 여행을 떠나기로 결심했는데, 마리아의 어머니 생일이 있다는 걸 잠시 잊었다. 여행 바로 일주일 전에 그들은 마리아의 어머니 패트리샤를 밖에 모시고 나가 그녀의 예순네 번째 생일을 축하해드렸다.

프랑스에서 그들은 패트리샤 생일 당일, 그녀가 하루를 어떻게 보내고 있을까를 생각했다. 마리아가 말했다.

"여보. 오늘밤에 어머니를 축하하면서 생일식사를 해요."

그날 밤에 그들은 어머니 이야기를 나누며 그녀가 실은 예순네 살이 아니라 실제 나이는 비밀로 한다는 농담을 나누면서 즐거운 시간을 보냈다.

여행에서 돌아와 패트리샤에게 자신들이 그녀의 생일을 어떻게 축하했는지를 들려주었다. 어머니는 자기가 없어도 자식들이 자신의 생일을 위한 식사를 했음에 무척 기뻐했다. 그뒤 어머니는 친구들에게 자신의 생일날 프랑스에서 가족들이 어떻게 저녁식사 시간을 보냈는지를 들려주며 즐거워했다. 이따금 자신이 그곳에 없었다는 부분은 생략한 채. 친척들은 모두 다 알고 있었지만, 프랑스에서 생일 저녁식사를 했다는 그녀의 허풍에 장단을 맞춰줬다.

그 다음해 여름, 패트리샤는 자신의 집이 무너져내린 것을 발견하고 분노에 휩싸였다. 그날 밤 경찰서에서 당시 상황을 설명하던 중 갑자기 심장 발작을 일으켰다. 그리고는 다신 깨어나지 못했.

패트리샤가 죽은 다음 첫 번째 크리스마스가 다가왔을 때 폴과 마리아는 이날을 어떻게 보내야 할지 막막했다. 아이들과 정신없이 지내느라 크리스마스는 그런대로 잘 넘어가곤 했지만 동시에 찾아오는 패트리샤의 생일을 어떻게 축하해주어야 하나?

과거에 보냈던 그녀의 생일날을 돌이켜보았다. 작년에 프랑스에서 보냈던 날만 제외하고 모두 비슷하게 보냈다. 그래서 그들은 패트리샤의 생일을 위해 그녀가 없지만 파티를 열기로 결정했다.

작년에 했던 그대로, 그녀를 위해 건배하고 이야기를 나눴다. 마리아는 친구들에게 말했다.

"우린 어머니가 돌아가신 후 이렇게 생일상을 차리게 될 줄 몰랐어. 하지만 어머니께서 당신을 축하해주려고 사람들이 모이고 당신 얘길 나누는 걸 좋아하신다는 걸 알게 됐어요."

친척들이 참석해서 푸짐한 저녁식사를 같이 한 그날 마리아는 마치 어머니가 그 자리에 함께 하고 있는 것 같이 느껴졌다. 그녀는 그 날을 떠올리며 말했다.

"친척들과 형제들이 모두 그곳에 있었어요. 손자들도 함께요. 우리는 추억을 되살리고 축배를 들며 아주 멋진 밤을 보냈어요."

다음 날 그녀는 회사 동료들에게 말했다.

"한번 실천해볼 만한 좋은 일인 것 같아요. 슬프고 무의미한 일이 될 수도 있었을 텐데, 바로 작년 생일을 그렇게 보내봤기 때문에 어머니가 그 아이디어를 좋아한다는 것을 발견했어요."

마리아의 경우에는, 가족들이 어머니 생일날 아무것도 안 하는 것보다는 생일을 축하해드리는 게 마음이 더 편안할 거라고 결론을 내렸다. 하지만 모든 사람들이 다 똑같은 것은 아니다. 중요한 것은 자신을 위로할 뭔가를 하며 기념일을 보낸다는 것이다. 어떤 이에게는 너무 고통이 커서 계속 일하거나 바쁜 게 더 나을 수도 있다. 또 어떤 사람은 자신의 기분과 큰 상실을 나눌 친구와 시간을 가지길 원한다. 또는 혼자만의 시간을 가지며 추억에 잠기길 원하는 사람도 있다.

첫 해 그리고 이후에도 매년 기념일이 다가오면 당신은 더 많은 일을 하길 원할 것이다. 매년 기념일에, 특히 첫 해는 상실을 기리길 원할 것이다. 사랑한 이와의 추억을 가질 만한 자신만의 방법을 찾으라. 가장 행복했던 추억은 가장 큰 슬픔을 불러오겠지만 그것은 당신의 가슴에 간직할 만한 소중한 슬픔이다. 자신을 위해 옳다고 느껴지는 것을 하라. 예배에 참석하고, 사랑한 이의 무덤을 방문하고, 친구나 식구와 이야기를 나눠라. 뒤에 남겨진 사랑과 추억을 기리라.

브랜다는 남편 더글라스가 세상을 떠나고 일 년이 되는 날이 다가오자 미칠 듯이 남편이 더욱 보고 싶었다. 그를 추모하며 촛불을 켰지만 그녀는 뭔가가 더 필요했다. 그래서 남편이 죽고 일 년이 되는 그날, 몇 명의 친구를 초대했다. 또한 지방에서 살고 있는 친구들과 해외에 살고 있는 친구들에게 이메일을 보내어 더글라스를 추모하는 글을 보내달라고 부탁했다.

그날 밤에, 더글라스와 가장 가까웠던 친구 네 명을 초대했다. 한 명씩 더글라스에 대한 일화를 들려주었고, 그런 다음 이메일 세 통을 읽었다. 그리고 그들은 촛불을 켜며 말했다.

"난 더글라스 자네를 생각하며 이 촛불을 켠다네. 자네를 알게 되어서 너무 감사하네."

각자 돌아가면서 이런 시간을 갖고 더글라스가 가장 좋아했던 레스토랑으로 가서 저녁식사를 했다. 브랜다는 모든 것이 완벽했다고 말했다.

"그 촛불의식은 남편의 육신이 사라진 방식을 상징적으로 보여준 것이었지만, 그와의 관계는 결코 사라지지 않았어요. 그 관계가 이젠 전부가 되었어요. 지혜, 마음 그리고 영원함. 초저녁 무렵, 우리의 슬픔과 감사함이 더욱 깊어졌고, 각자의 생각을 표현하고 이메일을 읽은 후, 밖에 나가서 멋진 밤을 보냈어요. 그 저녁 시간은 흥겨웠고 재미있었고 뜻밖이었죠."

브랜다는 더글라스를 추모하고 그날을 기릴 방법을 찾아낸 것이다. 그날은 힘과 용기를 가지기 위해 자기 자신을 추모하는 시간이기도 하다. 일 년 전 혹은 수년 전의 당신은 지금의 당신이 아니다. 당신이라는 존재는 항상 변한다.

예전의 당신의 일부는 사랑한 이와 함께 죽었다. 사랑한 이의 일부가 새로운 당신의 마음 안에 살고 있다.

60대 후반 여성인 주디스는 35년 전에 결혼생활이 이혼으로 막을 내릴 뻔한 적이 있었다고 말했다. 그녀는 아들이 암으로 죽은 날, 정확히 말하면 죽은 지 7시간 후에, 그녀의 남편이 자신과 섹스하길 원한다고 했던 일을 회상했다.

"상실로 인해 망연자실한 상황 속에서 남편의 이기심과 무신경에 너무나 모욕감을 느꼈어요. 난 과연 삶이 예전처럼 다시 즐거워질 수 있을까를 고심하고 있는데, 어떻게 남편은 섹스 따위를 생각할 수 있었을까요. 나로서는 도저히 이해할 수 없는 일이었어요. 하지만 운 좋게, 우린 서로를 신뢰하고 있었기에 너무나 부적절해 보이는 남편의 요구를 참을 수 있었어요. 하지만 그 사람도 나만큼 아들을 몹시 사랑하고 있다는 걸 알고 있었기에 남편의 섹스 충동을 더 이해할 수 없었어요."

그리고 몇 해가 지나, 남편은 그때 당시는 스스로도 헤아릴 수 없었던 자신의 심정을 털어놓았다.

"내가 추구했던 것은 섹스가 아니었어요. 아이가 죽자 난 허망했어요. 가족이 무의미하게 느껴졌을 뿐 아니라 내 영혼까지도 덧없어 보였어요. 날 잡아줄 뭔가가 필요했고, 우리가 육체적으로 하나가 됐을 때 난 어떤 것과 연결되었음을 느꼈어요. 그 마음의 문을 두드리는 방법으로 섹스는 내가 아는 유일한 것이었어요."

주디스는 슬픈 상황에서의 섹스는 좀처럼 입에 담지 않는 것이고 보통 책으로도 간행되지 않는 걸로 배웠다. 슬픈 정황 속에서 섹스에 대한 언급은 오랫동안 터부시되어 왔다. 심지어 가장 친한 친구 사이에서도. 만일 그것이 조금이라도 언급되면, 대개 문을 닫아놓은 상담자 방안에서 행해졌다. 하지만 그때도 상담은 항상 거의 애매하게 이루어진다. 하지만 우리가 이 책에서 그런 얘기를 언급하지 않는다면 상실을 겪은 후 느낀 실질적인 감정이나 상황을 부정하는 것과 같다.

여자와 남자는 섹스와 슬픔을 다르게 경험하지만 우리는 일반적인 관점에서 말할 것이다. 주디스의 경우처럼 사람들은 항상 "난 외로워. 날 붙잡아 주어야 해"라는 말을 어떻게 해야 할지 모른다. 여자들은 남자보다 안아달라고 하거나, 손을 잡아달라고 하는 신체적 접촉을 요청하기가 더 쉽다. 그렇기에 남편의 섹스 요구가 죽은 아들의 추모를 모욕하는 것처럼 느껴지게 만든다. 하지만 결코 그렇지 않다.

섹스는 생활의 일부다. 그것은 슬픔의 일부이기도 하다. 남편이나 부인 혹은 사랑한 이가 죽을 때, 그것은 또한 섹스의 상실도 포함되는 것이다. 육체적 사랑을 나눴던 좋았던 기억들이 있을 것이며, 그것은 친구들과 쉽게 나눌 수 없는 이야기다. 아마 당장 육체적 사랑을 나누길 원하거나 아니면 살아온 시간만큼 다시는 그것을 하고 싶지 않을지도 모른다. 섹스를 회피하는 것이 때가 되면 사라지는 사람도 있을 것이고, 섹스가 추억으로 남겨질 사람도 있을 것이다.

하나 확실한 것은 섹스가 관계의 일부분이었다면 그것은 곧 슬픔의 일부분이 될 거라는 것이다. 배우자가 죽었을 때 우리는 무의식으로나 또는 의식적으로 그들의 역할을 다른 사람에게 또는 우리 자신에게 넘기는 경향이 있다. 그가 재정을 담당했다면 이제 당신이 할 것이다. 그가 집을 수리했다면 이젠 누군가를 고용해야 한다. 그녀가 아이를 보살폈다면 지금은 할머니나 어린이집의 도움을 받을 것이다. 하지만 결국 다시 생겨날 섹스의 자연적 욕구는 어떻게 할 것인가? 그것은 그렇게 쉽게 위탁할 역할이 아니다.

상실을 겪고 처음 며칠 또는 몇 달, 혹은 몇 년 동안은 섹스에 대한 생각이 떠오르지 않을 것이다. 하지만 그런 생각이 들 때는 그것을 어떻게 해석하는가? 자연적 욕구가 돌아왔다고 여길 것인가?

있는 그대로 받아들일 것인가, 아니면 배신과 분노에 우울해져 있겠는가? 섹스는 육체적인 행동뿐 아니라 두 사람이 함께 공감하는 감정적 친밀함을 표현하는 것이기도 하다. 그것은 관계 속에서 매우 중요한 것이다. 이런 이유 때문에, 당신은 사랑한 이를 잃을 뿐 아니라 자신의 성적 일부를 상실한 것이다. 그 일부는 사랑한 이가 죽은 후에도 살아 있는 부분이며, 여전히 결합하고자 하는 원초적 욕구를 가지고 있다.

사랑한 이가 죽은 후 성적 욕구가 생길 때 자기 자신을 비난하기 쉽다. 사랑한 이가 없는데 어떻게 이런 감정이 생길 수 있는가? 어떻게 내가 그럴 수가 있지? 마치 이것은 누군가를 상실한 사람은 절대 정상적인 감정과 욕구들을 다시 경험해서는 안 된다고 보는 것이다. 그럼에도 욕구가 일어난다. 사랑한 이가 죽은 후 일어나는 단 한 번의 욕구라도 그것은 사후의 불륜 같은 것처럼 느껴진다. 건강하고 정상적인 욕구로 여기라. 단지 그래야 한다는 생각 때문에 섹스를 비난하지 말라. 사랑한 이와 항상 같이 먹었다고 해서 우리가 음식을 비난하는가?

제이미가 대학교 1학년 때 아버지는 병을 앓고 있었다. 그녀는 남자친구 마크에게 집으로 가서 가족들과 함께 있어야 한다고 했다. 그들은 거의 1년가량 가볍게 만나고 있었고 마크는 그녀가 집에 가는 것을 적극 도와주었다. 그녀가 집에 도착한 지 일주일이 되어갈 때 아버지가 돌아가셨다. 장례식을 치르고 그녀는 학교로 돌아왔다. 마크는 그녀를 위로해주기 위해 꽃다발을 들고 기숙사로 찾아왔다. 그때 그는 제이미가 섹스를 원한다는 걸 알고 무척 놀랬다.

마크는 그녀에게 첫 경험이라는 걸 알고 있었기에 잠시 망설였다. 그는 물었다.

"진심이니? 결혼 전까지 내가 기다려줬으면 좋겠다고 항상 말했었잖아."

놀랍게도 그녀는 말했다.

"진심이야."

키스를 하기 시작했을 때 그는 그녀의 격렬한 농도에 흠칫했지만 멈추지 않았다. 그리고 그것이 끝났을 때, 그는 자신들의 성행위가 그녀의 슬픔에 의해 충동되었음을 감지했다.

그후 이들은 그냥 친구로 남았고, 몇 년이 지나 다시 사귀려고 만났을 때 그녀는 아버지 죽음에 뒤이어 이뤄졌던 그 일이 떠올랐다. 제이미는 말했다.

"장례식에서 돌아왔을 때 나는 죽음에 완전 뒤덮여 있었어. 난 생명의 강렬함을 느껴야만 했고, 그것을 얻을 수 있는 유일한 길은 섹스뿐이었어."

마크는 잠시 생각에 잠기고는 입을 열었다.

"안 된다고 더 강하게 말했어야 했나 하고 고심했었어. 난 네가 너의 첫 경험을 위해 로맨틱한 시간을 기약하고 있었다는 것도 잘 알고 있었어."

제이미는 장담한 듯 말했다.

"네가 말로써 그곳에서 나를 꺼낼 방법은 없었어."

암에 걸린 바바라의 남편은 3년에 걸친 방사선 치료, 화학치료 그리고 약물치료를 받고 끝내 사망했다. 그녀는 남편을 회복시키는 데 온 신경을 쏟았다. 남편이 죽고 4개월이 지날 무렵 한 친구가 바바라에게 전화를 걸어왔다. 고등학교 20회 동창회에 참석할 건지 물었을 때 그녀는 함께 따라가기로 했다. 친구는 꼼꼼하게 일정을 짜고 차를 운전했다. 바바라가 한 일이라고는 짐을 챙기고 차에 타는 일뿐이었다. 바바라는 옛 친구들과의 기분전환은 좋은 일이 될 거라고 생각했다.

바바라는 옛날 댄스파티에서 데이트 상대였던 론을 우연히 만나게 되었다. 더구나 그들은 함께 춤을 췄고 예전처럼 그를 유혹한 자신의 모습에 스스로도 놀랐다. 바에 가서 와인을 몇 잔 마시고 영업이 끝날 시간이 되었지만 그녀와 론은 옛날 추억에 흠뻑 젖어 있었기에 론의 방으로 자리를 옮겨 이야기를 계속해 나가기로 결정했다. 그 다음 그들은 키스를 하고 섹스를 했다.

다음날 아침이 되어 그녀는 집에 돌아왔다. 샤워를 하고 옷을 갈아입자 갑작스레 심한 죄책감이 밀려왔다. 섹스를 다시 하기에는 너무 이른 시간이라고 생각하며 자책했지만, 자신이 마지막 섹스를 한 지가 4년이나 흘렀음을 실감했다. 그 동안 남편이 아팠기 때문이다.

4년이든 4개월이든 다시 섹스를 하는 것은 복잡한 일이다. '적절한 시기'는 사람마다 관계마다 그리고 마음속에서 괜찮다고 느끼는 것에 따라 다르다. 바바라처럼 사랑한 사람을 돌보는 데 시간을 온통 보낼 때는 섹스를 안 하고 지낸 기간을 떠올릴 요인들을 잊고 산다. 사람들마다 그 요인들은 다르다. 바바라에게는 그 요인이 남편이 죽은 후에 생겨났다. 장기간 병을 간호하는 사람들에게 배우자가 아파하는 동안 찾아오는 관계를 넘는 섹스의 유혹은 너무나 강력하고 종종 감당하기 어렵다.

조세핀은 아내 캐리가 자동차 사고로 비극적으로 죽었을 때까지 10년 동안 다정한 남편이었다. 신탁, 부동산, 유언 관련 전문변호사인 캐리와 그녀의 남편은 사전동의서를 이행하기로 다짐했었다.

그녀는 둘 중 한 명이 먼저 사망할 때 일어날 일들에 대해 드러내놓고 이야기했다. 남편이 남은 인생을 잘 효과적으로 보내길 바란다고 했다. 그녀는 조세핀에게 말했다.

"무슨 일이 나한테 일어나면 난 당신이 재혼하길 원해."

조세핀은 동의했지만, 그녀를 잃고 두 번째 해를 맞이하면서도 언젠가 재혼은 생각할 수 있겠지만, 섹스를 하고 싶다는 생각은 여전히 부정행위처럼 느껴졌다.

다른 사람처럼 조세핀에게도 삶을 다시 즐기는 것은 거북한 단계의 연속이었다. 즉 데이트, 섹스, 아마 사랑도…… 운이 좋게 그는 아내의 말에 의지했고, 그녀가 남긴 말들은 그가 아내를 배신하고 있지 않음을 부드럽게 깨닫도록 해주었다. 하지만 대개는 이처럼 확신을 주는 뭔가를 가지고 있지 않다. 사랑에 빠져 있을 때는 모두들 상실에 대해 생각하길 거부한다.

어떤 이들은 심지어 사랑한 이의 무덤 앞으로 가, 자신이 삶을 계속 살아도 되는지 허락을 요청한다. 그 안에는 데이트를 다시 해도 되는지, 다시 섹스를 해도 되는지, 다시 사랑을 해도 되는지에 대한 무언의 허락이 담겨 있다.

관계 속으로 다시 돌아올 시기와 장소를 알기 위해서는 자기 자신을 신뢰해야 한다. 하지만 처음에는 어려움과 어색함을 예상해야 한다. 아마 새로운 배우자는 이해심이 많을 것이고, 또한 적어도 최소한은, 당신은 자신의 여정을 깊이 들여다보며 그것을 은밀히 변화시킬 법을 생각해낼 것이다.

예를 들어, 만일 당신과 사랑한 이가 종종 하와이에 방문했다면 다른 누군가와 그곳에 가는 것은 명백히 슬픔과 죄책감을 일으킬 것이다. 그러면 자신이 섹스를 다시 할 수 있을지, 잃어버린 사랑을 잊을 수도 있다고 상상해볼 수 있지 않겠는가? 옛 추억을 지워버린 다는 것이 가능하진 않겠지만, 연민과 인내심으로 당신은 다시 시작할 수 있다. 결국에 당신은 이 슬픔의 그림자와 계속 살아가고 그리고 계속 사랑하는 데 필요한 용기를 이해할 수 있을 것이다.

슬픔에 잠겨 있는 동안 섹스는 사람마다 다른 의미를 지닌다. 상실을 겪고 이내 섹스를 해야 하는 사람이 있는가 하면, 어떤 이는 훨씬 나중에 하기로 결심하고, 또 어떤 이는 이때다 하고 느껴질 때만 한다. 처음부터 상실감에서 달아나기 위해 섹스를 이용하는 사람도 있다. 그것은 기분전환이 되고 상실감을 무감각하게 만들고 슬픔을 피할 수 있도록 도와주기 때문이다. 이 외에도 섹스는 죽음의 완벽한 해독제라고 여기는 사람도 있다. 어쨌든 섹스는 생명에 관한 것이며 죽음과 반대되는 것이다.

시몬은 의사의 최선의 노력에도 불구하고, 폐렴으로 세상을 떠나버린 병든 어머니의 임종을 지켜본 후 몹시 지친 상태로 집에 돌아왔다.

"부모를 잃었을 때 현재 남은 가족들은 이 세상에서 자신이 가진 유일한 것이 되며 배우자는 훨씬 더 소중하게 느껴집니다. 집에 도착했을 때, 난 아내와 육체적 사랑을 나누고 싶다는 욕구가 평소보다 더 강했어요. 방안으로 들어서는 순간 난 아내를 와락 안았어요. 여행 가방을 침실로 가져왔고 아내도 함께 따라왔지요. 침대 위로 누웠고 그녀를 껴안았어요. 그리고 내가 키스를 하자 아내는 어깨를 밀치며 묻더군요.

'당신, 섹스하길 원해요?' 난 아내에게 말했어요.

'응. 하지만 꼭 섹스를 위해서가 아니야. 난 내가 고아처럼 느껴져. 세상에 당신 말고는 갈 곳이 없어. 뭔가에 속해 있다는 느낌이

들기 위해선 당신과 함께 해야만 해.'

'그 수렁에서 얼른 나와 정신 차리고 눈물을 좀 흘려야 되겠군요.'

아내는 나를 도저히 이해할 수 없었는지 꽤 냉정하게 말했어요."

그 후 시몬은 아내가 단지 섹스만을 거절한 거라고 보지는 않았다고 말했다.

"나를 위해 그녀가 그곳에 있다고 느껴지지 않았어요. 그녀는 감성이 부족해 보였거든요. 내가 몹시 외롭기 때문에 하나가 되는 감정이 필요하다는 걸 그녀에게 차마 설명할 수 없었어요."

문이 닫혀버릴 때 당신은 갈 곳이 없음을 느끼지만 배우자에게 설명하기는 어렵다. 섹스 안에서 일어나는 긴밀한 유대는 그런 시기에 당신을 위로해준다. 왜냐하면 많은 사람들에게, 친밀감과 섹스는 밀접한 관계가 있기 때문이다. 섹스를 통해서 연결됨을 빠르게 재확인할 수 있다. 그럴 때 그것은 섹스가 아니다. 그것은 섹스가 만들어내는 친밀함이다.

시몬의 경우에는, 섹스는 재미와 쾌락이 아니라 오히려 어떤 경계선을 녹이는 것이다. 사랑한 이의 상실을 경험한 다음, 불현듯 딱딱한 경계선이 당신 앞에 생긴다. 마치 딱딱한 벽에 부딪치는 것처럼 느껴진다. 그래서 당신은 삶 속에서 어떤 부드러움을 발견하고자 한다. 죽음이 연결을 허무는 것이라면, 그에 반해 섹스는 그것을 일으켜 세우는 것이다.

하지만 우리는 자신의 감정을 구별하기 위해 곧바로 섹스를 찾기보다는 상담자를 찾아가보거나 사별한 사람들의 모임을 참석하는 더 나은 선택을 제안할 것이다. 슬픔은 감당하도록 준비될 때까지 기다림 속에 웅크리고 있다는 것을 알아야 한다. 하지만 우리는 현실 세계에서 살고 있고 고개를 끄덕여줄 상담자도 없고 고통이 견디기 힘들 때 언제든 전화할 곳도 없다.
 핵심은 '우리는 인간'이라는 사실, 그리고 자신에게 가장 적격인 일을 행하는 것이다.

 돈나는 남편이 종양 병동에서 입원중일 때 곁에서 밤낮으로 간호를 했다. 남편을 최대한 잘 보살펴줘야 한다는 일념 아래 남편이 배고프면 밥을 먹여주고, 신선한 물, 얼음조각, 진통제를 대령했다. 화장실에 가거나 남편과 관련된 일을 처리하러 로비에 가는 것 말고는 거의 자리를 뜨지 않았다.
 간호사들과 가족들은 남편을 걱정하지 않았다. 그는 편안해 보였다. 그들은 빨갛게 부푼 눈 아래 다크 서클이 생겨 창백해 보이는 돈나를 걱정했다. 종종 의자에서 앉은 채로 밤을 새워 목이 뻣뻣했다. 누군가 돈나에게 식사할 시간이라고 말해주지 않으면 그녀는 먹어야 한다는 걸 쉽게 잊어버렸다. 밥 생각이 날 땐 대개 늦은 밤 시간이었고, 종종 복도에 설치된 자판기 음식으로 식사를 대신했다. 하지만 누구도 그녀의 피로를 염려하거나 체다치즈 크래커와 콜라로 식사를 때우는 걸 지적할 수 없었다. 왜냐하면 남편에게 그녀의 존재는 곧 세상을 의미한다는 걸 알고 있기에. 그리고 돈나 자신에게도.
 남편 바이런이 죽었을 때 돈나는 깜짝 놀랄 만큼 수척해진 상태였다. 하지만 그녀는 밤샘과 장례식을 위해 젖 먹던 힘까지 내야 했다. 매우 지쳤음에도 그녀는 장례식과 조문객 접대 그리고 장사 지내는 일과 관련한 모든 결정을 내려야 했다. 좋은 얼굴을 보이려고 최선을 다했지만, 상쾌하게 샤워하고 머리 손질과 화장을 했음에도 불구하고 하나같이 모두들 남편의 상실이 돈나를 10년은 더 늙어보이게 한다고 말했다.
 이것이 종종 우리가 슬픔에 도달하는 상태이다. 이는 매우 괴로운 시간임을 기억하라. 너무 많은 걸 지나왔다. 지금껏 겪어온 것, 느꼈던 것, 보았던 것에 의해 몸은 해질 대로 해졌다. 원하지 않고 신경 쓰지도 않겠지만 지금 당신의 몸은 휴식과 회복의 시간이 필요하다. 몸이 당신의 관심을 필요로 하는 만큼, 자신을 돌보는 것이 무의미하게 느껴지는 것은 자연스러운 일이다. 하지만 어쨌든 당신이 정말 돌봐야 할 유일한 사람은 이미 사라졌다.
 당신이 살아가야 하는 이 상실의 새로운 세상 안으로 어떻게 들어갈 것인가? '식사할 시간도 없었던' 곳에서 '언제나 먹어야 하는 세상'으로 어떻게 이동할 것인가? 특히나 사랑한 이는 당신과 함께 식사했던 곳에 더 이상 존재하지 않는다. 삶과 죽음이 더 이상 위태롭지 않게 된 이제 어떤 식으로 자신의 건강을 챙기기 시작할 것인가? 당신은 자기 자신을 돌보지 않는 데 익숙해져 있다. 사랑한 이의 건강을 위해 필요한 자료들을 읽는 데는 전문가가 되는 동안 스스로 독서하는 것은 잊어버렸다. 지난 몇 달 동안 자신을 배고프고 몸무게가 늘도록(혹은 줄도록) 그리고 피로하게 방치해 두었다.
 대개 예전 건강 상태로 저절로 돌아가지만 금방은 아니다. 사람들은 극적인 치유법을 이용해 옛날 건강했던 몸 상태를 빨리 되찾기를 원한다. 하지만 자신에게 맞는다고 생각되는 것을 하라. 조금 더 잘 먹고 약간만 더 일해야 한다는 걸 알아야 한다. 하지만 덤블링을 해서라도 순식간에 모습을 변신해야 한다는 사람들의 의견에 따르지 말라. 이제 휴식을 취하고 돌아가서 자신과 접촉하고 자신이 어떤 감정을 가지고 있는지 눈여겨 볼 시간이다. 지금 당장.

서서히 가라. 감당할 수 있는 것보다 한 개 이상도 더 떠맡지 말라. 오락을 누려도 좋다. 삶 속에서 사소한 것을 성취하는 일이 엄청난 고통을 덜어줄 수 있다. 그저 아무것도 안 하고 있는 시간이 필요한 사람도 있다. 반면 어떤 이는 계속 바쁜 것이 필요하다. 생산적인 느낌은 때때로 환영받는 변화가 될 수 있다.

사랑한 이의 죽음 이후 갑자기 할 일이 별로 없어진 사람에게 자신을 돌보는 것이 부자연스럽게 느껴질 수 있다. 운동을 할 열의도, 심지어 동네 한 바퀴 산책할 마음도 없을 것이다. 음식에 대해서도 전혀 신경 쓰지 않을 것이다. 어찌 됐든 음식과 운동은 사랑한 이가 살아나도록 도와주지 못했다.

먹는 것에 더 이상 신경 쓰지 않는 사람이 있는 반면 어떤 이는 그 반대의 반응을 보이며 과식을 한다. 음식은 잠시나마 공허감을 채워주는 것처럼 보이지만 그것은 단지 일시적인 안도감일 뿐이다. 과식은 상실감을 다루는 데 장기적인 해결책이 되지 못한다. 슬픔에 젖어 상실과 함께 살아가는 법을 배울 때 이 같은 해로운 건강법은 곧 사라지게 마련이다.

뒤에 남겨진 당신은 아마도 당장 회사로 돌아가야 한다. 업무 역시도 새롭게 느껴질 것이다. 일하는 속도가 다소 느려졌거나 능력 발휘를 못할 수도 있다. 일을 추가적으로 더 맡아서는 안 된다. 누구도 이런 시기에 당신에게 특별한 업무 속도를 기대하지 않는다. 당신이 했던 그대로 똑같이 하려고 하지 말라. 당신은 지금 예전과 똑같지 않다. 자신을 다스리라. 만일 업무가 너무 많다고 느껴지면 속도를 늦추고 필요한 시간을 가져라. 만일 힘들게 했던 모든 것으로부터 벗어나 직장을 통해 몸과 마음에 휴식을 줄 수 있다면 그것을 이용하라.

많이 먹는 혹은 적게 먹는 타입이든, 운동을 많이 하는 혹은 적게 하는 타입이든, 일 처리에 있어 한 걸음 물러서든 혹은 추진력이 있든지 간에, 몸이 충분히 회복될 때까지 필요한 시간을 가져야 한다. 일찍 잠자리에 들고 늦게 일어나는 것은 좋은 생각이다. 만일 균형이 깨졌다면 전진하지 말라. 더 잘 먹고, 가볍게 운동하고, 자신에게 잘하며, 평소보다 자주 몸이 아픈 것에 놀라지 마라. 몸의 방어능력이 약해졌고 저항능력이 떨어졌다. 사랑한 이가 죽은 후 아픈 것은 이상한 일이 아니다. 감기나 독감이 갑자기 찾아올 수도 있고 평상시보다 더 오래 갈 수도 있다.

다니엘은 삶에 유일한 사랑이었던 레이첼과 결혼한 지 24년이 지났다. 레이첼이 심장병으로 서서히 죽어가는 동안 그는 그녀에게 정말로 헌신적이었다. 그녀가 죽었을 때 그는 어찌할 바를 몰랐고 곧바로 회사로 돌아갔다. 첫 주가 지나기 전에 그는 두통을 느끼기 시작했다. 지금까지 앓았던 두통과는 비교할 수 없었다.

그는 응급실로 실려갔고 의사들은 뇌출혈 혹은 심지어 더 심각한 종양의 가능성 여부를 확인하기 위해 당장 검사에 들어갔다. 그는 지금까지는 머리가 전혀 아프지 않았다고 부연 설명했다. 그런데 검사 중 하나인 두피검사를 마친 한 의사가 말했다.

"나머지 테스트 취소하세요. 이 환자는 대상포진(바이러스성 피부질환의 일종으로 수두 바이러스에 의하여 신경에 염증이 생기는 병)에 걸렸습니다."

의사는 다니엘에게 다가와 최근에 특별한 스트레스를 받은 적이 있는지를 물었다. 그는 말했다.

"당신이 상상할 수 있는 가장 최악의 일이었죠."

수두 바이러스로 인한 염증은 머지않아 몸 전체에 번졌다. 그 바이러스는 심각한 스트레스가 활동하기 전까지 몸 안에서 잠복해 있었던 것으로 보였다. 다니엘은 그 고통이 즉시 그가 모든 일에 손을 떼도록 만들 거라곤 짐작도 못했다. 회사로 다시 돌진할 수도, 집에서 회사로 출근할 수도 없는 상황이었다. 몸 일부가 물집에 생긴 빨간 반점으로 온통 뒤덮여 있는 동안 정말로 아무것도 하지 말아야 했다. 물집이 딱지가 되어 결국 떨어져나가 그 자리에 새살이 돋았다.

검진 의사가 차후진찰을 하는 동안 그에게 말했다.

"별로 크게 놀랄 일이 아닙니다. 엄청난 상실을 겪고 병에 걸리는 환자들을 저는 자주 봅니다."

그의 몸은 모든 것을 그만두고 슬퍼하는 것 외에는 어떤 선택권도 그에게 주지 않았다. 그것은 좋은 현상이었다. 이처럼 몸이 준비도 되기 전에 당신이 빨리 움직여버리면 몸은 당신에게 말할 것이다. 사랑한 이에게 쏟았던 놀라운 배려를 건강한 방법으로 당신의 몸에게 전부 그대로 옮기는 것이 훨씬 나을 것이다. 죽어가는 사람은 살아갈 사람을 걱정하기 때문에 이것은 그가 원하는 방법일 것이다.

자신을 돌볼 시간을 가져라. 만일 병이 나면 그것은 당신의 몸이 '속도를 늦추라'라고 말하는 수단이 된다. 집에서 주말을 보내거나 종일 침대에 누워 있고, 심지어 몸이 해달라는 대로 다 해주는 하루가 필요할 것이다.

당신 자신을 돌보라.

해야 할 일이 너무도 많다. 전화로 부고를 전하고, 장례식 계획을 세우고, 행사 준비 등⋯⋯. 많은 사람에게 이 바쁘다는 느낌은 축복이다. 당신의 시간을 위해 이보다 훌륭한 것이 있겠는가? 만일 가만히 앉은 채로 공허감을 느낀다면 그것은 감당하기 힘들 것이다. 그래서 다들 끝내야 할 일들을 몰두해서 한다. 그것이 우리가 생각하는 최고의 방법이며 사랑한 이를 기릴 수 있는 방식이기에 장례식을 잘 마무리하길 원한다. 장례식은 꼭 치러야 하며 부수적인 모든 일을 처리해야 한다. 바쁜 것을 낙으로 삼아라. 그것은 슬픔의 과정 중에 절대 필요한 부분이다.

마치 가상 무서운 인생의 롤러코스터에 올라탄 기분으로 많아진 할 일에 어떤 이는 다급하다. 감정과 일로 인해 자신이 떠밀려지고 서두른다는 느낌을 받는다. 때로는 장례식 자체가 그런 기분을 느끼게 만들기도 하고 때론 운송 문제, 숙박문제, 조문객, 식사문제 같은 부수적인 것들에 의해 그런 기분이 들기도 한다. 그것이 무엇이든 긴장을 늦추고 시간을 가지라. 장례식에는 상실의 지지대가 되어주는 것들이 풍부하다. 이런 과정을 겪으면서 급하게 서두르려고 하지 말라. 장례식은 그것에 의미를 찾고 고통을 드러내고 함께 나눌 방법을 찾기 위해 의도된 것이기 때문이다. 장례식을 치르면서 속도를 내면 그 기회를 놓쳐버릴 수 있다.

주디스는 프랭크의 장례식의 모든 것이 정확하고 순조롭게 진행되기를 원했다. 그녀는 계획을 세웠고, 모든 것이 각자 위치에 있었지만 장례식 당일 날 그것을 두세 번씩 확인하느라 정신이 없었다. 접대실은 준비가 잘 되었나? 음식은 제시간에 도착하는가? 심지어는 연회업체에 네 번씩이나 핸드폰을 해서 빠짐없이 완벽하게 준비됐는지를 확인했다. 하지만 그녀의 언니 엘로이즈가 도착했을 때, 그녀는 주디스의 상태를 살폈다. 장례식은 우리를 도와주기도 하지만, 그것을 준비하면서 허탈감이 느껴지게도 한다. 엘로이즈는 주디스를 이미 완벽하게 준비된 일에서 떼어놓으려고 노력했지만 그녀는 잠시라도 혼자 있으려고 하질 않았다.

주디스를 혼자 있게 하려고 마지막 시도를 하면서 엘로이즈는 말했다.

"조문객을 위한 배치도가 급선무야."

주디스는 배치도에 대해 의논하길 원치 않았다. 엘로이즈는 동생이 슬픔의 과정 속에서 이날의 특별함을 이해할 수 있기를, 그리고 장례식을 준비하는 일은 이미 마무리가 됐음을 깨달을 수 있게 도와주고 싶었다.

엘로이즈는 동생의 손을 잡으며 말했다.

"프랭크를 위해 장례식이 순조롭게 진행되길 네가 얼마나 원하고 있는지 잘 알고 있어. 장례식은 잘 치러질 거야. 설사 약간의 문제가 생기더라도 우린 그걸 잘 헤쳐 나갈 거야. 하지만 더 중요한 건, 주디스, 이 행사는 프랭크를 위해 그리고 너를 위해 여기 있는 사람들이 다같이 모일 수 있는 자리며 유일한 시간이야. 여기 조문객 중에 30퍼센트는 계속 볼 사람들이지만 대다수는 네가 다시 볼 수 없는 사람들이야. 하지만 오늘 이분들은 자신의 슬픔과 네 슬픔을 함께 나누려고 이곳에 온 거야. 프랭크에 대한 사랑을 숨김없이 그리고 조심스럽게 꺼내는 날이지. 넌 슬플 거고, 남은 인생 동안 거의 혼자일 거야. 난 네가 많은 사람들과 모두 같이 애통할 기회를 가질 수 있는 이 기회를 놓치는 걸 보고 싶지 않아."

주디스는 그제야 하던 일을 멈출 수 있었고 장례식을 온 마음으로 느끼며 슬픔을 나누었다.

사람들이 신속하게 행동하는 것처럼 보일 것이다. 죽음이 너무 서둘러 온 것 같기 때문에 때론 모든 걸 급히 해치워야 할 것 같다.

다음 순간으로 얼른 넘어가려고 애쓰거나 장례식의 세부적인 일들을 신속히 처리하려고 할지도 모른다. 또는 너무 다급하게 결정을 지으려고 할지도 모른다. 하지만 빠르다고 느껴지는 것이 아니라 옳다고 느껴지는 것을 할 필요가 있다. 장례식은 당신에게 의미 있는 것이고, 장례식 준비를 신경 써야 하겠지만 "숨 좀 돌리게 잠시 쉬어야 될 것 같아요. 잠깐이면 되요"라고 말해도 괜찮다.

자신의 감정들을 느끼고 그것을 경험할 시간을 가지라. 친구들이 돕게 놔두고 도와준다는 제안을 거절하지 마라. 그대로 잠시 시간을 가지라. 누군가 안부를 물을 때 자동적으로 "좋아"라고 말하지 말라. 그 대신 "너무 힘든 시간을 보내고 있어, 날 확인해줘서 고마워" 또는 "도움이 필요한데 어떻게 부탁해야 할지를 모르겠어"라고 대답할 수 있다.

거의가 "지금은 괜찮은데, 한 달 후에 다시 날 체크 좀 해줘"라고 말하는 데 익숙해 있지 않다. 도움과 지지와 사랑을 받도록 두라. 만일 개인적으로 특별히 전화하고 싶거나 혼자서 개인적인 일을 하길 원한다면 좋은 현상이다. 만일 당신이 그렇게 못한다면 친구나 가족의 도움을 허락하라.

올리브는 아내 라우렌이 죽었을 때, 퇴근 후 친구들과 식구들의 저녁 초대를 전부 받아들였다. 친구가 토요일에 골프 치자고 하면 무조건 좋다고 했다. 여동생이 일요일에 아침 겸 점심식사를 하자고 하면 그는 그곳에 나갔다. 그는 계속 바빴고, 항상 할 일이 많아 보였다. 그래서 친구들은 그가 전처럼 활동적이고 생활에 잘 적응하는 걸 보고 기뻐했다. 전혀 의심의 여지가 없었다.

하지만 한 달이 지나자, 올리브는 모든 초대를 거절하기 시작했다. 한 친구가 걱정이 되어 올리브에게 물었다.

"갑자기 왜 우리에게 등을 돌리려고 하지? 내 아내는 네가 사람들이랑 계속 교제하는 게 중요하다고 했어. 우린 네가 잘 이겨내고 있다고 생각했었어."

올리브는 대답했다.

"처음에는 늘 정신없이 바쁠 필요가 있었지만 이젠 그냥 집에 있으면서 아무것도 하지 않아도 될 만큼 충분히 강해졌어. 고립된 것처럼 보이겠지만, 이젠 내가 천천히 가야 할 시간이야."

친구들과 계획을 세우기 시작할 때라면, 자신에게 맞는다고 느끼는 걸 그리고 사랑한 이가 분명 원할 거라고 느껴지는 일을 하라. 만일 도움이 필요하다면 가족, 친구, 이웃, 병원의료진들에게 또는 납골당, 교회, 혹은 회당에게 안내를 부탁하라. 그들이 의무감에서 하는 말들을 주의 깊게 듣고 나서, 당신에게 효과가 있는 것은 취하고 나머지는 버려라. 모두를 다 기쁘게 해줄 수는 없다. 자신에게 맞지 않다고 여겨지는, 또는 사랑한 이를 추모하는 것이 아니라고 여겨지는 사람이나 사물에 휩쓸리지 마라.

할 수 있는 최상의 것을 하고 그것으로 충분하도록 하라. 만일 필요하다면, 반드시 혼자만의 시간을 가지라. 그리고 필요하면 반드시 회사에게 부탁하라.

원한다면 언제든 그리고 어디서든 울어라.

마음 안에서 많은 일들이 일어나고 있는 동안 밖에는 할 일이 무수히 많이 기다리고 있다. 그 중 하나가 사랑하는 이의 옷을 정리하는 것이다. 다른 하나는 그 옷을 어떻게 해야 할지를 결정하는 일이다. 이 일은 세상에서 가장 힘든 일처럼 느껴진다. 누군가의 유품을 정리한다는 것은 그 사람이 사라져버렸다는 사실과 정면으로 마주하는 것이기 때문이다. 만일 그가 살아 있었다면, 사생활 침범인 것 같아 그의 물건을 뒤지지 않았을 것이다. 특히나 안경과 신발 그리고 옷가지는 가혹한 현실을 받아들이도록 강요하는 것들이다.

누군가의 물건을 하나씩 정리하면서 드는 기분은 참담하고 아마 견딜 수 없을 것이다. 옷자락을 얼굴에 가져다 대고 하나씩 만져봄으로 그의 얼굴과 함께했던 순간들, 그리고 그가 좋아했던 것들 그리고 싫어했던 것들이 떠오른다. 시계와 반지, 보석을 보며 그의 스타일과 성격이 연상된다. 무엇보다도 남겨진 그의 옷과 소지품은 우리의 삶에 그가 사라져버렸음을 되새겨준다.

충분히 강해졌다고 생각할 때 이 일을 시작하라. 만일 애정 깊은 누군가가 옆에 있어주는 것이 도움이 될 것 같으면, 친구나 가족들에게 함께 그 일을 해줄 수 있는지 물어보라. 사랑한 이의 유품을 차마 마주 대할 수 없다면, 가족이나 이웃에게 부탁하라. 사랑한 이의 옷가지를 정리하는 걸 누구나 다 원하는 게 아니며, 지금까지 겪은 일로 충분하다고 여길지도 모른다.

그리고 사랑한 이의 유품을 하나씩 살펴보고 싶어도 그럴 시간이 없을지도 모른다. 제한 범위 안에서 그 일을 하고, 시간이 촉박하다고 느껴지면 도움을 받으라. 또한 아직은 버릴 때가 아니라고 여겨지는 유품들은 간직해도 된다.

어머니가 돌아가신 후, 다른 주에서 살고 있는 딸이 어머니의 아파트 짐을 정리하기 위해 왔다. 옷장을 정리할 차례가 되었을 때, 그녀는 자신이 서두르고 있다는 느낌이 들었다. 그래서 어머니 옷가지들을 몇 개의 여행 가방에 집어넣었다. 옷가지들을 집으로 가져온 그녀는 혼잣말을 했다.

"어머니 옷을 버리기엔 아직 이르군."

그리고 며칠이 지난 어느 날, 그녀의 다소 기분이 누그러지고 느긋해졌을 때 한가한 시간을 골라 옷을 정리했다. 자신 앞에 놓인 일이 단순히 개인의 물건을 정리하고 분배하는 것 이상의 일이라는 것을 깨달았다. 방과 집안의 물건, 옷장, 서랍을 구석구석 살펴보는 것은 그 무엇보다 더 큰 의미가 있었다. 깊은 애정으로 보살피고 소중히 여겼던 사람을 연상시키는 실질적인 물건이었다. 어머니의 소지품들, 즉 삶 속에서 어머니의 존재를 확실히 생각나게 해주는 물건과 함께 시간을 보낼 수 있어서 기뻤다.

친구나 가족들이 이따금 "그 사람 자전거나 요리책을 내가 가져도 될까? 그게 필요한데"라고 말할 때 몹시 모욕감을 느낀다. 남겨진 존재라고 여겨지는 그 물건들은 사랑한 이의 소중한 일부이다. 사실 그 소지품들은 저마다 이야기를 가지고 있다. 남들은 알 수 없는 오직 자신만이 알고 있는 추억들이다. 여기 그가 제일 많이 입었던 양복이 있다. 여기 그녀가 앉아서 TV를 보았던 의자가 있다. 리모콘이나 소설책으로 난무했던 침대 옆 작은 테이블이 어떻게 갑자기 다른 용도로 쓰이게 됐는지 등등 많은 추억이 담겨져 있다.

사랑한 이가 들었던 음악을 한 곡씩 들어보는 것은 그의 삶을 생생하게 떠오르게 한다. 그것은 다소 겁이 나고 벗어나고자 하는 전율로 느껴지는 장면들이다. 그런 반면 음악과 함께 추억이 떠오르는 걸 원할지도 모른다. 대개 이 두 가지 현상이 동시에 일어나는 과정은 우리의 존재와 사랑한 이의 존재만큼이나 다양하다.

베티는 큰 갈색 눈망울과 '우리 할머니였으면' 하고 바라게 만드는 미소를 가진 사랑스런 할머니였다. 그녀는 결코 빈손으로 누군가의 집을 방문해본 적이 없고, 그녀의 집을 방문하면 누구든 꼭 선물을 받는다. 큰 건 아니지만 당신에게 딱이다 싶은 물건을 옆에 가만히 놓아둘 것이다. 또한 베티는 자신만의 원칙이 있었다. 더러운 얼룩이 그대로 있는 채로, 그리고 다리미질도 하지 않은 채로 물건을 자선단체에 넘겨주는 법이 없었다. 바지에 단추가 하나 빠져 있으면 단추를 꼭 달아주었다. 그리고 지갑이나 손가방을 줄 때는 행운을 위해 그 안에 1페니를 반드시 넣어주었다.

아들 그레그와 며느리 니콜은 어머니가 1페니를 늘상 건네면서 많은 사람들을 부자로 만들어줬다며 농담을 하기도 했다. 니콜의 친어머니가 5년 전에 죽은 이후로 베티는 니콜에게 시어머니 이상의 존재였다. 베티는 1페니를 발견할 때마다 천국에서 누군가 자신을 생각하고 있는 거라고 니콜에게 말하곤 했었다. 만일 베티에게 그것에 대해 묻는다면 그녀는 〈하늘에서 떨어지는 행운〉이라는 노래를 부를 것 같았다. 하지만 니콜과 함께 있을 때 1페니를 발견하면 그녀는 "이것은 네 엄마에게서 온 거란다. 엄마가 널 생각하면서 천사처럼 너를 지켜주고 있구나."라고 말하곤 했다.

베티가 죽은 후 그레그와 니콜은 그녀의 아파트를 정리하고 그녀의 유품들을 자선단체에 기부했다. 물건을 전달하기 전에 전부 깨끗이 씻어 가능한 보기 좋게 만들어야 한다고 생각했기 때문인지라 그건 쉬운 일이 아니었다. 그레그는 어머니의 유품을 정리하면서 어떤 것은 간직하고 어떤 것은 기증할지를 결정하는 것이 퍽 어렵다는 걸 알게 되었다. 그는 옷장에서 니콜이 베티에게 생일 선물로 준 악어가죽 핸드백을 발견했다. 선물을 준 니콜과 선물을 받은 베티 두 사람 모두 그것을 얼마나 좋아했었는지 기억하고 있었다. 그레그는 니콜에게 그것을 다시 돌려주기 위해 옆에 놓아두었다.

베티의 유품 정리가 다 끝난 후, 그레그는 그 악어가죽 핸드백을 꼼꼼하게 닦았다. 거꾸로 뒤집어 안에도 구석구석 깨끗이 문지르고 나니 새것처럼 보였다. 상자 안에 넣어 포장을 하고 리본을 묶기 전에 작은 열쇠를 넣는 칸에 1페니를 넣는 것으로 마지막 마무리를 했다.

니콜의 다음 생일까지 그것을 숨겨놓았다. 그리고 몇 달이 지난 어느 저녁 무렵 그레그는 생일선물로 그녀에게 아름다운 목걸이를 선사했다. 저녁 식사를 끝내고 니콜은 눈물을 글썽이며 어머니가 너무나 보고 싶다며 말했다.

"우리 어머니들도 천국에서 지금 분명 우리를 생각하고 계실 거예요."

그레그는 번뜩 핸드백이 생각났다. 그는 말했다.

"잠깐만, 당신에게 줄 선물이 하나 더 있어."

그녀에게 선물상자를 건네주며 한마디 덧붙였다.

"어머니께서 당신이 이걸 가지길 원하실 거야."

니콜은 핸드백을 보고는 몹시 기뻐했고, 여분의 작은 열쇠 칸에 넣어 둔 2페니를 금세 발견했다. 그레그는 얼굴이 하얗게 질려서는 말했다.

"난 딱 1페니만 넣었는데. 그걸 닦으면서 내가 얼마나 구석구석 살폈는지 당신 모를 거야. 내가 1페니를 넣어두기 전까진 거기에 페니가 한 개도 없었다는 걸 맹세코 말할 수 있어."

니콜은 그레그의 손을 잡으며 말했다.

"당신 어머니는 1페니를 발견할 때마다 내 어머니가 천국에서 날 생각하고 있다고 말씀하곤 했어요. 당신 어머니 두 분이 우릴 또 함께 지켜보고 있다는 것을 내가 알길 원하시는 것 같아요."

사랑한 이의 옷과 유품을 다루는 의식은 슬픔을 쉽게 진행되게 만들어주며, 우리가 상실의 현실을 어느 정도 받아들일 수 있도록 도와준다. 달리 옷을 구할 수 없는 사람들에게 옷을 나눠주는 대단치 않은 선행은 이 세상에 사랑한 이의 선한 기운을 영원히 남길 수 있는 방법 중 하나다. 부엌 그릇 세트와 스페셜 자기들은 한 세대에서 다른 세대를 연결하는 고리가 된다. 어머니가 가장 좋아했던 스카프나 남편이 즐겨했던 넥타이는 그와 함께했던, 그리고 언제나 그를 연상케 하는 특별한 감정을 살아나게 해줄 특별한 유품이다.

7 슬픔에 '종결'은 없다는 것을 알라

ⓒ Carsten Bockermann

수시로 그와 관련된 기념일이 돌아올 때마다, 그간 네가 힘들여 꼭꼭 눌러두었던 슬픔은 여지없이 또 분출될 거야. 그러나 기억해. 어떤 경험을 하든지 그 안에는 늘상 슬픔이 웅크린 채 숨어 있지. 애석하게도, 죽음에는 쉬어가는 기념일이 단 하루도 생길 수 없거든.

'명절은 사랑한 이와 함께 보내는 시간이다'라고 어릴 적부터 머릿속에 깊이 새겨둔다. 가족마다 명절을 즐기는 전통이나 특별한 방식을 가지고 있다. 커가면서 그것을 더 새롭게 하거나 우리 방식대로 만들어가기는 하지만 명절을 어떻게 보내는가에 대해 처음으로 각인된 생각은 대개 다음 세대 그대로 이어진다.

명절은 우리 삶에 시간의 경과를 하나씩 표시해준다. 그것은 서로가 공유하고 있는 중대 사건들의 일부이며, 대체로 가족과 함께 보냈던 시간들이다. 명절은 평범한 일상에 의미를 주며 우리는 그 날에 많은 의미를 심어둔다. 하지만 명절은 가장 사랑한 사람과 함께 하기 위한 날이기도 하기에, 사랑한 이를 잃은 사람은 그 시간을 어떻게 극복할 것인가? 사랑한 이가 평소보다 더 죽도록 보고 싶을 때, 그것은 가장 견디기 힘든 슬픔이 될 것이다.

아무도 없는데 어떻게 함께함을 축하할 수 있겠는가? 특별한 누군가를 잃었을 때, 당신의 세상은 축하할 본질을 잃은 것이다. 명절은 단지 상실을 더 확대시킬 뿐이다. 슬픔은 더 슬프게 느껴지고 외로움은 더 깊어진다. 명절 내내 누군가에게 기대고자 하는 마음이 가장 절실할지도 모른다.

그런데도 명절이 원래 없었던 것처럼 아예 무시하는 게 맞는 거라고 여기는 사람도 있다. 아무 의미 없이 뭔가 해보려는 시도는 무의미해 보인다. 오히려 극적인 외로움이 될 수 있다. 그러니 일 년 동안 이날들을 무시해도 되지 않을까?

베리 퍼킨스는 배우인 남편 안소니 퍼킨스가 죽었을 때 십대의 아들에게도 슬퍼할 공간을 주어야 한다는 걸 알았다. 남편이 죽은 후 베리와 아들은 다른 가족들처럼 여전히 가정을 잘 꾸려가려고 노력했다. 운이 좋게도 베리는 매우 직관적이어서 뭐든 효과가 없다는 걸 알았고 다만 슬퍼할 수 있는 공간이 필요하다는 것을 깨달았다.

"명절은 가족만큼이나 우리에게 무척 중요했는데, 갑자기 거기에 거대한 구멍이 생겼지요. 명절은 죄다 남편이 이곳에 없다는 것을 상기시켜주는 폭격이며 늪이었어요. 연휴를 즐겨보려고 노력했고, 늘상 해왔던 방식대로 해나갈 수 있을 거라고 생각했어요. 하지만 전에 항시 했던 그대로, 즉 남편이 있을 때처럼 할 수 없다는 걸 금세 깨달았어요. 그렇게 하는 건 정말 견디기 힘들고 슬플 뿐이었어요. 남편이 죽고 처음 맞는 크리스마스 땐 그럭저럭 잘 넘겼어요. '좋아. 이 일을 할 거야'라고 생각했기 때문이죠. 두 번째 크리스마스 때, 우리는 트리를 세웠지만 장식을 다는 데는 일주일이나 걸렸어요. 즐겁게 보내려고 애쓸 필요 없이 우리에겐 슬퍼할 시간이 필요했죠. 우리 둘 다 정말 슬펐어요. 그래서 당분간은 크리스마스로부터 벗어나 휴식을 갖기로 서로 동의하게 됐죠. 크리스마스로 다시 돌아올 때를 결정했고, 새로운 전통을 시작할 수 있었어요."

베리는 자신과 아이들이 한껏 슬퍼하는 와중에는 즐거운 연휴인 척하며 버티지 말아야 한다는 걸 알았다. 그들에게 맞는 게 뭔지 알았고 아이들에게 자신의 감정을 존중하라고 가르쳤다. 휴식과 치유의 시간을 가진 후에 베리와 가족들은 연휴를 다시 즐길 수 있게 되었다. 과거에 했던 방식이 아닌 새로운 방식으로.

베리 퍼킨스는 현명한 여자였고, 그녀가 9·11 테러에 납치된 비행기 중 한 대에서 사망한 것은 끔찍한 운명의 엇갈림이었다. 다행스럽게도 그녀가 두 아들에게 가르쳐주었던 슬픔의 교훈은 그들이 겪은 두 번째 비극에서도 잘 극복할 수 있도록 도와주었다.

슬픔에 잠긴 또 다른 이들에게 연휴를 연휴답게 잘 보내는 것은 삶은 계속되고 있음의 상징이 된다. 그들에게 연휴를 즐기는 일은 다른 사랑한 이와 함께하며 혼자라는 기분에서 벗어나는 시간이다. 의미를 찾고 잃어버렸던 모든 것을 비춰보는 시간이기도 하다.

사람들은 이런 특정 기념일을 지키지 않는 것도 어렵지만 지키는 시늉을 하는 건 더더욱 원치 않는다. 상실에게 시간과 장소를 내줌으로 상실과 기념일이 하나가 되게 할 수도 있다. 식사 전 기도는 사랑한 이를 포함시킬 것이다. 그녀를 위해 촛불을 켠다. 사랑한 이를 의식하는 작은 몸짓은 가슴 한 곳에 그가 영원히 존재하고 있음을 드러낸다. 어떤 이는 처음부터 기념일에 참여하지 않기로 마음먹고 상실과 함께 혼자만의 시간을 갖는다. 자신의 상실을 위해 시간을 내고 그것을 인정하는 것이 저항하는 것보다 더 편할 때도 있다.

때론 사랑한 이의 죽음이 특정한 기념일로 이어지기도 한다. 가령 발렌타인데이 혹은 어버이날이 다가올 때 그의 죽음을 기억한다. 부활절 직후나 마지막 유월절에 그의 죽음을 결코 잊을 수 없다. 그 사람이 7월 4일 독립기념일 가까이에 죽었을지도 모른다. 이후 그 기념일은 결코 예전과 같을 수 없다. 기념일은 빨간 표시가 되어 있어서, 사랑한 이가 그날쯤에 죽지 않았을지라도 그들의 마지막 추수감사절이나 마지막 크리스마스를 늘 돌이켜 보고 회상한다. 그에겐 마지막 기념일이 될 거라는 걸 이미 알았던 사람도 있고 그렇지 않은 사람도 있다. 어느 쪽이든 과거에 기쁨으로 가득했던 기념일은 애도의 시간으로 변해버린다.

열여섯 살의 에이미는 1월 1일 새해를 맞이하기 바로 전날 엄마 방으로 갔다. 오랫동안 신장병으로 투병하고 있는 엄마에게 새해 인사를 했다. 에이미는 엄마 귀에 대고 속삭였다.

"이번 해는 신장 이식을 받으실 거예요."

그러나 엄마는 사흘 후에 세상을 떠났다. 만일 엄마가 살아 있었다면 신년마다 엄마가 생각날 수도 있고 아닐 수도 있었다. 하지만 엄마가 죽는 순간부터 그녀의 죽음과 기념일은 영원히 연결되었다.

기념일은 전통을 검토하는 시간이며 자신이 원하는 것을 결정짓는 시간이다. 어떤 이에게 기념일에 경험한 변화는 일시적인 반면 다른 이에게는 영원하다. 마리는 항시 휴가를 보내고 남편과 찍은 사진을 넣어 카드를 보내곤 했다. 하지만 남편이 죽은 후로 그녀는 그 전통을 쭉 이어가길 원치 않았다. 사실, 좀 더 엄밀히 생각해보면 그 일은 즐거웠던 기념에 해당되지 않았다. 몇 년 전에 재미로 시작했지만 사실 남편이 죽기 전부터 이미 그 재미를 잃었다. 마리에게 슬픔은, 의미를 잃었던 전통에서 벗어날 수 있는 기회를 제공해준 것이다.

누군가에게 슬픔은 모든 걸 처음부터 다시 재조정하는 시간이 될 수도 있다. 50대 초반의 교사인 조이스는 남편을 잃고 난 후 기념일이 되면 쭈그리고 앉아 있는 일부터 시작했다.

"슬픔은 내게 기념일에서 즐겼던 부분과 그렇지 않았던 부분을 진지하게 평가하도록 만들었어요. 만일 내가 기념일 계획을 다시 짠다면, 옛 방식을 선택하지 않으리라는 걸 알게 됐어요. 아마 난생 처음으로 그것을 나만의 기념일로 만들기 위해 시간을 가졌어요."

슬픔 속에서 기념일을 다루는 올바른 방법 또는 잘못된 방법이 딱 정해져 있는 것은 아니다. 자신에게 무엇이 적합한지를 결정하고 그것을 실행해야 한다. 당신은 마음을 바꿀 수 있는 모든 권리를 가지고 있다. 그것이 수차례나 반복되더라도. 친구와 가족들은 기념일 동안 당신을 어떻게 도와야 할지 갈피를 잡지 못할 수도 있다. 그것은 당신도 마찬가지일 수 있다. 만일 자신에게 적합한 방법을 안다면, 주변사람에게 정확하게 그 방법을 전하라. 예를 들어, "이번 해에는 가족 저녁상을 차리는 책임을 지고 싶지 않아요"라고 말할 수 있다. 그런가 하면 반대로 그 일을 계속적으로 하는 것이 더 나을 수도 있다.

꼭 사람들에게 알려주라. 사랑한 이에 대해 말하길 원한다고 말하라. 또는 상처가 아직 가시지 않았기에 원하지 않는다고 알려주라. 자신의 요구를 따르기 위해 뭔가 변화시키는 걸 두려워하지 말라. 사람들은 기념일 동안 이따금 하고 싶지 않은 일에 몹시 끌려다닌다고 느낀다. 그러니 당신의 요구를 알리는 기회로 삼아라.

사람들은 너무 많은 변화를 겪어왔기에 늘 해왔던 대로 휴가시즌을 보내고자 한다. 빌은 아내가 살아있을 때 두 사람을 위한 크리스마스의 즐거움을 충분히 느꼈기에, 그녀가 죽은 이후로 한 사람을 위한 크리스마스의 즐거움이란 애당초 불가능했다. 어떤 시도든 자신을 더 악화시킬 뿐이란 걸 알았고, 그래서 기념일이 되면 알래스카로 여행을 가곤 했다. 그는 말했다.

"난 환경의 변화가 필요했어요. 항상 알래스카를 보기 원했고 새로운 장소의 탐험을 실현할 수 있을 것 같았어요. 한편으론 아내가 없는 집에서 크리스마스와 새해를 감당할 수 없었으니까요."

기념일을 다시 즐길 수 없을 거라고 느끼는 것은 매우 당연한 일이다. 분명 그날이 예전과 같을 순 없다. 하지만 때가 되면, 기념일의 새로운 형태가 마음 안에서 자라나면서 다시 그 새로운 전통 안에서 의미를 찾을 수 있다.

사랑한 이가 죽은 후, 기념일에 아무것도 하지 않으려고 결정해도 그날을 무시하기는 힘들다. 주변 사람들은 모두 당신이 기념일에 슬퍼하지 말고 행복하길 소망한다. 당신의 깊은 슬픔에도 불구하고 그 기념일은 또 돌아오기 때문이다. 사랑한 이의 크나큰 빈자리는 계속 경험할 수밖에 없다.

우린 종종 추수감사절과 크리스마스 그리고 하누카축제(기독교인들이 크리스마스를 지낼 때쯤 유대인들이 행하는 빛의 축제) 등에는 민감하게 의식하면서, 어머니 없는 어버이날이 얼마나 힘들지, 또는 아버지 없는 어버이날이 얼마나 공허할지를 잠시 잊는다. 다시는 또 다른 어머니 혹은 아버지를 결코 가질 수 없을 것이며, 그러기에 이 기념일에서 완전히 제외된 기분이 들 것이다. 사람들은 아버지 어머니가 떠나고 난 뒤에도 그분들을 오랫동안 기억하고 추모하는 방법을 찾는다. 어떤 이는 어머니 아버지가 됨으로써 부모를 존경하게 된다. 단순한 것, 즉 사랑과 애정만으로도 그들을 존경할 수 있다. 이것이 바로 부모 상실이 가진 특별한 면이다.

롭과 신디는 열일곱 살 아들이 죽고 나서부터 기념일을 축하할 수 없었다. 다음 몇 년 동안은 기념일을 누리지 못할 거라는 걸 알았다. 그래서 그들은 그 시간을 누군가에게 봉사하며 보내기로 결정했다. 추수감사절 날은 마을 노숙자 센터를 찾아가 식사를 대접했다. 크리스마스에는 동네 고아원을 위해 선물 포장을 도왔다. 결국 그들의 활동은 기대했던 것보다 많은 기여를 했고, 강력한 상실감을 덜게 해주었으며 고통과 불운 속에서 혼자가 아님을 알게 해주었다.

기념일은 사랑한 이를 잃고 항해하는 중에 만나는 단연 가장 거친 지형이다. 그것을 조종할 방향은 인간의 존재만큼이나 개인적이다. 기념일을 행하는 방식이 무엇이든 또는 어떤 것도 취하지 않더라도, 절대적으로 중요한 것은 상실을 표현해야 한다는 것이다. 기념일은 철저히 느껴야 하는 하나의 여정이다. 그것은 통례적으로 매우 슬프지만, 때로는 순조롭게 뭔가를 행하기도 하고, 심지어는 잠시 웃음 짓는 순간을 허락할지도 모른다.

어떤 경험을 하든지 그 안에 슬픔의 여지가 숨어 있다는 걸 기억하라. 왜냐하면 죽음에는 쉬어가는 기념일이 하루도 생길 수 없기 때문이다.

슬픔을 굳이 겪지 않아도, 더러 친구들과 친척들은 기념일을 어떻게 여겨야 하며, '가족'이 해야 할 것과 하지 말아야 할 것을 알고 있다고 생각한다.

이제부터는 전보다 더 자기 자신에게 부드러워지고 자신을 보호하라. 자기 자신이 원하는 것 이상을 하지 말고, 자신의 영혼과 상실에 도움이 안 되는 일은 어떤 것도 행하지 말라.

슬픔은 밖으로 표현되어야 한다. 고통과 슬픔은 오직 표현할 때만이 충분히 실감할 수 있다. 사랑한 이에게 편지를 쓰는 것은 실천하기 편하며, 단어를 밖으로 꺼내어 언제든 의사소통을 가능케 하는 수단이다. 의사소통을 상실해버린 고인이 된 그 사람에게 무슨 말을 써야 하며 심지어 왜 편지를 써야 하는가?

기억나는 만큼 멀리 과거를 돌아보면, 편지쓰기는 "우리 여기 있어요"라고 말할 수 있게 도와주는 도구가 된다. 역사적 관점에서 보더라도 민족의 존재를 알리는 것은 역사 기술에 의해서이다. 예로부터 편지쓰기는 다른 지역 사람들과 의사소통을 하기 위해 만들어졌으며 아마도 미래 세대와도 의사소통하기 위해서였을 것이다. 하지만 그것은 늘 연결되고자 하는 열망에 의해 시작되었다. 그 열망은 깊은 결합이 깨져버릴 때 가장 격렬해진다.

아멜리아는 동생 리디아가 몹시 그리울 때마다 하던 일을 멈추고 그녀에게 편지를 썼다. 경우에 따라 한 문장의 메모일 때도 있고 어떤 땐 다섯 페이지 분량일 때도 있었다. 시간이 지나면서 그녀는 무의식적으로 편지 안에서 슬픔의 다섯 단계를 거의 통과했다. 처음 편지에서는 부정에 관한 것이었다. 리디아가 사라진 사실을 믿는 것이 얼마나 감당하기 힘들었는지, 리디아가 긴 휴가로 분명 잠시 자리를 비운 것 같다는 내용들이었다.

그런 다음 그녀 없는 삶이 어떤지, 자신을 이 세상에 홀로 놓고 떠난 것이 얼마나 화가 나는지에 대해 통렬하게 비난의 말을 써내려갔다. 노후를 어떻게 함께 맞이할 수 없는지에 대한 낙담한 심정과 동생의 치료에 '만약 그랬었다면 어떻게 됐을까?'라는 의구심들을 썼다. 하지만 결국 리디아가 정말 떠나버렸고 다시는 돌아오지 않는다는 것을 인정하는 지점까지 도달했다. 그리고는 동생의 죽음을 결국 받아들이지만 그 받아들임 또한 조금도 내키지 않는다는 글을 썼다.

아멜리아에게 편지쓰기는 단지 상실감을 밖으로 표출하는 것만이 아니었다. 그것은 슬픔을 가시게 하는 형식이자, 슬픔의 단계를 넘는 가장 효과적인 탈출구였다. 그녀는 다만 종이에 슬픔을 썼을 뿐이었다. 몇 해가 지나 그녀는 자신이 쓴 글귀에서 자신의 슬픔과 치유를 보는 것이 이젠 거북스럽지 않았다. 또한 그것은 그녀가 느끼고 잃었던 모든 것에 영원한 증언이 되었다. 그녀의 고통과 치유의 기록이었다.

편지쓰기는 홀로 서 있는 세상에서 외로움의 훌륭한 친구가 된다. 많은 사람들이 사랑한 이를 상실하고 자신의 감정에 대해 편지를 쓴다. 어떤 이는 다른 사람의 반응을 신경 쓰지 않고 자신의 감정을 담기 위해 슬픔의 여행 안에서 편지를 써내려간다. 어떤 면에서 편지쓰기는 우리 안에 있는 것을 구체화시킨다. 이 순환적인 생각들은 펜과 종이 또는 키보드와 마우스를 이용해 탈출구를 찾을 수 있다. 묵언의 치유가 일기를 쓰는 동안 찾아오듯이, 편지쓰기는 말하는 것보다 훨씬 기분 좋은 일이다. 다른 의사소통 수단에서 발견할 수 없는, 느끼기에 따라 글을 쓰는 동안 자신의 내면의 목소리를 발견할 수 있다. 또한 편지를 써나가며 끝내지 못한 일을 끝낼 수도 있다.

인간은 너무 많은 기억과 감정, 희망과 꿈, 식견과 반응, 그리고 질문들로 가득 차 있다. 이들이 원하는 건 단지 밖으로 나가서 자신들의 적절한 장소를 찾는 것이다. 문자로 된 말은 이들의 말투일 수도 있다.

이따금 우린 말하지 못한 말을 남겨 놓았기 때문에, 문자로 된 말은 사랑한 이에게 전해지는 하나의 전달문이 될 수 있다. 죽음은 의사소통의 끝이 아니며, 가슴 안에 할 말이 담겨져 있다면 사랑한 이는 그들 가슴 안에서 그것을 느낄 것이다.

사랑한 이가 떠나버린 후에라도 그에게 편지를 쓰라. 당신이 어떻게 지내고 그들을 얼마나 그리워하는지 말하라. 자주 찾아가는 것이 불가능할 때는 편지가 멀리 떨어진 무덤까지 대리 여행을 할 수도 있다. 만일 무덤 앞에 있었다면 했을 말들을 편지로 옮기라. 다음에 사랑한 이의 무덤을 찾았을 때 지금껏 쓴 편지를 다 모아 그에게 읽어주면 그 편지들이 결국엔 당신을 위한 것이었음을 깨닫게 될 것이다.

사랑한 이와 서로 주고받았던 옛 편지와 카드를 읽으면서 당신은 위로받는다. 사랑한 이가 당신을 위해 시간을 들여 의자에 앉았고, 오직 당신을 위해 글을 썼다는 명백한 증거인 바로 이 편지에는 특별한 힘이 있다. 편지는 우리를 위로해주며 종종 자신 안에서 헤어나올 수 있게 해준다. 누군가 존재했었다는 증거는 그 사람이 쓴 글씨에 남겨진다.

자기 자신을 표현하기 위해 편지를 쓰지만 때때로 뭔가를 묻기 위해 편지를 쓸 수도 있다. 과연 죽은 사람에게서 답장을 받을 수 있을까? 흥미 있는 결과를 발견하게 되었는데 그 한 가지 기법은 주로 사용하는 손으로 사랑한 이에게 편지를 쓰는 것이다. 그 다음 새 종이 한 장을 준비해서 잘 사용하지 않은 다른쪽 손으로 그에 대한 답장을 쓴다. 예를 들어 오른손잡이라면 잘 쓰지 않은 손은 왼손이 될 것이다.

미리암은 어머니가 돌아가신 뒤에도 그녀를 몹시 그리워했다. 미리암은 교육관련 대기업에 전략 기획가로 일했다. 자신의 안식처로 의지해온데다 대화의 장이었던, 매주마다 어머니와 함께했던 일요일 친목 시간이 너무나 그리웠다. 미리암은 어머니에게 편지를 쓰기로 마음먹었다. 평상시 했던 대로 오른손으로 편지를 쓰고 어머니에게서 답변을 받기 위해 왼손을 사용해 답장을 쓰곤 했다.

첫 번째 편지에서 미리암은 어머니와 이야기 나누길 얼마나 그리워하는지, 회사가 얼마나 바쁜지, 그리고 일이 어떻게 잘 진행되는지에 대해 편지를 썼다. 그 밖에 어머니가 더 이상 아프지 않고 고통스럽지 않아 안심이 된다고 덧붙였다. 하지만 여전히 지독한 공허함을 느꼈다. 그녀는 슬픔의 과정에 대해 다소 냉소적이었지만 진심으로 편지를 쓰는 일이 나쁠 건 없었다.

이윽고, 잘 사용하지 않은 손으로 연필을 옮겨 답장을 쓰기 시작했을 때 편지가 술술 잘 써내려가는 것이었다. 어머니는, 나는 잘 있으며 당신 역시도 미리암이 몹시 보고 싶다며 달래주었다. 그리곤 계속 말을 이었다.

'나 역시도 우리가 보냈던 일요일이 그립고 토론했던 일들도 그립단다. 근데 그렇게 한 또 다른 이유가 있었지. 네가 도통 잘 먹질 않아서, 그것은 널 일주일에 한 번이라도 잘 먹일 수 있는 방도이기도 했단다. 얘야, 요샌 잘 안 먹고 다니는 것 같구나.'

미리암은 회신 내용에 사뭇 놀라워했고 그것은 분명 어머니가 자신에게 쓴 답장이라고 믿었다. 그녀는 항시 미리암이 잘 먹고 있는지를 확인하는 의사이자 어머니였다. 여하튼 어머니가 지금도 이곳에 있다는 기분에, 미리암은 이제 이 세상에 혼자라는 기분이 조금 사라졌다. 어머니가 몹시 그리울 때마다 매번 종이를 꺼내 직접 편지를 쓰곤 했다.

이러한 편지쓰기는 많은 사람을 편안하게 해준다. 심지어 효과가 있을 거라는 확신이 서지 않을 때조차도.

네일과 아내 미셸은 이제 막 여덟 살이 된 아들 맥을 잃고 깊은 슬픔에 빠져 있었다. 미셸은 맥과 대화를 나누기 위해 이 편지쓰기 방식을 이용하기로 맘먹었다. 아이가 삶을 다 살아보지도 못하고 무수한 경험들을 누리지 못한 것이 얼마나 속상한지를 글로 써나가면서 그녀는 눈물을 쏟아냈다.

맥의 답장 편지에는, 이해하기 힘들지라도 그때가 자신이 떠나야 할 시간이었다고 말했다. 그리곤 후에 자신을 다시 보게 될 것이며 지금도 잘 지내고 있다고 안심시켰다. 이 상실을 이해하려면 수년이 걸릴 것이고 '더 많은 아이들'이 생기게 될 것이며, 그도 그렇게 되길 원한다고 말했다. 그녀가 더 많은 아이를 갖길 바란다는 말을 수십 번 되뇌었다.

편지를 받고 나서 미셸은 자신이 고대했던 편안한 기분을 느끼지 못했다. 아들이 잘 지낸다는 걸 알아서 좋았지만, 또 다른 아이를 생각한다는 것은 너무 이르다고 생각했다. 더구나 한 명도 아니고……. 며칠이 지나 미셸은 생리 기간을 그냥 지나쳤다. 임신 테스트기를 사용해 검사해 보고는 자신이 임신했다는 사실에 충격을 받았다.

아들을 잃고 나서 이렇게 일찍 임신이 될 가능성을 어떻게 받아들여야 할지 몰라, 진단을 받기 위해 진료날짜를 잡았다. 그 며칠 사이에 미셸과 네일은 굳이 말하진 않았지만, 맥이 죽고 바로 아기를 또 갖는 것은 시기상조라는 데 모두 동의하고 있었다. 미셸은 편지 쓸 마음이 사라져버렸다. 의사가 쌍둥이를 임신했다는 소식을 알려주기 전까지는.

그녀는 뜻밖의 소식에 웃으며 말했다.

"알겠어요. 왠지 알겠어요."

남편은 아내의 평화로움을 이해할 수 없었다. 그가 집에 도착해 맥에게서 온 (그녀가 쓴) 편지를 보며, '더 많은 아이'가 생길 거라는 말을 계속해서 반복했음을 눈으로 확인하기 전까지는.

물론 미셸이 무의식적으로나마 쌍둥이를 임신했다는 걸 알았을 것이며, 죽은 아들이 썼다기보단 그녀가 편지를 썼다고 반론을 제기할 수 있다.

핵심은 그녀가 편지쓰기를 통해 편안함을 느꼈다는 것이다. 결국 이것이 중요한 것이다.

대체로 자신의 재정에 대해서 공개적으로 말하는 것을 원치 않지만, 그것이 삶에서 중요한 역할을 맡았던 것처럼 슬픔에서도 적잖은 역할을 한다. 인간이 죽을 때는 돈을 가지고 갈 수 없지만, 재정이 너무 적거나 혹은 너무 많이 갖고 있는 것을 포함해 사후 재정 문제를 어떻게 잘 처리했느냐는 중요한 문제이다. 재정 문제를 둘러싼 감정들로 문제를 더 악화시킬 수 있지만, 사실 돈은 하나의 도구일 뿐이다. 그것은 본래 중립적인 것이지 좋은 것도 나쁜 것도 아니다. 돈을 가지고 뭘 하는가와 그것을 어떻게 인지하는가가 돈을 좋게 느끼는지 혹은 나쁘게 느끼는지를 결정한다.

앨런과 페이지는 넉넉한 살림이 아니었다. 예술가가 되는 꿈을 가진 페인트공인 20대 앨런은 일반인을 대상으로 한 대학 강의에서 위대한 이탈리아 스승들에 대해 가르치는 페이지의 수업을 들으면서 그녀를 알게 되었다. 그들은 사랑에 빠졌고 곧 결혼했다. 하지만 그들의 친구 대부분은 신혼여행을 라스베이거스로 저렴하게 갔다 왔지만, 앨런과 페이지는 이탈리아의 피렌체에 위치한 미술관들을 방문하는 게 꿈이었다. 하지만 그들은 돈을 저축해야 했다.

20대 초반에 첫 아이를 낳고 그 후 둘째, 셋째 아이를 두었다. 양육비와 집세 그리고 생활비가 그 꿈을 이루는 데 방해가 되었고, 그래서 앨런은 더욱 부지런히 페인트칠을 했다. 이탈리아가 멀리 느껴졌지만 그들은 그 꿈을 버리지 않았다.

40대가 되었을 쯤 아이들은 10대가 되었고 그들은 아이들을 대학교에 보낼 돈을 모으느라 여전히 바빴다. 오랫동안 기다렸던 신혼여행을 위한 비용의 절반이 모아졌다. 하지만 곧 그들의 꿈은 산산조각이 났다. 어느 날 앨런의 친구가 페이지의 집에 차를 몰고 와서는 그녀를 태워주었다. 하지만 바로 그날 앨런은 발판에서 떨어지는 바람에 3층에서 추락했고, 목이 부러지면서 즉사하고 말았다.

페이지는 자신이 잃은 모든 것에 억장이 무너졌다. 얼마 후 앨런의 사장이 찾아왔다. 앨런이 사고사를 당했기 때문에 보험금이 두 배가 되는데, 회사의 생명보험 정책상 그녀가 수령인이 된다는 사실을 알려줬다. 페이지는 순식간에 부자가 되었다. 이제 그녀는 원하는 피렌체를 향해 언제든지 출발할 수 있지만, 혼자서 여행을 해야 한다는 슬픈 아이러니에 잠겼다.

페이지는 그들이 함께 하기를 원했던 모든 것을, 즉 결코 이루지 못한 꿈을 애도해야 했다. 그리고 또 하나 복잡한 문제가 생겼다. 그녀는 돈을 쓸 때마다 극도의 죄책감을 느꼈다. 돈에 매인 소박한 삶을 돈에 자유로워진 부유한 삶으로 맞바꾸기에는 오직 앨런의 죽음으로만 가능하다는, 비극의 아이러니였다.

돈을 더 많이 갖고자 하는 소망은 누구나 있지만 그 돈이 죽음과 연관될 때는 감정이 복잡해진다. 사랑한 이가 죽어서도 자신을 돌보고 보호해주었다는 애틋한 느낌도 들지만, 때론 부유해진 것의 발단이 상실이었을 때는 그것을 누리기 힘들며 썩어빠진 돈처럼 느껴진다.

 이런 상황에서 헤어날 방법을 강구해야 한다. 어떤 이는 절대 돈을 쓰지 않는 방법을 택한다. 또 어떤 이는 가능한 한 최대한 빨리 돈을 써버린다. 그러나 이와는 달리, 갑작스런 돈이 생기는 건 좋지만 그것은 죽음과 맞바꿀 수는 없는 것임을 깨달으며 세상에 선행을 베푸는 데 돈을 사용하는 사람도 있다. 게다가 큰 재산이든 또는 하루하루 생활비로 족하든 상관없이 그 돈을 꾸려갈 준비를 하지 않은 사람도 많다.

 라말은 줄곧 집안의 재정을 담당했다. 그가 죽고 나서 아내 한나는 수표를 어떻게 작성하는 줄도 몰랐다. 비탄에 잠겨 있는 그녀는 예금, 수표, 자동납부에 대해 배우는 것을 원치 않았다. 그녀는 말했다.

 "뭘 해야 할지를 모르면 정말이지 하나도 저절로 되는 게 없더군요. 제일 마지막으로 돈을 관리했을 땐, 은행에서 지불수표를 작성하고 집세와 전기료를 내기 위해 수표에 이서하는 일이었어요. 그러고 나서 '자동 지불이 이행되지 않아서 돈이 다시 반환되었습니다'라는 통지를 받았어요. 그게 뭘 의미하는지 몰랐어요."

 한나의 이야기는 가정에서 오직 한 사람이 재정을 책임지고 있을 때 흔히 일어날 수 있는 일이다. 금전 문제가 어렵든 혹은 단순하든 그것은 문제가 되지 않는다. 만일 재정 관리에 익숙하지 않으면, 그것은 다만 상실을 이겨내기 더욱 힘들게 하고 슬픔의 치유를 더 오래 걸리게 만들 뿐이다. 심지어 처음부터 재정을 담당해왔을지라도, 상실로 고통 받은 후에는 재정 문제에 홀로 남겨진 기분이 들어서 더 힘든 시간을 가졌다고들 말한다. 과거에는, 재정방식이 뭔가 잘못되었어도 그들은 적어도 혼자가 아니었다. 하지만 지금은 파트너도 없고 모든 것이 자기 손에 달려 있다.

메기는 남편 데일의 암과 계속 싸워나가기로 맘먹었다. 지역 병원의 부정적 예후에도 불구하고, 뉴욕에 있는 유명한 암 전문병원에 가보기로 결정했다. 그곳에서 데일은 비싼 치료를 받으며 두 달 동안 입원했다. 돈이 거의 바닥났어도 치료를 포기하지 않고 또 다른 치료를 위해 멕시코로 장소를 옮겼다. 그가 살아나길 희망하고 기도하며 데일의 생명보험증권을 해약해 돈을 마련하기도 했지만 어떤 성과도 없었다.

데일이 죽었을 때, 메기는 빈털터리가 되어 있었고 장례식을 치르기 위해선 돈까지 빌려야 하는 파산의 지경에 이르렀다. 남편도 금전도 사라진 낯선 세계에 그녀의 슬픔은 더욱 커졌다. 하지만 남편을 위해 가능한 일은 전부 해봤음을 인정하며 스스로 위로 삼았다.

죽음은 돈으로 살 수 있는 것과 없는 것이 무엇인지를 분명하게 해준다. 그것은 부자가 되는 것이 과연 무엇인지를 우리에게 일깨워준다. 돈의 액수는 사랑한 이의 상실을 대신할 수 없다.

수제트는 제이슨과 결혼식을 올리는 날 그의 부모가 자신을 좋아하지 않는다는 사실을 알게 되었다. 그의 부모들은 증권 중개인인 아들이 경제적으로 비슷한 수준의 여자와 결혼하기를 바랐는데, 직업이 교사인 수제트는 그런 집안이 아니었다. 지난 21년 동안 그의 가족들은 그녀에게 따뜻하게 대해줬고 때론 감동을 주기도 했기에 수제트는 그들이 결국 자신을 받아들였다고 믿었다.

제이슨이 뇌졸중에 걸렸을 때, 수제트는 그가 죽기 전 지난 2년간 그를 간호하기 위해 교사직을 잠시 접었다. 장례식이 끝나고 그녀는 가족들과 함께하기 위해 일주일 동안 고향에 내려가 있었다. 그런데 그녀가 집으로 돌아왔을 때, 집에 있던 가구와 함께 커튼까지 모조리 사라져버렸다. 경찰에 신고하려는 찰나 시어머니가 신탁증서를 손에 들고 나타났다.

"여기 있는 가구 대부분은 우리 가족 법정상속 재산이다. 하지만 그 외 다른 물건은 네가 가질 수 있다."

수제트는 물었다.

"다른 물건 뭐요? 어머넌 우리가 평생 매일 밤 함께 잠을 잤던 침대마저 가지고 갔어요."

시어머니는 무뚝뚝하게 말했다.

"글쎄, 그것은 우리 가족 소유로 된 매우 귀한 골동품이다."

수제트는 그전까지 그들과 한 가족이라고 생각했었다. 지금 그녀는 남편을 잃었을 뿐 아니라 지금까지 한 가족이라고 여겼던 사람들에게서 배신을 당했다. 수년이 지났어도 자신에 대한 그들의 대우는 달라지지 않았음을 깨달았다. 그 후 몇 년 동안 그녀는 자신이 지녔던 믿음이 깨져가는 것을 보며 세월을 보냈다. 불행하게도 우리 장례식 때 누군가 들이닥쳐서 유언장을 읽어 내려가며 유산을 분할해야 함을 주장했다는 등 엉망이 된 장례식 이야기를 많이 듣는다.

슬픔은 모든 것을 잃은 후 비로소 다시 자신의 존재를 찾아가는 시간이다. 하지만 종종 돈은 슬픔에 몰입할 수 없게 마음의 불화를 일으킨다. 그러나 재정적인 문제에 대해서는 일단 그대로 놔둔 채 오로지 치유에만 초점을 두는 것이 좋다. 물론 실제로 그것은 불가능할 수 있다. 재정에 무관심하다는 것은 실로 어렵다. 왜냐하면 그것은 가족, 화합, 유대 그리고 흩어진 것을 모은 하나의 조각을 상징하기 때문이다. 또한 많은 경우, 돈은 곧 생존을 의미하기 때문에, 집세 내는 일을 자신할 수 없을 때는 슬픔에 잠겨 있을 수도 없다. 하지만 슬픔의 치유를 위해서는 이 모든 상황을 감당해야만 한다. 만일 돈 때문에 방어적인 태세를 취한다면 어떤 상황이든 간에 슬픔은 치유되기 힘들다.

부와 가난은 단지 마음의 상태일 뿐이다. 돈이 없는 사람이 부유하다고 느끼며, 그에 반해 부유한 사람이 가난하다고 느낄 수도 있다. 죽음은 삶에서 궁극적으로 중요한 것을 평가하게 됐을 때 우리의 모든 관점을 변화시키는 요인이다.

수명은 지구에서 인간의 시간을 측정하는 수단이다. 만일 사랑하는 이가 젊었을 때 죽었다면, 그의 죽음이 너무 이르며 삶을 채 펼쳐보지 못했다고 느낄 것이다. 만일 사랑한 이가 중년의 나이에 죽었다면, 전성기를 누리지 못했다고 또는 그가 기대했던 은퇴 생활을 즐기지도 못하고 떠났다고 생각할 것이다. 한 노인이 오랫동안 장수하고 있음에도 인생이 충분히 길었다는 느낌은 결코 들지 않는다. 어떤 이는 수년간 전성기를 누리며 98세까지 살았지만 마지막 몇 년간은 몸을 거동하기 힘들어 생활하기조차 힘들 수도 있다.

죽음은 모든 나이에 일어날 수 있기 때문에 살아 있는 동안 있을 법한 발상들이 생겨난다.

1980년 초기에 어린이병원 낭포성 섬유증(백인에게서 흔하게 나타나는 치명적인 유전성 질환) 병동에서는 평균 수명이 운이 좋으면 16세까지였다. 이런 아이들을 보면서 이렇게 말하기 쉽다. "60년 인생이 생략되어 얼마나 슬플까." 하지만 부모들에게 이것은 현실이었다. 아이들은 이 제한된 현실에 맞게 자랐고 삶을 완전히 살아보기 위해 어떤 아이들은 열두 살에 결혼을 했다. 열여섯에 죽을 수도 있다는 것을 안다면 말이 되는 가능한 일이었다. 온전한 삶을 이루기 위해 탄생과 죽음이라는 오직 두 요소만이 요구되는 가혹한 현실 속에서 그들은 자랐다. 그들은 자신에게 주어진 시간에 가능한 완전한 삶을 살기 위해 최선을 다한 것이다.

반면 우리는 완전한 삶을 이루기 위해 다른 여러 재료들이 필요하다. 대학, 직장, 결혼, 가정, 자동차, 휴가, 손자, 퇴직, 그리고 노후 등. 여기서 뭐든 하나라도 빠진다면 우리에게는 비극이 될 것이다. 시간이 얼마큼 주어지든, 삶이 얼마큼 완전하든, 죽음은 인간에게 여전히 깊은 상실이다.

뒤에 남겨진 이에게 자신의 나이 역시 삶을 이루는 하나의 요소가 된다. 대체로 오래 살면 살수록 겪게 되는 상실로 인해 더 많은 경험을 한다는 것에 누구도 부정하지 않는다. 물론 많은 예외들이 있지만, 세상에서 더 오래 산다는 것은 각종 위로모임에서의 깊은 경험, 문제 해결, 정서적 성숙, 그리고 더 젊었을 땐 존재하지 않았던 것들을 갖게 해준다.

여러 이유에서 젊은 사람은 나이든 사람과는 다르게 죽음을 애도한다. 그들은 가야 할 인생이 더 많고 그리고 학교로, 직장으로, 아이들에게로 돌아가야 한다. 이뤄야 할 삶과 겪어야 할 경험들이 여전히 남아 있기 때문에 다시 세상 밖으로 돌아가야 한다.

베키는 대학생인 동생이 죽었을 때 망연자실했다. 마치 세상이 무너진 것처럼 느껴졌지만 삶은 계속되었고, 동생이 졸업했을 시기나 졸업해서 무엇이 되었을까라는 생각을 항상 머릿속에 달고 다녔다.

베키는 학교를 졸업한 뒤 직장을 다녔고 가정을 이루고 자녀를 두었다. 딸이 대학교에 입학하고 스물한 살이 되었을 때 베키는 모든 게 다르게 보였다.

"문득 동생이 얼마나 젊었었는지 그리고 그 죽음이 실로 얼마나 엄청난 일이었는지를 알게 됐어요. 똑같은 나이의 딸아이로 인해 동생의 죽음이 달리 보였어요. 그때 당시 비통했지만 그것을 완전히 현실로 받아들이진 못했어요. 남은 인생 동안 동생을 다시 볼 수 없을 거라는 걸 실감하지 못했어요. 내가 지금껏 살아가면서 한 일들을 동생은 전부 하나도 하지 못했어요. 직장도, 결혼도, 자식도 갖지 못했어요. 20대였는데 어떻게 알 수 있었겠어요? 죽음은 비극이지만 난 단지 슬픔의 겉표면만을 만졌다는 사실을 몰랐어요. 그때 당시에는 내가 잃었던 것만 보였지요. 그녀가 잃은 것을 깨닫진 못했어요. 이제 50대가 되어, 거의 30년이 지나서야 동생이 죽었을 때가 얼마나 젊은 나이였는가를 실감해요."

은퇴를 한 나이든 사람들은 상실에 대해 생각할 시간이 더 많다. 자신은 이미 보았고 충분히 이뤘다고 생각하기 때문에 다시 세상으로 복귀할 필요를 덜 느낀다. 몇 년이 앞에 남아 있지만 그 남은 생애를 새로운 경험으로 채우고자 하는 열망은 덜하다. 이것은 많은 경우 우울함을 낳게도 하지만, 한편으론 남겨진 것에 대해 더 만족할 수 있게 한다.

우리가 슬픔을 다루는 방식은 또한 사랑한 이가 죽음을 다루는 방식을 반영한다. 블레어가 79세의 나이로 죽음을 앞두고 있었을 때 딸아이가 물었다.

"어머니 두려우세요?"

블레어는 답했다.

"예전엔 두려웠단다. 하지만 지금 난 살아 있는 사람들보다는 죽어 있는 사람들을 더 많이 알고 있단다. 친구들 대부분이 이 세상 사람이 아니지. 죽음이 소멸이라면 내겐 아무 일도 생기지 않겠지.

하지만 사후세계가 있다면 난 내가 사랑하고 그리워하는 사람들을 보게 되겠지. 어디에 있든 난 분명 혼자가 아닐 거야. 그리고 때가 되면 널 다시 보게 되겠지."

자신이 슬퍼한 만큼, 블레어는 딸아이가 자신의 슬픔 속에서 위로받도록 도와주었다. 블레어는 다른 여러 가족들과 친구뿐만 아니라 자신의 부모를 만나는 장면을 상상해볼 수 있었다. 나이가 들어감에 따라 죽음에 대한 두려움이 덜하다. 때때로 떠나버린 이와 언젠가는 재회할 거라는 희망으로 뒤섞여 두려움이 사라지기도 한다. 이는 주변에 슬픔에 잠긴 이들을 위로해준다.

20, 30대 나이로 운명을 달리하면, 그 사람뿐만 아니라 살아보지 못한 세월과 해보지 못한 모든 것에 대해서도 애도를 표한다. 뭔가 손해 본 기분이 든다. 하지만 나이든 사람이 인생을 다 살고 세상을 떠나면 대체로 그의 별세에 한결 편안함을 느낀다. 고령의 나이는 명이 다하고 모든 것이 한층 순리대로 진행됐음을 느끼게 한다. 예를 들어 로널드 레이건 대통령의 죽음은 존 F. 케네디 대통령의 죽음과는 매우 다르게 느껴진다. 사망할 당시의 나이도 그들은 전혀 틀렸고, 죽음의 방식 또한 엄연히 달랐다. 케네디 대통령은 암살을 당했기 때문이다. 만일 존 F. 케네디 대통령이 암살이 아닌 병으로 여든일곱 살에 죽었다면 상실감을 느낀다 하더라도 생명이 단축되었다는 안타까움은 없었을 것이다.

여러 면에서 고령의 죽음은 슬픔을 완화시켜주고 마음의 준비를 하게 하고 상실을 대처하도록 돕는다. 젊은 나이의 죽음은 불공평하다는 생각이 들어 슬픔을 복잡하게 만든다. 우리 모두는 젊을 때 말고 나이 들어 죽음을 맞이해야 한다고 믿는다. 이런 이유로 나이가 들면서 슬픔의 다른 면을 보게 된다.

사전에는 '종결'이라는 단어를 '끝내는 행동' '닫힌 상태' '끝내다' '결론'이라는 뜻으로 풀이하고 있다. 형태심리학에서 종결은 '정돈된 만족스러운 완벽함을 만들어내려는 성향'이라는 의미를 가진다.

이 단어의 어원을 거슬러 올라가보면, '종결'이라는 단어는 '두 사물의 간격을 줄이다'와 '이웃을 방해하지 않기 위해 울타리를 친다'는 의미의 고대 라틴어에서 비롯되었다. 하지만 현대 사회에서는 '종결'을 '상황을 결말짓다'라는 진부한 의미로 받아들여왔다. 업무에 있어서, 로맨틱한 관계에서, 심지어 죽음 앞에서도 종결짓도록 억압받는다. 하지만 상실뿐만 아니라 깊이 사랑했던 사람과 하나가 되어 치유를 이루는 과정에 어떻게 끝이 있을 수 있겠는가?

슬픔에 대해 말할 때 머릿속에 떠오르는 두 가지 종결이 있다. 첫 번째는 상실 후에 우리가 기대하는 비현실적인 결말짓기이다. 그것은 충분히 상실을 애도하고 슬퍼하기 위함이 아니라 종결을 짓고 빨리 상태가 좋아지도록 하기 위한 부담이다.

또 다른 종결은 상실을 넓은 시각으로 바라보는 데 도움이 되는 일을 하는 것을 말한다. 예를 들어 사건의 전말과 그 이유를 재검토해보고, 또는 사건에서 빠진 조각을 찾고 그 자리를 채우는 일이다. 그것은 사랑한 이를 죽인 자를 찾는 것에서부터 긴 투병 끝에 죽은 이와 작별 인사를 하는 방법을 생각하는 것까지를 아우른다.

존의 생일은 항상 성대한 축하행사였다. 그 주된 이유는 엄마인 그웬의 친구 자녀들 역시 7월에 생일이었기 때문이다. 매년 모두를 위한 합동 파티가 열렸고, 동시에 같이 생일파티를 열자는 아이디어에 모두가 무척 흡족해 했다. 부모들은 한두 해가 지나면 아이들 각자가 생일파티를 따로 하길 원할 거라는 걸 알았지만 당분간은 반응이 좋았다.

　유난히 더웠던 어느 7월, 수영장 생일 파티를 열기로 결정했다. 수영장은 바닥이 계단으로 되어 있는 어린이용으로, 아이들이 물장구치며 신나게 뛰놀 수 있는 곳이었다. 다섯 번째 생일을 맞는 존은 왼쪽 발을 물에 담그고 수영장 안으로 한 계단씩 내려가 조용히 안으로 걸어 들어갔다. 수영장 바닥에 완전히 닿을 때까지 걸음을 멈추지 않았다. 그리고 몇 분이 지나, 그웬은 아이가 사라졌음을 눈치 채고는 모조리 물 밖으로 나오라고 미친 듯이 소리쳤다. 하지만 결국 수영장 바닥에서 숨이 멎은 채 누워 있는 존이 발견되었다. 구급대원조차 이미 때 늦은 존을 살려낼 수는 없었다. 그웬은 계속 울먹이며 말했다.

　"내가 거기에 있었는데…… 아무 소리도 안 들렸어요. 아이가 뭐라고 소리치지도 않았어요."

　구급대원은, 어른들은 물에 빠지면 비명을 지르지만 종종 아이들은 말없이 물에 빠져서는 어떻게 헤어나와야 할지 모른 채 물 밑으로 가라앉는다고 설명했다.

　그 후 3년 동안 그웬은 그날 생일파티에 참석했던 모두와 그날의 사건에 대해 이야기했다. 모두들 그웬에게 당신은 좋은 엄마였으며, 그 일은 순식간에 일어난 사고였다며 그녀를 달래주었다. 5년이 지나고서도 여전히 그녀는 그 사건을 수시로 언급했으며, 이에 친구들은 이제 그만 '종결'할 시간이라고 생각하며 그웬에게 충고를 했다.

　하지만 그웬은 오히려 그런 생각에 당황해했다.

　"어떻게 이런 비극에서 종결을 찾을 수 있지요? 매일 아침 잠에서 깨면 난 '오늘 내 아들은 열 살이고 초등학교 4학년이구나' 하고 생각해요. 이런 생각을 멈출 방도를 어떻게 찾을 수 있을까요? 5년 동안 사랑했던 아이가 얼마만큼 내게 허락될 수 있는 거죠? 그 일이 사고였기 때문에 그 기간이 연장될 수 있을까요?"

존과 같이 어린아이의 상실에서는 단계를 간소화시키는 경향이 있다. 부정은 반 년, 분노와 좌절 몇 개월, 그 다음은 타협이 뒤따른다. 마침내 수용을 발견하길 기대하며 그것이 '종결'의 형태로 이르도록 상상한다. 그러나 이것은 체크리스트에 있는 항목처럼 그렇게 쉬운 일이 아니다. 실제 삶과 실제 슬픔은 그것처럼 딱딱 맞아떨어지는 단순한 일이 아니다. 어느 부모건 자식의 죽음을 종결지을 수는 없을 것이다.

그웬은 아들 존을 자신의 과거에 묻어둘 확고한 다짐을 내리지 못한다. 그가 스스로 독립해서 그녀 곁을 떠난 거라고 여겨지지 않을 것이다. 그는 그녀의 과거의 일부분일 것이며 계속해서 마음 안에 살아갈 것이다. 이것은 종결의 개념을 실현 불가능하게 만든다. 그웬은 세상에 남았고 또 다른 아이가 생겼지만 존을 향한 문은 결코 닫지 않았다.

대신 가슴에 뻥 뚫린 구멍을 영원히 간직한 채로 살아가는 법을 배웠다. 자신이 허락할 수 있는 유일한 수용은 '죽음이 일어났고 그 죽음과 살아갈 방법을 배우는 일'뿐이라는 걸 깨달았다. 하지만 그웬에게 '종결'은 결코 오지 않았다.

사랑한 이의 상실을 전반적으로 이해하기 위해 하나씩 종결지어 나간다면, 그것이 이해의 틈을 메워줄 수 있다.

메리는 쉰 살의 남편이 갑자기 심장마비로 죽었다는 전화를 받고 충격에 휩싸였다. 부검에 동의했고 몇 달 후에 그녀는 부검기록을 연구하기로 결심했다. 꼼꼼하게 하나하나 숙지하고 이해가 안

되는 단어와 의학 용어들을 찾아보았다. 친구들은 그녀가 왜 그 '무시무시한' 일을 하는지 도대체 이해하지 못했다.

그녀는 말했다.

"일어난 사태를 납득하는 것은 벌어진 틈을 메우는 데 도움이 되요. '어떻게'와 '왜'라는 질문에 대한 빈 공간에 지금은 어느 정도 답이 채워져 있어요. 어떤 것도 그를 되살릴 순 없겠지만 이제 그의 혈액순환에 일어난 현상에 대해 결말을 지은 기분이 들어요. 이제부턴 내 가슴에 신경 쓸 수 있을 것 같아요."

일어난 일을 밝혀내기 위해 부검을 요청하는 일은 유별난 일이 아니다. 만일 사랑한 이가 살해당했다면, 살인자를 찾아내서야 비로소 휴식이 찾아온다. 하지만 그럴지라도 종종 종결은 일어나지 않는다.

그런가 하면 누군가를 위해 의미 있는 것으로 자신의 슬픔을 돌리는 방법을 찾아낸 사람도 있다. 신디 라터너는 술 취한 운전사가 몬 자동차에 아들을 잃었을 때, 자신의 분노를 '음주운전반대 어머니회'라는 조직을 결성하는 것으로 풀 수 있었다. TV 쇼 〈미국 공개 수배〉를 진행하는 존 월시는 자신의 어린 아들이 살해된 이후 다른 미아들을 찾도록 돕는 데 자신의 슬픔을 소모시켰다.

자신의 감정을 충분히 느끼도록 어떻게 노력했는가는 상관없이, 누군가에게 들었거나 혹은 영화에서 본 그 종결은 실제로는 절대 일어날 수 없다. 하지만 상실을 위한 공간과, 상실을 이겨내고 그것과 함께 살아야 할 방법을 찾아야 한다.

인간은 자신이 할 만큼 최선을 다했다는 걸 확인하고 죽음을 맞이하고 싶어한다. 죽음을 앞에 두고 아직 끝내지 못한 일들에 대해 종종 언급하게 되지만, 어느 누구도 모든 것을 다 이룰 수는 없다.

죽음을 맞이한다는 것은 결국 삶이 지금까지 그 자체만으로 완성되었음을 받아들이는 것이다. 슬픔에 잠겨 있을 때 모든 것을 마무리할 수 있다는 잘못된 생각이 들지만, 슬픔은 시작과 끝이 있는 프로젝트가 아니다. 그것은 결코 사라지지 않을 상실의 그림자다.

다만 그것을 겪으며 삶의 외면과 내면 안에서 살아가는 법을 배우는 것이다. 개개인의 삶 속에 슬픔의 적합한 장소는 각자마다 다르며, 상실과 얼마나 가까이 융화가 되었느냐에 따라 달라진다.

우리는 결코 누군가에게 "종결되었습니까?"라고 묻지 않았으며 누구도 확고히 "네"라고 대답하지 않는다는 것을 알게 되었다. 이 종결의 개념은 흔히 얘기하듯 '오해가 끝났다' '프로젝트가 완료됐다' '학년을 마쳤다'는 의미처럼 어떤 것을 끝마친다는 뜻을 담고 있다.

하지만 사랑한 이를 향한 슬픔은 결코 끝마칠 수 있는 것이 아니다.

ⓒ Constantine Manos | Magnum Photos | 유로포토-한국매그넘

8 상실의 밑바닥까지 발을 디뎌 보라

슬픔은 밖으로 표현되어야 한다. 고통과 슬픔은 오직 표현할 때만이 충분히 실감할 수 있다. 떠나간 이에게 편지를 쓰라. 당신이 얼마나 한심하게 지내고 있으며, 얼마나 독하게 잘 참아내고 있는지를, 그리고 단 하루도 당신을 잊은 적 없다는 고백을 쏟아 보라.

한 카운슬러로부터 들은 얘기다. 일곱 살의 제니스는 아빠에게 '왜 엄마는 한 달 동안 침대에서 일어나지 않아요?' 하고 물어왔다. 아빠는 진실을 말해야 한다고 굳게 믿는 사람이기에 딸아이에게 이렇게 말해주었다.

"엄마는 지금 암(cancer)에 걸려 죽어가고 있단다."

제니스는 울기 시작하더니 방을 뛰쳐나갔다.

그 후 2주 동안 그녀는 흐느끼며 엄마에게 "난 엄마가 죽어가는 게 너무 속상해요"라고 반복하며 엄마를 위로했다. 엄마는 몸이 너무 쇠약해져서 대답조차 할 수 없었기에 딸아이에게 아무 말도 하지 못한 채 얼마 후 세상을 떠났다.

그 후 몇 해 동안 제니스는 슬픈 소녀로 남겨졌다. 누군가 그녀에게 왜 불행해하냐고 물어볼 때마다 그녀는 "엄마가 죽었어요"라고 대답했다. 언젠가 시간이 지나면 제니스가 자연스럽게 고통에서 빠져나올 거라 아빠는 믿었지만, 현재 불행해하는 딸아이의 모습은 충분히 안타까웠다.

제니스가 고등학교 1학년이었을 때 천문학 수업 시간이 되었다. 그날은 별자리에 대해 수업이 진행되고 있었다. 별자리 중에서 게자리를 구성하는 별들에 대해 배우기 시작할 때 돌연 제니스의 눈에 눈물이 맺히기 시작했다. 선생님은 그녀를 유심히 살피면서, 말을 건네기 위해 수업 마치는 종이 울릴 때까지 기다렸다. 선생님은 제니스에게 왜 울었는지를 넌지시 물었다.

"남자친구랑 헤어졌니?"

그녀는 대답했다.

"아니요. 제 별자리가 게자리(cancer)예요. 엄마는 나 때문에 돌아가신 거예요."

그 후 선생님과 아버지는 엄마가 죽은 이유가 그녀 때문이 아니라는 것을 납득시키기 위해 제니스와 함께 상담시간을 가졌다. 결국 다행히도 제니스는 자신의 잘못 때문이 아니라고 믿게 되었지만, 지난 8년간 비합리적인 죄책감의 짐을 안고 살아온 것은 무척이나 안타까운 일이다.

죽음을 겪게 되면 부모는 자식에게 전혀 생각지도 못한 실수를 종종 범한다. 심지어 제니스의 아버지는 좋은 의도를 가지고 엄마가 암에 걸렸다고 말했을지라도, 다른 아이들처럼 제니스도 나름대로 자신의 해석을 덧붙였다. 때때로 문제가 되는 건 아이의 해석이 지나치게 비논리적이라, 어른들은 자녀가 차마 그런 생각을 할 거라곤 상상하지 못한다는 것이다.

아이는 상실을 자신의 세상으로 받아들일 역량이나 경험을 보유하고 있지 않다. 그들은 종종 마음속으로 '아무래도 분명 내 잘못인 것 같아'라는 생각으로 틈을 메운다. 불행하게도 아이가 슬픔을 뚫고나오도록 인도해줘야 할 사람은 남겨진 부모인데, 여전히 자신의 슬픔 속에서 허우적대고 있다. 그녀의 별자리가 게자리인 것과 어머니의 죽음과는 전혀 별개의 문제라는 걸 얘기해주었어야 했지만, 제니스의 아버지는 전혀 생각하지 못했다. 이런 이유로 자녀와 나눠야 할 대화는 한 번의 단편으로 끝나지 않고 연속적으로 이루어져야 한다.

아이가 사랑할 수 있을 만한 나이면 충분히 슬퍼할 수 있는 나이다. 문제는 어린아이가 느끼는 슬픔은 소홀히 다뤄진다는 것이다. 남겨진 한 명의 부모는 자신의 슬픔을 감당할 수 없어 오로지 하루를 견뎌내는 사안에만 전념하게 된다. 세상에서 가장 다정해야 할 부모가 슬픔 때문에 아이의 생일을 잊는 일이 흔히 생기고, 거기다 아이는 자신의 요구를 어떤 식으로 알리고 상실을 어떻게 명확하게 표현해야 할지를 잘 모른다. 삶이 막 시작 단계에 서 있기에 아이는 아직 자신의 감정을 표현할 단어들이 부족하다. 그런 그에게 어떻게 삶의 끝을 이해하라고 하겠는가?

아이에게 그가 느끼게 될 복잡한 감정들을 단연 미리 얘기해줄 필요가 있다. 그에게 삶에 대해 가르치는 것은 부모와 학교, 그리고 사회가 공동으로 져야 할 의무라고 생각한다. 하지만 모두들 아이의 슬픔을 다른 누군가가 다룰 거라고 여긴다. 슬픔에 대해 아이와 대화를 나눠보는 건 실은 모든 이의 책임이다. 아이는 어른들이 대수로운 감정을 다루고 있음을 감지한다. 그리고 아이는 흔히 어른을 보고 감정표현을 본받기 때문에 어른들은 슬픔에 대처하는 본보기가 되어야 한다.

상실을 겪고 있는 어른들의 모든 것을 이해할 수는 없겠지만 한정된 이해라도 소중하다. 아이의 어릴 적 상실의 경험은 그의 인생 동안 여러 상황에 어떻게든 접목되어 재연될 것이다. 그것은 세상이 얼마큼 안전한지, 우정이 어떤 건지, 그리고 로맨틱한 관계가 어떻게 끝날지를 결정지을지도 모른다.

가장 좋아했던 삼촌이 뇌종양으로 죽었다는 소식을 엄마에게서 전해 들었을 때 제스는 여섯 살이었다. 그는 엄마 무릎에 앉아 엉엉 울었다. 하지만 제스가 흐느끼며 우는 중간에 엄마는 자리에서 벌떡 일어나 자신의 방으로 걸어가서는 방문을 꽝 닫아버렸다. 그 뒤로 그는 삼촌에 대해 다시는 언급할 수 없었다. 장례식에 초대받지 못했을 뿐더러 어떤 이야기도 듣지 못했다.

어느 날 오후 제스는 생전에 삼촌이 쓰던 방으로 들어가 안을 둘러보았다. 뭔가 허전해 보였고, 삼촌이 존재했었다는 흔적이라도 찾고 싶었기에 그의 부재가 더욱 강하게 느껴졌다. 그 순간 제스는 옷장 뒤편에서 낚시용 스티커가 붙어 있는 갈색 여행 가방을 발견했다. 제스는 예전에 스티커를 붙이며 삼촌을 도와줬던 것을 기억하고 있었다. 스티커가 딱 붙여졌는지를 확인하던 삼촌의 손이 떠올랐다.

제스는 여행 가방을 자신의 방으로 옮겨놓았다. 이제껏 누구도 그것을 찾거나 소지 여부를 묻지 않았다. 그는 그때부터 줄곧 어른이 될 때까지 그것을 간직했다. 이제 와 과거를 회상해보면 그 가방은 삼촌과 자신이 연결되어 있다는 의미였고, 특히 부모와 오직 텅 빈 공간과 침묵 외에는 어떤 것도 연결되어 있지 않았을 때 더욱 그랬다. 본질적으로 그 여행 가방은 옛 추억을 간직하는 계기가 된 물건으로, 제스가 상실에 집중하고 마음껏 슬퍼하도록 도와주었다. 그것은 삼촌과 자신이 함께 보고 겪었던 장소와 물건들을 기억나게 해주었고 만져볼 수 있는 연결 매개체가 되었다.

제스는 상실에 대한 어떠한 의식도 치르지 못한 채 남겨졌지만 물건 하나로 인해 그는 자신을 새롭게 창조했다. 하지만 대부분의 아이들은 제스가 했던 것처럼 하지 못한다. 그렇지만 설명할 수 없는 것을 설명하려고 일부러 꾸미는 발상은 그 진실보다 더 안 좋은 영향을 미친다.

레이첼은 남편이 죽은 이후 아들 스티븐과 첫 하누카 행사를 맞이했다. 첫 번째 촛불을 켰을 때 그녀는 남편의 부재에 대해 말을 꺼내야 하는 게 아닐까 하고 생각했다. 하지만 스티븐이 첫째 날 밤 선물을 행복하게 여기는 모습을 보면서 아이의 즐거움을 망치거나 슬프게 만들고 싶지 않아 아무 말도 하지 않았다.

하누카 이틀째, 사흘째 밤도 역시 마찬가지였다. 그녀는 몇몇 친구들에게 스티븐 앞에서 아빠의 죽음에 대해 다시 언급해도 되는지를 물었다. 그들은 아이가 지금까지 겪은 슬픔만으로도 충분하다고 말했다. 하누카의 네 번째 밤에 레이첼은 스티븐에게 그래도 10년 동안 함께 지냈던 아버지에 대해 말하지 않는 것은 좀 어색하다고 여겼다. 그날 밤 잠자리에 들 때쯤 그녀는 말을 꺼냈다.

"애야, 네 기분을 망치고 싶진 않지만 우리끼리 네 아빠 이야길 꺼내지 않는 게 좀 이상하구나. 물론 네 하누카 시간을 방해하고 싶진 않단다."

스티븐은 엄마의 두려움 섞인 눈동자를 똑바로 바라보며 말했다.

"엄마, 난 매일 밤마다 아빠를 생각했는데 저도 엄마 기분을 망치게 하고 싶지 않았어요."

그러고는 아버지의 죽음 이후 지금까지의 슬픔에 대해 오래도록 이야기하며 웃고 울며 시간을 보냈다. 그렇게 함께 슬퍼하고 난 후로는 두 사람 모두 기분이 한결 좋아졌다.

제스와 스티븐의 심정은 보기 드문 일이 아니다. 흔히들 아이가 생일이나 축제 또는 다른 중요한 날에는 고인이 된 사람을 생각하지 않을 거라고 짐작한다. 하지만 아이는 생각하고 있다. 겉으로는 아닌 척해도 말이다. 어른이 아무 말 하지 않으면, 아이는 그것을 그가 더 이상 마음 아파하지 않는다는, 또는 죽은 이에 대해 말하는 것을 꺼려 한다는 뜻으로 받아들인다는 사실을 알아야 한다. 상실에 대한 이야기를 나누는 것은 기억하고 추억해도, 그리고 슬퍼해도 괜찮다는 의미를 전하는 것이다.

한 카운슬러는 존 모리슨 교사의 이야기를 기억한다. 6학년 학생들에게 '미스터 모리슨'이라고 알려져 있는 그는 학생들 중 과학에 대한 애정을 함께 나눴던 그레그라는 학생과 매우 가까웠다. 그레그의 어머니가 죽었을 때 그는 그레그가 먼저 말을 꺼내기를 내심 기다렸다. 하루가 일주일이 되고, 일주일이 한 달이 되고, 그런 일이 있었던 후로 어느덧 일 년이 훌쩍 지나 그레그가 중학생이 되었다. 미스터 모리슨은 자신이 가장 좋아했던 학생을 잊지 않았고 그가 어머니를 여읜 것에 무척 가슴 아파했다. 그는 그 문제에 대해 언급하지 않는 것이 그레그의 사생활을 존중해주는 거라고 믿었다.

그레그가 열일곱 살이 되었을 때 상점에서 여자친구와 쇼핑을 하다가 우연히 미스터 모리슨과 마주쳤다. 하지만 그는 옛 스승에게 무척 쌀쌀맞게 대했다. 형식적인 말을 몇 마디 던지고는 여자친구에게 말했다.

"밖에서 기다릴게."

미스터 모리슨은 여자친구에게 어색하게 고개를 돌리며 말했다.

"내가 그레그 6학년 때 선생님이란다."

그녀는 말했다.

"선생님이 누구신 줄 알아요. 그레그는 선생님을 무척 존경했어요. 그런데 지금은 많이 원망하고 있어요. 선생님께서 자기를 신경 써주지 않았고 심지어 어머니의 죽음에 대해 아무 말도 해주지 않았다고 하더군요."

미스터 모리슨은 어른의 역할은 대화를 시작하는 것이라는 쉽지 않은 교육방식을 깨닫게 되었다. 친구는 "이런 일이 일어나서 정말 유감이다"라고 말해줄 수 있으며, 가족은 "네 어머니 죽음에 대해 뭐 알고 싶은 게 있니?"라고 물어봐줄 수 있다.

때론 아이가 자신의 감정을 가장 쉽게 털어놓을 수 있는 사람이 고인이 된 사람일 수 있다. 아이에게 자신의 감정을 말해도 된다고, 또한 말하지 않아도 괜찮다는 것, 그리고 그가 마음의 준비가 될 때 당신은 곁에서 함께할 거라는 사실을 알려줘야 한다. 아이가 응할 준비가 되어 있다면, 아이는 당신에게 자신이 마음의 준비가 됐는지 혹은 아닌지를 알려줄 것이다. 그리고 이젠 충분하다고 느껴질 때 아이는 당신에게 그 사실 역시 알려줄 것이다.

아이는 아마도 주제를 바꾸거나 자리에서 일어나려고 할지도 모른다. 만일 아이가 관심을 보이고 질문하면, 그 나이에 적합한 방식으로 계속 이야기를 나눠라. 어른과 달리 아이는 중간에 말을 막지 않고 그 말에 모든 주의를 기울일 것이다. 당신이 말하는 동안 아이가 손장난을 할지도 모르지만, 이런 행동이 경청하지 않는다거나 또는 상관하지 않는다는 뜻으로 받아들이는 실수를 범하지 말라.

아이는 말을 들은 그대로 받아들이는 경향이 있으므로 명확하게 풀어서 말해줘야 하고 아이의 질문에 놀라지 말아야 한다. 나이가 더 어릴수록 죽음의 육체성에 관해 묻는 경향이 있다.

"몸은 어디 갔어요?"

"땅에 묻히면 어떻게 음식을 먹나요?"

"언제 다시 깨어나요?"

이런 질문에 아무 응답하지 않고 그냥 놓아두면 아이를 혼란스럽게 만들 수 있다. 몸 '전체'가 죽었는지 아니면 단지 '일부'만 죽었는지를 묻는 네 살짜리 아이의 질문에 답변해주는 당신 자신에게 놀라지 말라. 죽은 그 사람은 아직도 먹고, 숨 쉬고, 걸어 다니고, 이야기하나요? 매우 명확하게 답해줄 필요가 있다.

한 교사가 다음과 같은 해설을 인용하며 말했다.

"'죽음이란 몸이 기능을 멈췄을 때를 말한다.' 그러니까 그것은 죽은 거예요."

그러자 수업 시간에 한 어린 소녀가 휠체어를 탄 한 소년을 가리키며 말했다.

"토미의 다리는 기능이 멈췄어요. 틀림없이 죽은 건데, 왜 다리를 땅에 묻지 않는 거죠?"

말에는 감정이 수반되기에 상상하지 못한 결과를 초래한다. 예를 들어 화장에 대해 설명할 때 시신이 뜨거운 금속 상자로 옮겨진다고 말하지, '오븐'에 옮겨진다고 말하진 않을 것이다. 실제로 그 상자가 오븐이긴 하지만, 부엌에 오븐이라는 게 있기 때문에 감정적으로 연상되는 것을 피하려고 한다. '불에 태운다'라고 하기보다는 '재로 남겨질 때까지 시신을 뜨겁게 달군다'라는 표현을 쓰라. 아이들은 가장 좋아했던 이모가 곧 불에 탈 거라는 사실을 알게 되면 정신적으로 충격을 받을 수 있다. 죽은 것도 슬플 텐데 또 그녀를 땅에 묻어야 하다니.

"엄마는 천국에 가셨단다" 같은 예의상 하는 대단치 않은 말조차도 오해의 소지가 될 수 있다. 아이는 질문할 것이다.

"왜 차를 몰고 가서 엄마를 데리고 올 수 없나요?"

"엄마는 왜 우리 말고 천국을 택했어요? 우리를 더 이상 사랑하지 않나요?"

어느 일곱 살 소년의 아버지가 아이에게 그림리퍼(죽음의 사신으로 검은 수의를 입고 손에 낫을 든 해골 모양의 신)와 할로윈 귀신이 죽음을 부른다고 말했다. 그는 할아버지가 죽은 이유를, 할아버지가 그림리퍼로부터 도망칠 수 있을 정도로 빨리 달리지 못해서라고 설명했다. 그 아이는 다시는 할로윈 데이를 즐기지 못했다.

아동심리 상담가들은 자신의 의뢰인들이 들려준 이야기를 다른 의뢰인에게도 들려주며 생각해볼 여지를 준다.

에밀리의 부모는 그녀를 의자에 앉혀놓고 할아버지가 곧 돌아가실 거라고 설명했다. 여섯 살 소녀는 많은 질문을 쏟아냈다.

"우린 계속 할아버지 집에 놀러가서 팝콘을 만들 수 있나요?"

"할아버지는 다른 죽은 사람들과 시간을 많이 보내실 건가요?"

"할아버지가 정말 죽었는지를 어떻게 알 수 있나요?"

소녀의 부모는 이 질문을 할 때까지는 참을성과 동정심을 갖고 모든 질문에 하나하나 답해주었다. 아이는 물었다.

"사람들이 언제 할아버지 머리를 자르나요?"

부모는 어리벙벙해하며 말했다.

"아가야, 누구도 할아버지 목을 자르지 않는단다. 그냥 눈 감고 돌아가시는 거야."

아이는 사뭇 진지하게 말했다.

"그러면 할아버지가 돌아가신 다음에 머리를 자르나요?"

아이의 부모는 기겁을 하며 불쑥 언성을 높여 대답했다.

"누구도 목을 자르지 않는다니까!"

장례식이 끝난 후 에밀리와 할머니가 부엌에 단둘이 있을 때 할머니가 물었다.

"에밀리, 요새 기분 괜찮니? 할아버지가 돌아가신 것에 의문점이라도 있니?"

에밀리는 주춤거리며 어렵게 말을 꺼냈다.

"엄마 아빠처럼 화내지 않겠다고 약속하실 수 있어요?"

할머니가 고개를 끄덕이자 에밀리는 다시 그 질문을 했다.

"사람들은 할아버지 머리를 언제 자르나요?"

할머니는 물었다.

"세상에나, 어디서 그런 생각을 하게 됐니?"

에밀리가 대답했다.

"증조할머니 공동묘지에 갔었을 때, 할머니가 내게 증조할머니 '머릿돌'을 보여주셨잖아요. 그곳이 머리를 보관하는 장소 아닌가요? 그 돌 안에다가 말이에요."

할머니는 즉시 오해를 풀어주었다.

아이는 상실을 겪은 후 다양하게 반응을 보인다. 아이의 성적이 떨어질 때 어른들은 아이가 공부를 열심히 안 했다고 여긴다. 하지만 사랑하는 가족이 세상을 떠나면 그 후 아이가 학교에서 주의력 부족이나 전혀 다른 반응을 보이는 것은 정상적인 신호이다. 상실에 영향을 받는 것은 당연하다. 성적이 부쩍 떨어질 수도 있고, 전보다 남과 어울리지 않거나 전에 무척 좋아했던 게임마저 거절하기도 한다. 이것은 정상적인 반응이다. 오히려 반응이 전혀 없는 것이 슬픔을 겉으로 드러내지 않거나 또는 지연시키고 있는 것이다.

죽음을 경험한 아이들 모두가 성적이 내려가거나 눈에 띄게 학교 문제가 있는 것은 아니다. 아이는 스스로 때가 되면 슬픔을 다룰 것이다. 슬픔 안에는 아이가 그것을 감당할 수 있을 만큼 나이가 차거나 심리적으로 준비가 될 때까지 상실을 붙잡아둘 자동안전장치가 있기 때문이다. 슬픔이 아이 안에서 자연스럽게 일어날 때가 좋은 것이며, 아무것도 안 일어나는 것보다는 자주 일어나는 것이 더 낫다. 죽음에 대한 언급은 아이에게 상처 주지 않을 것이다. 상실로부터 아이를 보호한다고 해서 반드시 삶 속에서 그를 보호할 수 있는 것은 아니다. 오히려 아이를 본받을 필요가 있다. 만일 필요하다면 정면으로 아이와 마주하라.

전기 기술자인 쉰여섯의 프랭클린은 어린 시절 경험을 떠올렸다.

"할머니가 '고이 잠드셨다고' 말했지만 누구도 그분이 언제 깨어날 거라는 건 말해주지 않았어요. 장례식 때는 나를 차 안에 두었어요. 그때 다섯 살이었지만 전부 다 뚜렷하게 기억해요. 내게 말했지요. '너한테 이게 더 나을 거야. 나중엔 이해하게 될 거야'라고요. 내가 이해한 거라곤, 죽음은 끔찍한 것이며 할머니에게 작별인사를 할 수 없다는 것이었어요. 내게 죽음을 계속 숨기려고 했다면 죽음이 평범한 삶의 일부라는 걸 내가 과연 배울 수 있었을까요?"

그는 계속 말을 이어갔다.

"난 원망하진 않아요. 그들은 자신이 옳다고 생각하는 걸 했을 테니까요. 하지만 죽음을 그렇게 끔찍한 것처럼 다루지만 않았어도 내가 오늘날 죽음에 이렇게 공포를 느끼진 않았을 거예요. 난 심지어 어머니 무덤을 보러 공동묘지도 갈 수 없다고요. 그리고 죽음, 죽어가는 것, 죽어 있는 것과 관련된 건 뭐든 내 간을 콩알만 하게 만들어버려요. 내 아이들이 죽음에 대해 저보다는 더 나은 이해심을 가지길 바라요. 내가 이 세상을 떠날 때, 자식들이 슬퍼할 거라는 걸 알지만 마음이 불안해 자신의 고통도 느낄 수 없게 되길 바라진 않아요."

프랭클린의 어린 시절 경험은 결국 자신이 불치병에 직면했을 때 상황을 다르게 대처해 가도록 했다. 세상을 떠난 후에도 딸아이의 인생에 생생하게 영속하길 바라는 마음으로, 그는 침상에서 영원히 일어날 수 없기 전에 자신의 모습을 담은 비디오테이프 몇 개를 녹화했다.

첫 번째 비디오테이프는 딸아이가 데이트를 시작할 때를 위해, 두 번째는 대학교에 입학했을 때를 위해, 세 번째는 결혼식을 앞두고 있을 때를 위해, 그리고 나머지 하나는 딸아이가 그를 그리워하는 순간을 위한 것이었다.

마지막 테이프에서 그는 딸아이에게 말했다.

"네가 이 테이프를 보고 있을 땐 날 그리워하고 있다는 걸 잘 안다. 나도 널 그리워하는지가 궁금하겠지. 나 역시 네가 몹시 보고 싶음을 이렇게 말해줄 수 있구나. 내가 죽어가면서 가장 힘들었던 일은 널 두고 가는 거였다는 걸 알아주길 바란다. 널 두고 가지 않으려고 애쓰고, 애쓰고, 애썼지만 결국 난 가야만 했다. 내가 널 생각하듯 너도 날 이따금 생각하겠지. 학교에서 또는 친구들과 정신 없이 바쁜 날, 그리고 어느 날 문득 아무 이유 없이 불현듯 머릿속에 내가 떠오르겠지. 그 순간 내가 널 생각하고 있다는 것만은 알아다오. 살아가다 보면 내가 외롭다고 느낄 때가 있겠지만 넌 결코 혼자가 아니야. 난 네 심장만큼이나 가까이 언제나 네 곁에 있을 거니까."

비디오테이프나 비디오카메라는 상실을 극복하는 데 강력한 효과를 발휘하는 새로운 도구로 등장했다. 이것의 효능이 서서히 알려지기 시작한 것이다. 또한 간단한 편지는 슬픔에 잠겨 있는 아이에게 이 세상의 전부가 된다.

　부모는 자식들에게 남긴 말이 지속적으로 그들을 위로해주고, 그것이 자신의 삶의 방식과 어떻게 죽음을 맞이했는지에 대한 하나의 상징이 되길 바란다. 지금의 가르침은 아이가 상실을 바라보는 시각을 형성하며, 다가올 많은 세대에게 영향을 미칠 것이다. 부모는 아이에게 삶에 대해 가르치는 데 많은 시간을 투자하며, 누군가 죽음을 맞이할 때 자식에게 죽어가는 이를 돌봐주는 법을 보여줄 뜻 깊은 기회로 삼는다. 또한 부모는 자식에게 죽음과 상실에 대해 건전한 신념이 형성되도록 가르침을 줄 수 있다. 사랑한 이의 죽음을 풀리지 않는 의문으로 남기기보다는 그 사람을 추도하는 법을 자식에게 보여줄 필요가 있다.

　어느 양호교사가 죽음과 슬픔에 대해 가르치기 위해 고등학생들을 공동묘지에 데려가는 걸 교회로부터 허락받았다. 그녀는 고인에게 경의를 표하는 예의를 학생들에게 설명해주었다. 고인에게 말을 건네며 두런두런 이야기를 나누는 법도 알려주었다. 꽃을 가져다 놓는 것은 존경을 표하는 다정한 방법이며 자리를 떠난 후 다음 누군가에게 아름다움을 남기는 거라고 설명해주었다.

　그다음 그녀는 학생들에게 숙제를 내주었다.

　"우선 가장 오래된 사람의 묘를 찾아보세요. 그런 다음 가장 어린 사람의 묘를 찾아보세요."

　학생들은 태어나자마자 곧바로 죽은 영아의 무덤을 발견하고는 무척 충격을 받았다. 자신들과 또래인 무덤을 발견했고, 그것은 신에 관해 그리고 삶과 죽음의 의미에 대해 더 깊은 차원으로 대화를 나누는 크나큰 계기가 되었다.

　아이는 죽음에 대해 오해를 갖기도 하지만 때론 의도치 않게 어른에게 깨달음을 준다.

제니가 여섯 살 때 사랑하는 할아버지가 집에서 돌아가셨다. 어머니는 훌륭하게도 할아버지가 병석에 누워 있는 동안 제니의 마음을 충분히 준비시켰다. 마침내 할아버지가 돌아가셨을 때 어머니는 제니에게, 할아버지에게 작별인사를 할 수 있으며, 원한다면 마지막 날 할아버지 손을 잡을 수도 있다고 말했다.

제니는 주저하지 않고 할아버지에게 가까이 다가갔다. 마치 아이는 뭔가를 탐구 중인 과학자처럼 보였다. 아이는 할아버지 손을 만지고 팔을 올려보고는 다시 가만히 내려놓았다. 정말로 죽었는지를 확인해보려는 것처럼 할아버지를 손가락으로 살짝 찔러보기 시작했다.

제니의 어머니는 흠칫 놀랐다. 얼마 있다가 제니는 별안간 방을 뛰쳐나갔다. 어머니는 아이에게 가보기 전에 몇 분 정도 시간을 주기로 했다. 잠시 후에 아이는 할아버지 옆에 다시 나타나서는 다시 꾹 눌러보려고 했다. 어머니는 불끈 화가 치밀어 제지시키려고 손을 탁 때리기 일보 직전이었다. 그녀가 막 그렇게 하려는데, 제니가 할아버지 몸에 손을 뻗어 꼬깃꼬깃한 종이를 그의 잠옷 바지 주머니에 넣었다. 그러고는 다시 방을 나갔다.

그때까지도 화가 가라앉지 않았던 어머니는 그 종이를 꺼내어 딸아이에게 돌아가신 분께 어떤 태도를 보여야 하는지에 대해 잔소리를 하려고 했다. 그 찰나, 그 종이가 짤막한 편지였음을 알아차렸다. 어린애 같은 글씨체로 '하나님, 우리 할아버지 잘 보살펴주세요.'라고 쓰여 있었다. 그녀는 딸아이가 할아버지 주검 앞에서 무례한 행동을 한 게 아님을 깨달았다. 오히려 아이는 부탁 쪽지와 함께 할아버지를 하나님에게로 보내기 전에 다시 한 번 그가 죽었음을 확인했던 것이다.

아이는 사랑한 이가 죽으면 종종 지나친 책임감을 느끼지만 이것이 늘 긍정적으로 표현되는 것은 아니다. 아이는 죽음을 사건이 일어난 어떤 결과로써 받아들이는 게 아니라 자신의 잘못으로 여기는 경우가 종종 있다.

예를 들어 티나는 할머니가 한 달 동안 집에 함께 머물러 계실 거라는 걸 알고 뛸 듯이 기뻤다. 첫날 밤 그들은 함께 앉아서 사소한 모든 일에 깔깔대며 웃었다. 티나는 어린이 유머집에 나온 농담을 읽는 것을 좋아했고, 할머니는 "다른 얘기 또 해다오", "그만! 너무 웃겨서 더 이상은 못 듣겠다"라는 말을 계속해서 반복했다.

이튿날 할머니가 심장병을 일으켰을 때 티나는 가슴을 움켜쥐며 "그만! 너무 웃겨서 더 이상은 못 듣겠다"라고 말했던 할머니를 떠올렸다. 티나는 할머니께 농담을 너무 많이 들려드려서 돌아가신 게 분명하다고 생각했다. 그리고 30년이 지난 어느 날, 어머니는 티나에게 고혈압과 콜레스테롤이 높은 것은 가족의 유전이라는 걸 알려주며 할머니 얘기를 꺼냈다.

"할머니를 보렴. 할머니는 혈압 약도 안 챙겨 드시고 음식을 골라 드시지도 않으셨어. 할머니는 오랫동안 심각한 심장병을 앓고 있었는데 우리 집에 놀러와 계실 때 갑작스레 돌아가신 거야. 기억나니?"

티나는 눈물이 가득 고인 눈으로 엄마를 바라보았다.

"난 지금까지 내가 할머니를 너무 심하게 웃게 만들어서 돌아가시게 했다고 생각했어요."

티나가 이 말을 입 밖에 꺼내는 순간, 웃게 해서 할머니가 돌아가신 게 아니라는 사실이 자신의 마음속에 서서히 확고해졌다. 그 순간 마음 안에 줄곧 자리 잡고 있던 한 아이가 어른으로 승화되었다.

사랑한 이의 죽음을 경험한 아이들은 금세 순수함을 잃어버린다. 생명은 보장된 것이 아님을 알게 되고, 이 사실은 어떤 것에도 의지할 수 없을 것 같은 기분을 만든다.

죽음의 소식을 받아들이는 아이가 이 아이만큼 독특할까. 열 살 짜리 한 소년이 얼마 전에 돌아가신 엄마에 대해 이야기했다. 아이는 이런 반응을 보였다.

"엄마는 오래 사셨어요. 마흔한 살까지 사셨거든요."

공공 장례식은 훌륭한 교훈이 될 수 있다. 로널드 레이건의 장례식은 윗세대들이 자녀들에게 역사를 이해하고 상실을 애도하는 것을 보여주는 좋은 기회가 되었다. 장례식 자동차행렬이 시속 20마일 이하로 행진을 서두르지 않은 점은 죽음에 대해 우리가 급하게 행동해서는 안 된다는 메시지를 전했다.

유가족 모임은 자녀에게 많은 도움을 주는데, 특히나 상실로 깊이 고립되어 있을 때 더욱 그렇다. 이런 모임 안에서는, 이곳에 오게 된 이유 같은 것을 장황하게 설명할 필요가 없다. 문을 열고 들어온 순간에 이미 이유는 전해진다.

자녀와 직접 이야기를 나누든 또는 상담자나 그룹에 참여하도록 권하든, 결국엔 우리의 말과 행동은 언제나 우리 자신을 위한 가르침이 된다. 아이가 눈으로 직접 보고 경험한 슬픔이 결코 잊혀지거나 무의미하게 여겨지지 않길 바란다. 더구나 부모는 자녀에게 슬픔과 죽음에 대처하는 모습을 상징적으로 보여주고자 한다. 부모는 이런 자신의 행동을 통해서 자녀의 미래를 구체화시키고 다가올 많은 세대들에게 감동을 줄 것이다.

삶에 대해 가르치는 데 많은 시간을 투자하면서, 왜 죽음에 대해서는 그렇게 하지 않는가?

사랑하는 사람을 한 명도 아니고 그 이상을 동시에 잃는다고 상상할 수 있겠는가? 또는 사랑한 이를 잃고 슬픔에 젖어 있는 동안 사랑한 사람을 다시 잃는다면? 상상하기도 힘든 일이지만 어떤 이에게는 그러한 비극이 실제로 일어나기도 한다.

말샤와 딘 그리고 세 명의 아이들은 야구 시즌의 결승전 티켓이 생겼다. 경기관람 전날, 말샤의 상사가 토요일 업무에 그녀가 다급하게 필요하다며 전화했다. 상사는 그녀에게 항상 친절하고 관대했기에 말샤는 경기를 포기하고 그를 도우러 가기로 결정했다. 대신 말샤의 남동생이 매진된 경기 티켓을 손에 넣은 걸 매우 부러워했던 터라 그녀는 동생을 불러 티켓을 건네주었고, 그는 매우 기뻐하며 받았다.

그 게임은 다른 어떤 게임보다도 박진감 넘치는 경기였고 9회 말에 역전으로 홈팀이 승리를 거뒀다. 딘은 회사에 있는 말샤에게 전화를 걸어 그 경기가 얼마나 훌륭했는지를 이야기해주었다. 그리고 그들은 회사에 있는 그녀를 태우고 함께 홈팀 승리를 자축하러 가기로 했다.

말샤를 데리러 가는 차 안 뒷좌석에는 아이스박스까지 실려져 꽉 찼다. 네 살짜리 조이는 아빠에게 음료수를 건넸다. 아이는 전날 소다 음료수를 흔들어서 서로에게 뿜어대며 즐거워했던 일이 떠올랐다. 그래서 아빠에게 음료수를 건네주기 전에 그것을 마구 흔들었다. 그 사실을 모른 딘이 무심코 캔을 딴 순간, 거품이 머리로 솟구쳐서 그는 순간적으로 운전대를 놓쳤고 결국 자동차는 강둑 위로 추락했다. 그 충격에 딘과 두 아이 그리고 남동생은 그 자리에서 즉사했다. 어린 조이는 병원 응급실로 실려가는 동안 주변 사람들에게 당시의 상황을 계속해서 되풀이하며, 자기가 소다 음료수를 흔드는 바람에 엄청난 일이 벌어졌음을 알고 공포에 떨었다. 결국 조이는 출혈이 심해 수술 도중 사망하고 말았다.

말샤는 결국 이 믿을 수 없는 상실들을 홀로 처리하기 위해 이 세상에 남겨졌다. 충격과 슬픔 가운데도 그녀는 남편, 두 아들, 딸 그리고 남동생을 위해 장례식을 치러야만 했다.

이 같은 비극처럼 동시다발적 상실의 경우에 충격은 더 오래 지속된다. 부정은 훨씬 더 강하다. 분노는 더 격렬하며 슬픔과 낙담은 더 깊다. 말샤가 이 압도할 수 없는 슬픔에 휩싸여 있는 한, 사랑한 사람들을 한 사람씩 애도하는 것은 어렵다. 하지만 그녀가 정신적 쇼크를 다루고 충격과 부정의 단계를 지나가게 되면 이후에 각 상실을 분리시키는 작업이 꼭 필요하다.

남편에 대한 상실감에 한껏 괴로워하자 이내 아이들에 대한 상실감이 폭격처럼 쏟아졌고, 뒤이어 남동생의 부재를 느끼게 되어 그녀는 상실의 슬픔 속에 더 깊이 가라앉아버렸다. 하지만 곧이어 그녀는 자신이 준비되었다고 느꼈을 때 남편 한 사람에게만 집중하며 하루 또는 몇 주일을 보냈다. 그녀는 옛 사진들을 하나씩 살펴보고, 그들 부부에게 의미 있었던 장소를 방문하고, 그를 위해 촛불을 켜고, 그에게 얘기했다. 그렇게 세 명의 아이들과 남동생에게도 각자 한 명 한 명씩 추모하고 애도를 표했다.

이런 경우 그 순간 자신이 누구를 애도하고 있는지를 구별하기가 힘들다. 모든 상실들이 저절로 섞여버린다. 하지만 각자에게 예정기간을 주어야 한다. 말샤는 남편을 위한, 자식을 위한 주기적인 시간을 가졌을 거라고 짐작한다. 처음에는 각자에게 일주일 기간을 주기로 계획을 짰을 것이고, 그 이후 훨씬 더 체계적으로 시간을 썼을 것이다.

이런 식으로 하는 것이 꼭 필수적인 것은 아니지만, 만일 한 사람을 향해 끊임없이 슬퍼하고 다른 사람이 그 슬픔을 방해하면, 그 슬픔 안에 계속해서 허우적거릴 것이 분명하다. 상실이 이토록 동시에 발생하면 그 상실들을 하나씩 분리시키는 행위는 아주 큰 도움이 된다. 대부분의 경우 우리는 전문가의 도움을 받거나 가능한 언제든 애도자를 위한 모임에 참석할 것을 권한다. 왜냐하면 장례식을 계획하고 비용을 조절하기 위한 재정적 해결책을 찾는 것은 말할 것도 없이, 철저하게 구분 지어야 할 감정들이 너무 많기 때문이다. 만일 사고로 사망하게 되면 법적 처리문제도 생기게 된다.

많은 이들은 분노의 단계 또는 '왜 하필 나인가?'라는 단계에서 시간을 보내며 다음과 같은 비합리적인 질문을 종종 한다.

"도대체 왜 경기장에 가게 놔뒀을까?"

"왜 그에게 밖에 나가서 빵을 사오라고 부탁했지? 난 기다릴 수 있었는데."

자기 자신에게 잠시 휴식을 줘야 한다. 그들이 경기장에 가도록 '둔다.' 왜냐하면 삶은 살아가기 위한 것이며 야구 경기는 삶의 일부이기 때문이다. 만약이라는 타협은 절대 다른 결말을 만들어낼 수 없다. 삶은 우리가 얼마만큼 조심했느냐와 상관없이 본래부터가 위험한 것이다. 하지만 이런 질문이 해답을 제시해줄 수는 없을지라도 이런 물음을 심문해보고 마음속으로 그것을 따라가보는 것은 정상적인 일이다. 사실 슬픔의 다음 단계로 넘어가기 전에 이런 질문이 이루어져야 한다.

동시에 일어나는 상실의 또 다른 상황은, 사랑한 이가 죽었을 때 여전히 다른 사람의 상실에 슬퍼하고 있다는 것이다.

에디스는 두 아들이 모두 베트남 전쟁 중 최전방에 배치되어 있을 때 염려스러우면서도 한편 감사한 마음이 있었다. 왜냐하면 스물두 살 큰아들 제임스가 열여덟 살밖에 안 된 동생 앤디를 돌봐줄 수 있을 거라고 생각했기 때문이다. 남편은 비행기 조종사였고 두 아들은 아버지의 뒤를 이었다. 아들 둘은 마침내 헬리콥터를 조종해 새로운 부대를 전장에 이동시켜주며 사상자와 함께 돌아오는 일을 맡았다. 임무 수행 중에 제임스는 자기도 모르게 지뢰밭으로 착륙하고 말았다. 비행기가 착륙한 뒤 한 군인이 발을 내딛는 순간 지뢰가 폭발하게 된 것이다.

제임스는 군용기 편대장이었고 앤디는 그 팀에 소속된 또 다른 헬리콥터를 조종하고 있었다. 헬리콥터 선체를 관통한 파편이 제임스 몸에 맞았다. 지휘 조종사가 파편을 맞았는데 헬기 문이 열리지 않고 있다는 소식이 즉각적으로 퍼져나갔다. 앤디는 지뢰의 위협에도 불구하고 제임스의 헬리콥터를 향해 달려가 심한 부상을 당한 형을 구해내려고 안간힘을 썼다. 앤디는 문을 여는 데 성공했고 형을 다른 헬리콥터로 옮겼다.

하지만 앤디는 속히 이륙하기 위해 헬리콥터 안으로 뛰어들려는 순간 총에 맞아 그 자리에서 숨졌다. 에디스는 그 소식을 듣고 망연자실했다. 제임스가 야전병원에서 퇴원할 수 있을 만큼 충분히 완쾌되어 집으로 돌아오기만을 손꼽아 기다렸다. 에디스와 남편은 제임스가 속히 집에 돌아와 서로의 슬픔을 나누기를 고대하고 있었다.

에디스는 깊은 슬픔에 빠졌지만, 살아남은 아들이 미국으로 수송될 만큼 완쾌되어 집으로 돌아올 날이 일주일 앞으로 다가온 것에 매우 감사했다. 그러나 집으로 가는 비행기를 타기 바로 전날 그 야전병원이 폭파되어 제임스는 그만 사망하고 말았다. 에디스와 남편은 앤디를 상실한 슬픔이 채 가시기도 전에 이제 큰아들 제임스마저 잃게 된 것이다.

사고, 에이즈 같은 전염병, 학교 총기사건 등 또 다른 상황이 동시에 일어나 사랑한 사람을 연이어 잃는 상실의 예는 얼마든지 널려 있다.

질병 때문에 동시에 일어나는 상실이 닥쳐오면 누가 다음 차례가 될지 모두 불안해한다. 대부분 자신이 전염병에 걸린 그룹에 속해 있다면 두려움에 떨 수밖에 없다. 회사에서 암으로 동료들이 죽는 일이 계속 발생하면 직원들은 무언가 가까이에 원인이 있을지도 모른다고 생각한다. 어쩌면 환경적 요인 혹은 이 장소가 저주받은 곳이라고 생각할지도 모른다. 이것은 상황을 어떻게든 추측해 보려 하거나 전혀 별다른 의미가 없는 것에 의미를 부여하려는 인간의 습성이다.

"왜 난 살아남았을까? 내 아이, 내 부인 대신 난 왜 죽지 않았을까?"

이런 반응은 생존자의 죄의식의 또 다른 형태로서 매우 극심하게 느껴지는 죄책감이다.

"왜 그들 중 나만 뺐지?"

또한 이런 생존자의 죄의식은 다수가 죽고 소수만이 남았을 때 자주 생겨난다.

심지어 어떤 이들은 "왜 난 아니지?"라고 묻는 것을 오만으로 간주한다. 슬픔을 모두 겪은 후에야 비로소 이해할 수 있는 것이며 그것은 인간에게 달린 게 아니다. 누가 살고 누가 죽느냐는 신과 하늘

이 내리는 결정이다. 궁극적으로 살아남은 자는 왜라는 궁금증에서부터 옮겨가 남은 생애에 무엇을 해야 할지를 강구해야 한다.

마치 다시는 살 수 없을 것처럼, 삶이 예전과 같을 리 없고 과거의 자신으로 돌아갈 수 없을 것처럼 느낄 것이다. 하지만 몇 해가 지나 상실을 품은 채 살아갈 방법을 찾게 될 것이다. 심지어 어떤 이는 여러 상실을 겪은 후 새로운 의미와 목적을 찾기 위해 다시금 힘차게 삶을 살아보기로 결심한다. 다만 자기 자신에게 충분한 시간을 주고 도움을 청하라. 수년이 걸릴 수도 있지만 때가 되면 죽은 이들의 삶을 기리는 법을 찾게 될 것이다. 이 순간 느낀 괴로운 고통이 사라진 채로.

재해는 자신과 사랑한 이에게 일어나기 전까지는 분명 자연과 우주의 자연적 발생이다. 죽음은 인간의 삶을 황폐화시키기 때문에 죽음을 재해라고 친다. 하지만 대형 사상자를 낸 재해는 지진, 홍수, 번갯불, 해일, 허리케인 같은 자연적 재해와, 독극물 유출, 교통사고, 화학물 폭발 같은 기술적 재해 그리고 폭력, 파괴행위, 방화, 민간폭동 같은 인위적 또는 고의적 사고들이 있다.

발생 원인은 매우 다르지만, 이런 재해들은 대형 사상과 인명 피해 그리고 광범위한 파괴 흔적을 남긴다는 점에서 유사하다. 집이 파괴되고 인근지역이 휩쓸려간다. 재산뿐만 아니라 사랑한 사람도 잃는다. 개인과 사회의 슬픔이 하나로 결합된다. 생존자들은 끔찍한 광경, 소음과 악취에 노출된다. 만일 재해가 인위적이고 고의적으로 야기되었다면 생존자들은 자신의 상실에 애도를 표하고 사랑한 이를 무고하게 죽인 범죄자에게 저주를 퍼붓기에 슬픔 안에는 격렬한 분노가 꽂힌다.

재해가 난무한 세상에서 인간은 인간이 겪게 되는 정상적 경험의 수위와 영역을 벗어난다. 화염 속에서 불타는 것을 목격하거나 죽어가며 울부짖는 수백 명의 비명소리를 듣고서, 이런 상황에 미리 대비하기 위한 토대가 되는 지식과 경험을 가진 사람은 없다. 생존자로서 오직 자신만이 이 낯선, 원치 않은 세상에 남겨졌다고 느낀다.

비행기가 추락하자 한 여인은 옆 좌석에서 불에 타고 있는 남편을 속수무책으로 지켜볼 수밖에 없었다. 비행기 선체를 빨아들일 화염 속에서 많은 사람들이 죽어가는 모습을 목격하며, 어떤 이유인지 그녀는 몸에 흠집 하나 없이 살아남았다. 모든 승객이 불 속에서 죽어가는 동안 유일하게 생존한 그 기이한 여인은 한 술 더 떠서 그 사고 직후 남편의 관을 화물칸에 실은 비행기에 몸을 싣기까지 했다. 그녀에게 "어떻게 비행기를 다시 탈 마음이 생겼느냐"고 후에 물어보았다. 그러자 그녀의 질문은 더 광대했다.

"어떻게 이 세상에서 안전하다고 느낄 수 있겠는가?"

그녀는 그것을 영원히 느낄 수 없다는 것을 알았다. 만일 이 세상이 불안하다고 느껴진다면, 우리는 제공되는 어떤 도움이든 이용해보라고 권한다.

슬픔을 다루기 전에 그 정신적 쇼크 자체를 먼저 다뤄야 한다. 정신적 쇼크는 인간 경험의 정상적인 영역을 벗어난 사건에 대해 보이는 반응 중 하나인 외상후 스트레스장애(PTSD)를 유발한다. 이때는 충격적이고 고통스런 사건으로부터 받은 정신적 쇼크가 슬픔의 반응을 느리게 만든다. PTSD는 정서장애로 극도의 흥분과 극심한 불안을 통해 끔찍했던 사건이 재현되는 것을 말한다. 즉 침투적 사고와 기억, 환각의 재현, 그리고 감정 둔화 등을 보이는데 그것은 마치 사건 현장을 담은 비디오테이프가 계속 재생되고 있는 것과 같다.

대개 슬픔 속에서는 사랑한 이가 어떤 병명을 진단받았고, 그다음 병세가 악화되었고, 그러고는 사망했다고 설명할 수 있다. 모든 사건은 슬픔의 정도와는 상관없이 시간상 일어났던 순서대로 회상할 수 있다. 이런 기억은 일직선으로 늘어져 있다. 하지만 정신적 쇼크가 발생할 때는 떠오르지 않는 장면, 의식적인 상태에서 기억하기에는 너무 고통스런 사건들로 종종 빈 공간이 생긴다.

때때로 재해를 당하면 정신적 쇼크와 죽음 그리고 생존이 한데 뒤섞인 상황에 직면하게 된다. 제인은 걸프 해안으로 자리를 옮겨 살아가고 있었다. 그녀는 남쪽 지역을 무척 좋아했고 해변에서 겨우 몇 블록 떨어진 대형 아파트 단지에서 생활을 즐기고 있었다. 그녀는 여러 허리케인을 겪으며 약간 두려웠던 적은 있지만 실질적으로 피해를 겪은 경우는 단 한 번도 없었다.

어느 날 폭풍이 해변을 향해 불어오고 있을 때, 흔히 대응했던 대로 그녀는 친구들과 아파트 안에서 머물러 있기로 했다. 다 함께 한 장소에서 폭풍을 견디는 건 만족스럽고 안전한 기분이 들게끔 했다.

그날 밤도 여느 때처럼 폭우가 바람을 동반하기 시작했다. 그런데 별안간 기상 변화가 있더니 창문이 깨지기 시작했다. 모두 재빨리 다른 방으로 이동하여 가구가 부서지지 않게 방 가운데로 밀어 놓았다. 정전이 되자 촛불을 켰고 으스스한 불빛 아래서 서로를 응시했다. 이전에 결코 느껴보지 못한 위험스러운 순간이었다.

아파트 3층에 위치한 방에서 나가야 한다고 직감했기에 그들은 손을 잡고 한 줄로 서서 출구 쪽으로 걸어 나갔다. 통로는 빗물뿐 아니라 방금 전까지도 멀리 있었던 해안에서 밀려들어온 바닷물로 온통 물바다가 되어 있었다.

일행 중 탈출에 실패한 사람들이 다시 아파트로 올라왔다. 그들은 공포감에 어쩔 줄 몰랐다. 제인은 나머지 사람들을 지붕으로 안내했고, 그때부터 일어났던 일은 전혀 기억하지 못했다. 그녀는 수영을 잘했기에 지붕에서 뛰어내리기로 결심했다. 나뭇가지에 걸렸던 것은 기억한다. 그것이 단지 나무 꼭대기 줄기였다는 걸 알아차리지 못한 채 나뭇가지를 움켜잡은 장면만 어렴풋이 기억날 뿐이다. 물속에 빠져 바다로 휩쓸려 갔을 때 친구들의 목소리가 귓전에서 사라졌다. 육지를 향해 바다를 헤엄쳐 나가는 생존의 싸움이 시작되었다.

어느 방향으로 향하고 있는지 감지하기 어려웠지만 그녀는 걸프 해안 한가운데서 분명 죽게 될 거라는 두려움 속에서 몇 시간을 무작정 헤엄쳐 나갔다. 그 기나긴 암흑 속에서의 기억은 흐릿하지만 그녀는 마침내 육지에 도달했고 어느 건물 안으로 돌진했다. 이튿날, 태양은 물에 젖은 폐허 위로 떠올랐고, 그녀는 아파트에서 북쪽으로 떨어진 곳에 서 있었다. 그것은 곧 그 아파트 건물이 완전히 물에 잠기는 동안 그녀가 3킬로미터를 헤엄쳐 왔다는 것을 의미했다.

혼자서 보낸 끔찍한 밤의 기억으로부터 치유되는 복잡한 과정은 제인에게 평생이 걸렸다. 집을 잃은 것부터 그 아파트에서 유일한 생존자가 되기까지 죽음, 파괴, 생존 투쟁은 슬픔과 정신적 쇼크를 뒤죽박죽으로 만들어 놓았다.

재해로 인한 죽음은 다른 어떤 것과도 비교될 수 없다. 2004년 동남아시아 쓰나미 해일 사건처럼 사상자 수가 엄청날 수 있다. 시체를 처리하는 일이 사회의 위기가 될 정도다. 유가족들은 사랑한 이의 심각하게 손상된 시체를 직접 눈으로 확인해야 했다. 장기간 시체 발굴 작업과 신상 확인이 이슈로 떠오를 정도였다. 또는 아예 시신을 찾지 못한 경우도 많았는데, 그것은 대부분의 생존자들이 예상치 못했던 터라 격렬한 항의가 빗발쳤을 수밖에 없다.

재해에 대한 집단적 슬픔과 분노는 유사한 상실을 겪은 낯선 사람과 유대관계를 맺게 해준다. 상실이 한창 진행 중일 때 도움의 손길과 질문이 쇄도한다는 것은 괴로운 일이다. 그것은 단지 사랑한 이가 영원히 가버렸고 또 다른 세상에서 새로운 재해가 진행 중에 있다는 사실을 알려줄 뿐이다.

재해 당시의 모습은 대개 충격적이다. 우리가 살아남은 이유를 짐작해보며, 정신적 쇼크와 상실에서 벗어나기 위해 분명 기억을 지워버리려 할 것이다. 그렇지만 아무리 경계를 많이 한다고 할지라도 자연재해를 피할 수는 없다.

로스앤젤레스에 사는 한 여성은 그다지 심하지 않은 지진을 체험했다. 하지만 그녀는 몹시 겁에 질렸고 지진이 자주 발생하는 지역에서 산다는 건 너무 큰 모험이라고 생각했다. 그녀는 하와이 섬의 카우아이로 이사했고, 기대했던 만큼 그곳의 생활은 훨씬 더 평화로웠고 안정감 있었다. 그러나 정확히 3주가 지나 태풍 미니키가 불어 닥쳐와 섬 전역을 초토화시켰다. 전화기를 사용하기 위해 줄을 서야 했고 음식과 물이 배급됐다. 그녀는 외진 섬에 살고 있기 때문에 도로와 무너진 건물을 복구하기까지 오랜 시일이 걸렸다. 이 세상에 안전한 곳이 한 군데도 없는 것처럼 느껴졌지만, 그녀는 자신의 선택이 이런 재난이 초래되는 데에 어떤 책임도 없다는 것을 서서히 받아들이게 되었다.

마드리드 열차 폭파사건, 록커비 상공에서 추락한 팬암기 폭발 사건, 도쿄 지하철 사린신경가스 유출사건, 그리고 2001년 9·11 세계무역센터 테러 같은 재해는 생존자들을 재해에 대응하는 매우 공식적인 접전으로 몰아붙인다. 재해가 일어난 사회로 여론이 집중적으로 모여든다. 그 자리에 없었던 사람들은 어떤 상황인지를 알고 싶어한다. 그리고 범인의 소재를 파악하고 추적할 때 재해에 대한 불안과 연루가 생존자들에게 고조된다. 만일 범인이 잡히면 매체들이 더 많이 몰려오고, 재판에 회부되는 논쟁만으로 몇 년, 재판 진행으로 몇 주 혹은 몇 달, 그러고 나서야 판결이 내려진다. 이 모든 과정은 생존자들에게 그 순간을 떠오르게 해서 다시금 슬픔을 불러일으키고, 애통함 속에 젖게 만든다.

만일 재해로 사랑한 이를 잃었다면 부정의 단계는 더 클 것이다. 왜냐하면 재해가 자신에게는 절대 일어나지 않을 거라고 생각했기 때문이다. 다른 사람도 아닌 사랑한 이가 재해를 겪었다는 사실에 화가 난다. 또한 재해의 모태가 되는 자연에게도 분노가 치민다. 자연의 분노가 이 세상으로 밀려온 것이 아닌가.

많은 이들은 매년 사랑한 이를 방문하는 성지순례를 한다. 바다에서 비행기 추락사고로 사랑한 이를 잃었다면, 가장 가까운 바다를 방문하거나 매년 추모식을 갖기 위해 보트를 타고 바다 위로 나간다. 한 여성은 딸이 비행기 추락사고로 죽었을 때 실의에 빠졌고, 마음 깊이 애도하고자 늘 그 추락사고 장소를 방문했다. 그것은 상실을 현실적으로 받아들이도록 도와준다고 말했다.

재해로 큰 아픔을 겪은 많은 가족들은 매년 상실의 장소를 방문하는데 이 그룹 의식은 큰 도움이 되고 있다. 누구도 이해할 수 없는 사건을 겪은 서로에게 힘이 되어주기 위해 그곳에 모인다. 만약 사랑한 이가 죽은 장소가 쉽게 방문할 수 없는 곳이면 이따금 마음 속에서 그 장소를 방문할 수 있다. 이런 정신적 방문은 상실과 비극을 받아들이고 인정하는 데 큰 도움이 된다.

상실과 재해의 참담함 속에서 도무지 살아남을 거라는 생각이 들지 않지만, 심지어 얼마 동안 자신의 앞날이 보이지 않더라도, 그리고 그런 충격을 겪고 다시 살아갈 수 있을지 의심이 되더라도 가야 할 삶은 남아 있다. 인간은 자신이 아는 것보다 잠재된 적응 능력을 가지고 있다.

9·11 테러사건 이후 뉴욕은 심한 정신적 충격에 휩싸여 제 역할을 해내지 못하는 사람들의 도시가 될 거라고 예견했다. 하지만 그런 상황은 도래하지 않았다. 정신적 충격은 인간의 강인함과 인내력 그리고 그 이후 희망을 가르치기 위해 찾아오는 것이다.

잘려진 나무는 육체적 충격을 경험한다. 그것으로 나무의 삶이 완전히 끝났다고 여긴다. 하지만 그곳에서 작은 생명의 새싹이 돋아나온다. 아주 서서히 그리고 조용하게.

9 신의 이해를 구하지 마라

ⓒ Constantine Manos | Magnum Photos | 유로포토-한국매그넘

집에 조금만 더 일찍 도착했었더라면? 아이들이 그 심부름을 하러 밖에 나가지 않았더라면? 여행을 가지 않았더라면? 그가 건강검진을 평소에 잘 받았더라면? ……그러나 다시 한 번 묻자. '푸른 잎이 땅에 떨어지는 순간을 당신은 어떻게 받아들일 것인가?'

다음은 자살을 시도했던 사람이 실제로 남긴 유서로, 유족들로부터 게재 허락을 받아 이렇게 소개한다.

어머니, 아버지 그리고 그레그에게

만일 이번 자살시도가 성공하게 된다면, 내가 모두에게 정말 미안해한다는 걸 알아줬으면 합니다. 하지만 난 내 자신에 대해 어떤 희망도 기대할 수 없는 깊은 수렁에 갇혀버렸습니다. 이제 그만 내 자신을 괴롭게 하는 이 비참함에서 자유로워지고 싶습니다.

내 자신과 내 영혼, 내 존재감 그리고 이 생애의 목적을 영원히 상실한 것 같습니다. 이젠 더 이상 무엇이 옳은 것인지 모르겠습니다.

부정적인 사고와 고뇌를 떨치려는 몸부림에 이젠 지쳤어요. 사람들 곁에 있는 게 너무나 두렵습니다. 자살 충동이 수차례 들었지만, 그때마다 엄마와 아빠 그리고 그레그를 떠올리며 충동으로부터 벗어나려고 무척 노력했습니다. 때론 나에 대해 희망이 생기기도 했지만 이내 의심이 갑니다. 매우 의지력 없어 보인다는 걸 알아요.

하지만 전 정말 상처받았고, 그 누구의 잘못도 아닌 제 잘못입니다. 너무나 부당하고 부끄러운 일을 겪게 해드려서 죄송스런 마음뿐입니다. 하지만 저는 정말 약하기만 한 존재고 더 이상 감당할 수 없습니다.

내게 가장 큰 상실은 가족들입니다. 하지만 더 나아질 다른 방법은 없는 것 같습니다. 모든 것이 괴롭지만 내 머릿속의 이 감정은 바꿀 수가 없습니다. 어머니 정말 죄송합니다. 가족 모두를 사랑합니다. 지금은 내가 이 행성을 떠날 시간이며, 나를 괴롭히고 당신들께 폐를 끼쳤던 고통으로부터 내 영혼이 자유로워질 시간인 것 같습니다. 내 안에서 느껴지는 분노, 고통, 그리고 이것에 다가갈 수도 더 나아지게도 할 수 없는 나의 무능함이 잘 표현됐기를 바랍니다.

내가 원했던 것은 단지 사랑입니다. 적어도 지금은 그 사랑이 더 이상 내 안에 존재하지 않습니다. 내 자신이 사랑할 수 없는 사람이 된다는 게 무섭습니다. 그건 내가 아닙니다. 더 이상 내 자신을 모르겠습니다. 이건 누구의 잘못도 아닌 제 잘못입니다. 하지만 만일 여러분 모두를 얼마나 사랑하는지를 보여줄 수 있다면 꼭 그렇게 할 겁니다. 이 현세에서만이 아니라 영혼세계에서도 그렇게 하겠습니다. 신이 날 보살펴주시길 그리고 날 이해하고 용서해주길 기도합니다.

여러분이 몹시 보고 싶을 거라는 걸 알기에 이곳에 남아 이런 내 문제를 해결하고 싶었습니다. 하지만 그렇게 할 수가 없네요. 이런 기운의 흐름을 도저히 막아낼 수 없는 이곳에서 신은 더 이상 어떤 도움도 되지 않습니다. 막다른 골목에 있는 것 같습니다. 내 인생에서 아무것도 이룬 게 없다는 게 화가 납니다. 난 학업에는 전혀 재능이 없습니다. 미안하고 여러분 모두를 사랑합니다. 날 용서해주세요. 여러분 잘못이 아니라, 문제는 분명 모두 내게 있습니다. 안녕히 계세요.

로버트

위의 글은 실제 편지이며 이 글을 남긴 로버트는 결국 자살했다. 편지에는 자살을 감행할 수밖에 없는 그의 절박함이 잘 나타나 있다. 삶의 몸부림, 실패감 그리고 삶이 원하는 대로 되지 않는 실망감을 또렷이 느낄 수 있다. 자살을 부르는 사이렌 소리가 스쳐지나가는 선율 속에 희망이 상실된 소리가 들린다.

누구나 죽고 싶어하지 않지만 고통에서는 벗어나길 원한다. 로버트는 살기 위해 하루하루 내면의 자신과 고투를 벌였다. 이루고 싶은 이상적 인물의 모습을 간직하고 있었지만 그곳에 도달할 수 없었다. 자신의 자살이 사랑한 사람의 잘못이 아니라는 것을 알려주기도 했다.

이 편지로 자신의 몸부림을 설명하고 가족들을 자살에 대한 책임감에서 해방시켜주려고 했지만, 정작 그들에게 어떤 위로도 주지 못했다. 자살로 누군가를 잃은 사람의 모임에서는 유서를 발견하는 것이 더 나은지 아닌지에 대해 종종 토의한다. 상관없다고 여기는 사람도 있다. 왜냐하면 중요한 사진 속에서 소중한 사람이 이미 사라져버렸기 때문이다.

유서를 받지 못한 사람들은 사랑한 이의 심정을 짐작할 만한 실마리라면 어떤 것이든 찾으려고 혈안이 된다. 유서와 함께 남겨진 사람들은 그에겐 대답이 절실히 필요했고 그 대답을 행동으로 옮기기에는 너무 늦었다는 것을 깨닫는다. 유서를 발견한 사람들에게는 알게 된 사실을 행동으로 옮겼으면 결과를 바꿀 수 있었다는 좌절감이 더 가중된다. 하지만 어떤 경우는 알게 된 사실이 이미 과거에 그에게 조각조각 들렸던 이야기들이다.

사랑한 이의 자살은 그 자체로 슬픔의 형태를 가지고 있다. 죄책감과 분노뿐만 아니라 치욕스러움이다. 자살을 둘러싼 크나큰 오명 속에 남겨진 가족들은 그 사실을 절대로 입 밖에 꺼내지 않는다. 어떤 이는 사랑한 이의 죽음의 이유를 설명하기 위해 거짓말을 꾸며댄다. 왜냐하면 수치스러움도 죄책감의 일부이기 때문이다. 죄책감은 스스로를 비판하는 감정이다. 잘못을 했다는 느낌이며, 그의 이런 고통을 심각하게 받아들이고 경청해주려는 노력이 비록 거부당했을지라도 그를 죽음으로 몰았다는 생각이 스스로 들 때 그것은 한층 강해진다.

죄책감은 분노가 안으로 방향을 바꾼 것이며, '모든 사람은 살릴 수 있다'는 믿음을 자신이 어겼을 때 일어난다. 또는 '누군가 자살을 하지만 우리 가족이나 친구는 아니다'라는 생각을 가지고 자란 사람에게 쉽게 생겨날 수 있는 감정이다. 죄책감은 인간의 한 경험이며 그것을 넘어서기 위해서는 믿음과 행동을 일치시켜야 한다. 정말 누군가를 살릴 수 있었을까? 만일 뭔가를 더 했더라면 정말 상황이 달라졌을까?

죄책감은 자신이 했던 것을 생각해보는 것이며 부끄러움은 자신이 누구인지를 생각해보는 것이다. 사랑한 이가 자신과 함께 하루를 더 사느니 죽음을 택한 것이 더 나은 선택이라고 생각할지도 모른다. 예전에 한 어머니가 우리에게 이렇게 물은 적이 있다. "자살로 자신의 가정을 문제가정이라고 영원히 낙인찍히게 하는 것보다 더 사회적 불명예를 안겨줄 수 있는 것이 또 있을까요?" 죄책감이 자신의 의식을 비난하는 것이라면 부끄러움은 자신의 영혼을 공격하는 것이다.

자살한 사람을 사랑했던 이들은 크나큰 절망감을 느낀다. 희망의 빛줄기를 발견할 필요가 있으며, 사랑한 이가 자신의 그 빛을 발견할 수 있도록 도와야 한다. 남겨진 사람은 외로움을 느끼고 주위 사람들과 연락을 끊고 죄책감에 휩싸인다. 이런 상황이 되면 바깥세상과 관계를 끊고 마음의 문마저도 닫으려 한다.

에린은 수년 동안 남편의 자살 충동을 추슬러왔다. 남편 레이는 꽤나 능력 있고 건강해 보이는 똑똑한 사람이었지만 사실 그는 뇌의 화학적 균형을 유지시켜주는 약물치료를 받고 있었다. 여러 해 동안 그는 극심한 심리 기복을 보였지만 에린은 그와 함께 힘든 시기를 견뎌냈다. 그녀는 그가 생을 마감하려는 충동을 어느새 실행할까 봐 늘 노심초사했다.

남편의 담당의와 내과전문의는 그가 부정적 사고에 접근하지 못하도록 도움을 주었지만 그는 결국 자살하고 말았다. 자살하겠다는 말을 수차례 들었음에도 그녀는 너무나 큰 충격을 받았다.

"남편은 잘 견디고 있는 것처럼 보였는데 느닷없이 자살해버렸어요!"

자살하기 며칠 전 이상한 현상을 보이기도 한다. 친구나 가족들에게 기분이 회복될 기미가 없음을 알린다. 에린은 그런 포고가 치유의 징후가 아닌 자살의 한 징조라는 사실을 알게 되었다. 그 사람은 이미 마음의 결정을 했기 때문이다. 죽기로 결정을 내렸기 때문에 삶의 긴장감은 하찮아진다. 레이의 경우에 대해 에린은 다음과 같이 말했다.

"자살 위기일발은 정말 힘들었어요. 그런데 그럴 때 내가 뭘 해야 하는 거였죠? 회복의 징후를 전부 자살의 징조로 봐야 하나요? 그의 잠깐의 행복감도 모두 그의 자살 계획의 비밀스런 신호였을까요? 그의 자살 후 1, 2년이 지나도 난 예전처럼 삶을 살 수가 없었어요."

에린은 남편의 고통을 지켜만 본 사람이 아니라 함께 고통을 헤쳐나간 사람이다. 다른 가족들도 마찬가지일 것이다. 아들과 딸 또는 사랑한 이가 자살할 가능성이 있다면 어찌 그 싸움에 동참하지 않겠는가?

자살은 가족의 평안을 모두 없애버린다. 심지어 배반당한 기분이 들지도 모른다. 자신에게 알리지도 않고 어떻게 그런 행동을 할 수 있었을까? 지금껏 두 사람이 하나 되어 싸워 나가놓고 어떻게 혼자서 전투를 끝낼 수 있는가? 자살은 죽음의 행동을 넘어서 몸서리치는 충격이기에 그 분노는 이루 말할 수 없다. 자살로 사랑한 이를 잃는 것은 마치 뺨을 가격당한 기분일 것이다. 상실감과 배반감에 싸이고 자포자기 상태가 된다.

삶을 끝내기로 결심했는데 행동에 옮기지 못한 사람들은 안도와 감사함을 느끼게 됐기 때문이다. 삶이 문제가 아니라 다만 고통이 문제라는 것을 볼 수 있게 된 것이다. 고통을 멈추길 바랐고, 대안을 찾다가 희망이 사라졌고, 결국 자신의 싸움엔 어떤 해답도 없다고 결론을 내린 것이다. 모든 가능성이 효력을 잃으면 삶을 끝내는 것만이 유일한 해결책으로 남는다.

만일 자살로 자신의 생명을 앗아갔다면, 그들은 삶 속에서 배웠어야 할 수업이 죽어서도 여전히 숙제로 남겨진다는 말이 있다. 이것은 마치 삶에서 겪는 엄청난 고통들이 죽어서도 따라온다는 말로 들린다.

그래서 비극적인 삶은 몇 가지 중요한 배움을 남긴다. 그중 하나가 세상에는 더 많은 친절이 필요하다는 것이다. 때로 배움은 고통과 상실에 에워싸여 있어 발견하기가 쉽지 않다.

케이티는 삶을 소중히 여기고 행복을 갈망하는 사랑스럽고 활력이 넘치는 30대 중반의 여성이었다. 케이티가 여섯 살 때 부모님의 이혼으로 그녀는 아버지에게 맡겨졌고, 그때부터 아버지는 케이티를 성폭행하기 시작했다. 일 년이 넘게 말로 다 할 수 없는 학대를 당한 후 그녀는 용기를 내 어머니와 몇몇 어른들에게 이 사실을 털어놓았다. 하지만 그 누구도 그녀를 믿어주지 않았다. 학대는 그녀가 10대가 된 이후에도 계속되었으며, 열여섯이 되어서야 비로소 아버지에게서 도망칠 수 있었다.

20대 초반이 되자 케이티는 정상적인 생활을 하고 있는 것처럼 보였다. 그러나 어린 시절의 기억은 다시 떠올라 그녀를 괴롭혔다. 그 기억을 둔화시키기 위해 그녀는 마약에 의존했고 약물보호시설을 들락날락하다가 30대 중반에 이르러 새로운 삶을 살기로 결심했다. 그녀는 약물치료 12단계 모임에 다녔고, 교회에 출석했으며, 사회봉사 단체에서 자원봉사도 했다.

하지만 과거로부터 거슬러 온 어두운 기운이 항시 그녀를 따라다니는 것 같았다. 케이티를 지켜보는 사람들은 그녀에게서 생기 발랄함을 볼 수 있었지만 동시에 그녀의 어린 시절의 정신적 충격으로 인해 깊게 자리 잡은 슬픔도 동시에 감지했다. 서른일곱 살이 되던 해 그녀는 결국 자살했고 친구들은 그녀의 죽음을 애도하면서도 한편으로는 그녀가 고통으로부터 비로소 자유로워졌다는 사실을 다행으로 여기기도 했다.

남겨진 사람은 사랑한 이의 극복할 수 없는 삶의 종식과 이젠 더 이상 고통스러워하지 않아도 된다는 사실에 안도감을 느낀다. 시간이 얼마 지나면 그들은 사랑한 이의 죽음이 고통스런 삶보다 더 낫다고 생각하는 것에 죄책감을 느낀다. 남아 있는 사람은 사랑하는 이가 그것을 볼 수 없었을지라도 언제나 또 다른 방안과 해결책이 존재한다는 것을 기억하는 것이 중요하다.

남겨진 사람은 슬픔의 과정을 겪는 동안 슬픔의 어느 단면에서 자살충동을 느낄 수도 있다. 상실의 고통이 너무 커 감당할 수 없는 것처럼 느껴지면 남아 있는 사람들은 모든 것을 포기하고 오로지 사랑한 이가 있는 곳으로 따라가길 원한다. 이 시기를 이해하는 최고의 방법은 자살의 상실을 겪고 슬픔의 단계에 익숙해진 사람에게 전문적 도움을 구하는 것이다.

만일 이 방법이 편안하게 느껴지면, 전문적 도움을 받기를 제안한다. 같은 고통을 겪은 사람들과 함께 시간을 보내는 것은 큰 도움이 될 것이다.

하지만 그 고통은 가족에게만 국한되는 것이 아니다. 한 자살전문 심리학자가 이런 말을 했다.

"최근에 내게 치료를 받는 동안 자살한 환자가 하나 있는데, 그녀는 지난날 암흑 속에 빠져 있었어요. 그녀를 살려내겠다고 다짐했는데 난 그러지 못했어요. 그 죽음은 오랫동안 내 주위를 맴돌았어요. 내가 자살하고 싶은 마음에서부터 빠져나올 수 있도록 하는 능력을 가졌을 수는 있지만, 난 내 자신이 신이 아니라는 사실을 잊지는 않았으니까요. 내가 통제할 수 없는 그 이상의 것들이 있기 마련이지요."

자살이 일어나면 사랑한 이에게는 엄청난 책임감이 남는다. 제니와 베네사는 대학교 기숙사 친구였다. 그들은 전화기를 같이 썼는데 어느 날 베네사의 친구인 케이스로부터 전화가 걸려왔다. 제니는 케이스를 한 번 만난 적이 있었고 목소리도 알기는 했지만 굳이 아는 척을 하지는 않았다. 그가 전화했을 때 공부하느라 한창 바빴던 그녀는 "베네사 여기 없어요. 전화 왔었다고 전해 줄게요"라고 짤막하게 말하고는 전화를 끊었다.

그 후 제니는 케이스가 그날 자살했다는 소식을 듣게 되었다. 그녀는 적어도 전화통화를 했을 때 케이스에게 어떻게 지내냐고 물어볼 수는 있었을 텐데, 하는 마음으로 무척 고통스러웠다. 잘 모르는 사람도 누군가의 자살에 이 정도의 책임감을 느끼는데, 하물며 가까운 이를 잃은 사람에게 남겨진 막대한 책임감은 과연 어떠할지 짐작할 것이다.

사랑한 사람의 자살을 겪은 이의 치유 과정은 복잡하다. 슬픔을 겪기 전에 먼저 죄책감을 극복해야 한다. 누군가의 자살에 책임이 없다는 것을 논리적으로 이해할 수 있어야 한다. 그러면 자기 자신과 자살한 이를 서서히 용서하게 된다. 슬퍼하고 미안함을 느낄 수 있는 공간을 마음 안에서 찾고, 그 사람이 어떻게 죽었는지, 그리고 자살로 인해 그의 삶이 어떻게 정의되는지에 연연하지 말고 떠나간 사람과 새로운 관계를 만들어야 한다.

이 과도기를 잘 넘기면서 상태가 호전된 사람도 자기도 모르게 자신과 그 사람과의 관계에서 상처가 생기면 한 곳에만 머무르게 된다. 가장 아이러니한 것은 결국엔 '난 앞으로 나가고 싶지 않아'라는 생각을 하게 된다는 것이다. 이런 감정의 기미를 감지했어야 한다고 느끼지만, 이런 조짐을 인지하는 데 방해가 되는 논쟁과 부정, 그리고 다른 뭔가가 존재하고 있었을 것이다.

사회적 고립은 자살을 일으키는 커다란 위험 요소가 된다. 왜냐하면 그것은 함께 나눌 수 없는 슬픔을 만들기 때문이다. 자기 자신뿐만 아니라 고통과도 홀로 남겨진다. 이 고립은 치유에 많은 도움이 되는 자신에게 적합한 위로 모임과 단체의 지원을 받을 수 없게 만든다.

어느 목요일 밤 몇몇 대학생들이 기숙사에 모여 TV를 시청하고 있었다. 화면에는 어머니의 유서를 읽으며 진땀을 흘리는 한 10대 소년의 모습이 비춰졌다. 소년은 어머니가 자신에 대한 원망을 유언장에 쓰셨을 거라 생각하며 두려움에 떨고 있었다. 소년은 용기를 내 어머니가 남긴 글을 읽기 시작했다.

그 안에는 어머니가 그를 매우 사랑했고 그녀의 인생에서 아들이 가장 소중한 사람이었다고 쓰여 있었다. 소년은 어머니가 자신 때문에 죽은 게 아니며 자신을 너무나 사랑했다는 것을 알고 비로소 안도하였다.

TV를 보던 학생들은 소년이 유서를 다 읽을 때까지 숨을 죽이고 있었는데, 그때 4학년인 톰이 화면에 대고 갑자기 "거짓말쟁이!" 하고 소리를 쳤다. 모두들 깜짝 놀랐다. 학생들이 그의 반응에 의아해하자 그는 "어머니가 아들을 정말 사랑했다면 과연 자살까지 할 수 있었을까?" 하고 말했다. 함께 TV를 보던 학생들은 그것이 톰의 경험에서 나온 말이라는 걸 알지 못했다. 톰의 어머니는 실제로 자살했다. 그는 냉소적인 말투로 말했다.

"그래, 저 아인 유서를 보고 난 뒤 어머니의 자살이 자기 때문이 아니라는 것을 알고 비로소 안도했겠지."

톰은 그건 단지 TV에서일 뿐 실제 현실이 아님을 알았다. 톰이 친구들과 자신의 슬픔에 대해 이야기할 때 했던 말처럼, 유서보다 실제 삶이 감당하기 훨씬 어렵다. 그는 말했다.

"슬플 때 가장 참기 힘든 점이 뭔지 알아? 떠나보낸 이에게 뭘 말해줘야 하는지를 모른다는 거야. 그들은 자신이 잘못 말할까 두려울 뿐 누가 어떻게 죽었는지는 중요하지 않아. 사람들은 단지 '네 어머니가 죽어서 유감이다'라는 말만 던지지."

가족 중 누군가의 자살을 감당해야 할 일이 생기면, 자신들이 다시 예전처럼 괜찮아질지 장담하지 못한다. 그것에 대한 선례가 없고 그 상실은 여러 세대의 문제가 된다. 만일 장성한 형이 자살했다면 가족은 그의 자식과 자신들의 자녀를 걱정한다. 또한 자식의 상실을 견뎌내야 할 부모를 걱정한다. 만일 가족이 자살에 대해 진실을 함께 나누지 못한다면 결국 치욕과 비밀만 늘어나게 될 것이다. 또한 사체가 된 자살 당시의 모습을 충격적으로 목격하게 될 수도 있다. 그것은 평생 따라다닐 끔찍한 장면이다. 그런가 하면 성직자들이 장례식에 참석하지 않을 땐 자살의 오명이 뭔지 뼈저리게 느낄 것이다.

자살로 여동생을 잃은 엘로이즈는 사람들이 하는 말이 생각보다 너무 큰 상처를 주었다고 고백했다. "설마 네 동생 비비안을 말하는 건 아니겠지. 그 애가 그렇게 신경증세가 있는 줄 몰랐어." 심지어 인신공격으로 한 게 아닌 말도 예민한 사람에게는 상처가 될 수 있다. 그것은 사회에서 유감스런 일을 겪고 살아가는 걸 더 힘겹게 만든다. "그렇게 할 바에 차라리 자살을 하겠다" 또는 "만약 내가 그곳에 있었다면 내 손목을 그어버렸을 거야"라는 식의 대수롭지 않게 던진 말들을 생각해보라. "그냥 방아쇠를 당겨" 또는 "절벽에서 확 뛰어내려버려"라는 표현은 자살로 누군가를 잃은 경우 더욱 의미심장하게 들린다.

자살로 인해 사랑한 이를 잃은 사람에게 일반적인 슬픔에 잠긴 사람보다 더 많은 도움이 필요하다고 확실하게 강조할 수는 없다. 이들을 위한 특정 모임을 찾을 수 없다면 유가족 정기 모임에 참여할 수도 있다.

자신과 일반적인 슬픔에 잠긴 사람의 가장 큰 차이점은 대개 그들이 사랑한 이는 병이나 혹은 나이가 들어서 죽은 반면 그는 죽음을 약간 수정한 가상 인물의 이야기를 하게 된다는 것이다. 하지만 결국 모든 슬픔을 느끼게 될 것이다. 이는 전혀 모임에 참여하지 않아 결과적으로 고립되어 있는 것보다는 백 배 낫다.

자살한 사람에게서 유서를 받는 경우와 반대로 자살한 사람에게 자신의 유서를 써보는 것도 도움이 될 수 있다.

사랑하는 윌리에게

내가 이 편지를 당신에게 읽어줄 때, 내가 당신을 그리워하고 있으며 당신으로 인해 너무나도 많은 변화가 있었다는 걸 알아주길 바랍니다. 난 언제나 이런 일은 다른 사람에게나 일어나지 우리에게는 아닐 거라고 생각했습니다. 어쩌면 당신은 마음속으로 자살을 통해 내게 은혜를 베풀었다고 생각할지도 모릅니다. 가장 마음이 아픈 건 당신이 나에게 작별인사를 안 했다는 것과 내게 작별인사를 할 기회를 주지 않았다는 겁니다. 나에게 닥친 이 상황을 바꾸려고 애쓰면서 울기도 많이 울었습니다. 당신의 고통과 절망 그리고 비극을 이해해보려고 노력도 했어요.

때론 당신에게, 그리고 내게 저지른 당신의 무책임한 행동에 화가 납니다. 간혹 당신의 죽음에 책임을 느끼기도 합니다. 내가 놓치고 있는 실마리가 있을 것 같아 내가 한 행동 또는 하지 못한 행동을 유심히 생각해보곤 합니다. 하지만 그것이 무엇이든 난 당신을 위해 그런 일을 행하지 않았다는 걸 알고 있습니다. 당신의 죽음이 내 책임이라는 생각을 멈추는 법을 배우고 있습니다. 만일 내가 당신과 당신의 삶을 신경 썼다면, 당신은 여전히 살아 있겠죠.

기억을 떠올리는 건 가슴 아프지만 자주 당신을 생각합니다. 당신 노래를 들을 때마다 난 여전히 눈물을 흘립니다. 당신이 이곳에 없기에 수많은 멋진 날을 함께할 수 없다는 사실이 슬픕니다. 하지만 서서히 가라앉겠죠. 행복했던 시간들을 기억합니다. 아마 당신은 내가 다시 웃는 모습을 보게 될 겁니다.

그래요, 난 다시 살아가는 법을 배우고 있고 당신이 죽음을 선택했기에 난 죽지 않기로 맘먹었습니다. 이젠 당신이 그토록 갈구하던 평화를 찾길 기도합니다. 당신이 평화로울 거라고 믿어요.

당신이 저지른 일과 우리가 함께 지내는 동안 일어난 모든 일을 용서해요.

중요한 건, 내가 당신을 자살하게 만들었다고 생각하며 고통 받았던 나 자신을 용서한다는 거예요. 왜냐하면 당신이 하늘과 신의 사랑으로 또한 동정과 자비로 나를 용서했다는 것을 알기 때문이에요. 내 생이 끝나는 날, 당신과 다시 함께하길 고대할게요. 내 연인으로서 당신을 영원히 사랑하고 기억할 거예요.

티나

성격이 활달한 60대 여성인 메리는 이렇게 말했다.

"슬픔은 내 남편 케빈이 죽었을 때 시작된 게 아니었어요. 그가 알츠하이머 병에 걸렸을지도 모른다는 의심이 사실로 드러난 그날 슬픔은 시작되었죠. 난 남편을 하나씩 하나씩 잃어갔지요. 내가 알고 있었던 그리고 사랑했던 한 인간의 자아를 서서히 상실했어요.

여러 면으로 보면 인간의 존재는 곧 기억의 존재인 셈이죠. 지금 그 아름다웠던 모든 기억의 조각들이, 우리가 함께 공유했던 성스러운 모든 것들이 빗속의 물방울처럼 모두 사라져갔어요."

사랑한 누군가에게 작별인사를 하는 방법 중 쉬운 건 절대 없다. 사랑한 이가 육체적으로 그대로인데 그의 존재를 서서히 잃어간다는 것은 혼란스러울 뿐 아니라 매우 충격적인 일이다. 그녀의 추억 대신 텅 빈 암흑이 자리할 때 그녀는 어떤 일을 겪고 있는 것일까. 어떤 기분이고 뭘 생각하고 있을까? 자아가 사라지고 난 후 계속 살아가고 있는 것은 누구인가?

앨런의 어머니는 많은 기억을 잃은 후에야 알츠하이머라는 진단을 받았다.

어머니의 성격 변화에 대해 그녀는 다음과 같이 말했다.

"사람들은 누군가의 고약한 성격이 드러날 때 그것은 스트레스를 받아서 그런다고 생각하지요. 화를 잘 내는 사람이 계속해서 화를 내다 보면 결국 굉장히 무례한 사람이 될 수 있다고 말해주겠죠. 하지만 그런 것과는 달랐어요. 어머니의 행동은 완전히 새로운 자아가 출현하는 것 같았어요. 어머니는 무례하거나 화를 낸 적이 없었는데 알츠하이머 병이 진행되고 있는 동안 그렇게 변한 거예요. 어머니를 절대 보호시설에 맡기지 않겠다고 다짐했는데 그렇게 상황이 안 좋아질 줄은 몰랐어요."

앨런은 알츠하이머의 파괴력을 과소평가했다. 어머니가 더 편찮으시면 먹여주고 돌봐줄 거라고 막연하게 생각하고 있었다. 그녀는 어머니가 부쩍 우울해졌음을 알았고 더 악화될 때를 마음속으로 준비하고 있었다. 그리고 정말로 악화되었다. 앨런은 언젠가는 어머니가 자신이 누구인지도 모르게 될 거라는 걸 각오했다. 하지만 앨런은, 어머니가 자기가 그녀를 죽이려 한다는 망상에 빠질 거라고는 전혀 예상치 못했다. 함께 외출할 때면, 앨런은 자신이 유괴를 당했다고 주위 사람들에게 비명을 지르는 어머니와 고투를 벌여야 했다. 눈앞의 문제를 처리하는 데 정신이 없었던 그녀는 어머니가 예전의 성격을 잃어버린 것을 슬퍼할 겨를이 없었다.

어머니가 말도 없이 어디론가 사라지면, 그때마다 앨런은 유괴와 학대로 신고되어 곤혹을 치러야만 했다. 앨런과 자매들은 어머니에게, 당신을 사랑하며 단지 돌봐드리기 위해 그리고 어머니가 주신 사랑을 모두 돌려드리기 위해 함께 있는 거라며 애절하게 설명했다.

그러나 이 잔인한 병 때문에 딸들의 사랑은 딸들이 유괴범이며 살인자라고 주장하는 어머니의 악다구니를 들어야만 했다. 앨런은 결국 어쩔 수 없이 어머니를 보호시설에 맡겼다. 그 후 몇 년 동안 앨런은 매주 그곳을 방문해 어머니의 병이 점점 더 심각해져가는 것을 지켜보았다. 하지만 어머니가 끝내 세상을 떠났을 때, 앨런은 자신의 말을 지키지 못하고 어머니를 보호시설에 보냈다는 죄책감을 떨쳐버릴 수 없었다.

앨런은 약속을 지키는 것이 자신에게 불가능했다는 것을 머리로는 이해할 수 있지만, 어머니가 원치 않았던 일을 감행했다는 생각에 가슴이 찢어졌다. 결국 그녀는 상실감과 죄책감을 없애기 위해 전문 상담자를 찾아갔고, 서서히 자신이 최선의 방법을 택했음을 깨닫게 되었다. 사실 전문가들의 보살핌으로 어머니가 전보다 좋아졌을 때, 그것은 그녀의 슬픔의 감정을 한층 더 복잡하게 만들었다.

무조건적인 사랑을 테스트해보는 방법으로 알츠하이머에 걸린 사람을 부양하는 것만큼 더한 일은 없다는 것에 많은 이들이 동의

한다.

던은 아내가 알츠하이머 병을 진단받았을 때 가슴이 무너져 내렸으며, 수년 동안 아내가 우는 것을 지켜보았다. 전에는 그가 방 안으로 들어오면 그녀의 얼굴이 밝아졌는데 이젠 마치 그를 매우 혐오하는 것처럼 행동했다. 그녀로서도 어쩔 수 없겠지만 그의 가슴은 산산조각이 났다. 그녀가 세상을 떠난 후 던은 신에게 물었다.

"왜 아내의 정신을 앗아갔나요? 정신이 죽어가는 것을 지켜보는 건 육신의 죽음을 목격하는 것보다 더 끔찍합니다."

마음 아픈 결심을 해야 할 일이 생길 때 현대 의학은 사랑한 이를 편안하게 두지 않는다. 가령 이런 물음을 생각할 수 있다. 환자가 더 이상 스스로 음식을 삼키지 못할 때 의료 장비로 음식물을 공급해줄 것인가? 그대로 두면 사랑한 이가 죽을 수도 있는 이 알츠하이머 병이 치료될까?

현대 의학은 정신이 죽은 후 육신을 놓아주는 사례를 만들지 않는다. 어떤 결정을 하든지, 우리를 괴롭게 하는 수많은 질문들을 던진다. 그 예가 "인공 영양 공급을 위해서 튜브를 삽입해야 할까요. 아니면 어머니를 굶어 죽도록 놔둘까요?"이다.

육신이 먹는 것을 영영 멈춘다면 그것은 이제 가야 할 시간이 다 됐음을 알려주는 신호라는 생각으로 평화로워질 필요가 있다. 육신의 기능이 다한 지 오랜 시간이 흘렀는데도 그 사람에게 음식을 제공한다면 그것이 실로 잘한 선택이었는가 하는 의구심이 남을 것이다. 삶의 기본 활동도 못하는 그에게 다만 시간만을 연장해준 것일 뿐이다. 이런 경우엔 할 수 있는 만큼 최선을 다한 자기 자신에게 평온해져야 한다. 현대 의학은 이런 딜레마를 인간에게 부여한다.

무엇을 결정했든 가장 제격인 것이 없었을 때, 가장 적절한 일이었으며 사랑과 희망 속에서 내린 결정이었다는 믿음에 마음을 편안하게 가져라. 무엇이 옳은 결정이고 그른 결정인지를 이해하려는 복잡한 메시지로 가득 찬 의료계에서 당신은 하나의 방향을 선택한 것이다.

적극적인 치료에 의지했든 혹은 수동적인 접근을 했든, 사랑한 이가 죽은 후 자신의 선택에 의문을 제기하는 것은 당연한 일이다. 하지만 다행인지 불행인지, 그가 더 이상 고통 받지 않기 때문에 약간이나마 안도를 느낀다.

알츠하이머를 앓고 있는 아내를 여러 해 동안 옆에서 지켜본 한 남자는 아내의 장례식장에서 자신의 상실에 대해 이같이 말했다.

"그것을 '긴 작별'이었다고 표현하기엔 매우 낭만적이라는 걸 압니다. 하지만 이 표현 안에는 좋았던 기억이 하나도 없습니다. 대부분이 혼란스러웠습니다. 오늘 난 아내의 슬프고 냉혹했던 여정에 작별을 고한다고 말할 수밖에 없습니다. 그녀가 마침내 평화롭고 다시 온전해지길 진실로 바랍니다."

기억상실 이후 결국 죽음이 찾아오면, 사랑한 이의 죽음이 오래 전부터 있어 왔던 일처럼 느껴진다. 둘 모두에게 너무나 의미 있었던 영화 관람, 휴가, 여행 같은 추억의 상징들이 희미해지기 시작했다. 졸업과 결혼도 눈앞에서 모두 사라져버렸다. 그러고는 당신을 더 이상 알아보지 못하는 날이 오고야 말았다.

그가 여전히 살아 있다면 어떻게 애도를 표하겠는가? 슬픔의 작은 조각들은 그 자체로 하나의 죽음이며, 슬퍼해야 할 분리된 상실임을 알아야 한다. 알츠하이머는 누군가 함께했던 기억의 상실 말고도 더 많은 상실을 안겨준다. 예를 들어 운전하는 법을 잊어버리고, 독립심이 없어지고, 개성이 상실되고, 명석함이 사라지고, 재정을 다루는 능력을 상실하고, 융통성이 사라지고, 가족들을 못 알아보고, 건강이 안 좋아지고, 감수성이 사라지고, 결국엔 지금까지 지켜왔던 자아가 사라져버린다.

그것은 꿈꾸던 노후의 삶을 상실했기에 고통스러워하는 부부들에겐 매우 느리게 진행되는 죽음이다. 결혼생활 30년이 지나 누구와 함께 추억을 회상할 것인가? 변해버린 그 사람을 더 이상 사랑하지도 않고 배우자가 당신을 여전히 사랑한다는 확신도 없는데 어떻게 살아갈 것인가? 육체적 사랑을 나누고자 하는 갈망을 그는 충족했던 사람이지만, 지금은 영원히 소멸되어버렸다. 이렇게 그의 상실은 곧 당신의 상실이 된다. 결국 그가 사망했을 때 당신이 알고 지냈던 그 사람과 영혼은 이미 오래전에 떠나버렸기에, 실제 관 속에 누워 있는 사람이 누구인지가 의심스럽다.

알츠하이머로 상실을 겪은 사람은 복잡한 슬픔을 느낀다. 자신이 느끼는 대부분의 감정이 안도감이라는 사실에 마음이 불편하다. 또한 죄책감, 후회, 슬픔, 그리고 수치심이 몰려온다. 마치 알츠하이머로 인한 행동이 그 사람의 잘못인 것처럼 자신의 가족이 그 병에 걸렸다는 사실이 창피하게 느껴진다.

당신과 가족은 이 병과는 하등 어떤 관계도 없다는 것을 알아야 하며, 그렇기에 그것을 감출 필요가 없다. 알츠하이머는 여전히 낯선 질병이다. 바라건대 이 병에 대해 더 많은 것을 밝혀낸다면 치욕스러움을 덜 지니게 될 것이다.

신의 부름이 어떤 이에게는 한가로운 목요일마냥 예견되었다는 듯 다가온다. 누군가에게는 예기치 않은 노크 소리를 내며 주말 프로젝트마냥 다가와 정신없게 만들기도 한다. 별안간 아무런 예고도 없이, 사랑한 이가 죽었다는 청천벽력 같은 소식을 들었을 때 당신의 세상은 돌연 바뀐다.

어떻게 이럴 수가? 아까까진 멀쩡했는데 이젠 아니다. 분명 여기 있었는데 지금은 없다. 사전 경고 없는 죽음의 이해가 가장 어렵다. 사망 소식과 상실에 우리는 할 말을 잊는다. 어떻게 아무런 경고도 없이 세상이 이렇게 극적으로 뒤바뀔 수 있단 말인가? 준비도 없고, 작별인사도 없이, 누구도 상상치 못했던 요란한 사라짐만이 있을 뿐이다. 그 결과 갑작스러운 죽음에 대한 부정은 더 오래가고 깊어질 것이다. 이런 급작스러움은 낯설고 말도 안 되는 세상으로 우리를 밀어넣는다. 사랑한 이가 아침식사 때까지 여기 있었는데 점심시간 땐 죽었다는 걸 어떻게 이해하란 말인가. 도저히 납득할 수 없다.

느닷없는 죽음은 자신을 심각한 쇼크 상태로 빠뜨려버리고, 갑작스런 고통을 버텨내기 위해 필요한 심적 준비를 할 시간도 주지 않는다. 리모델링을 시작해야 하는지 또는 올 여름휴가를 어디로 갈 것인지를 아내와 함께 고심했던 그 시간들이 아무 의미가 없어진다. 대신 이튿날, 아내를 어떤 관에 묻어야 할지를 결정해야 한다. 슬퍼하지 않는다. 아직은 당장 그렇게 되지 않기 때문이다. 하지만 곧 정신적 충격과 고통 뒤에 깊이 묻어 있던 슬픔 속으로 하염없이 떨어진다. 그것은 오래도록 머물러 있기에 수년에 걸쳐 서서히 파내야 할 것이다.

사고, 범죄, 테러뿐만 아니라 흔히 아는 병이나 희귀병으로도 예기치 못한 죽음이 일어날 수 있다. 병의 경우, 죽음이 돌연 일어날 수 있다. 평소에 건강했던 사람이나 회복을 기대했던 사람에게 급성 심장마비나 뇌출혈 또는 다른 여러 사태가 일어날 수 있다.

　죽음이 더 갑작스러울수록 상실을 애도하기까지 시간이 더 많이 걸린다. 작별인사 할 틈과 가장 친하고 소중했던 사람이 사라지고 없는 삶을 적응할 기회가 주어지지 않으면, 부정의 기간은 상당히 길어진다. 어떤 통보도 없었다면 불시에 큰 상실과 장례식을 치러야 하는 상황에 직면하게 된다.

　이러한 상실의 세계는 정신과 마음이 주위의 세상을 쫓아갈 수 있는 시간을 주지 않는다. 사랑하는 사람과 논의해볼 기회도 없던 결정들이 권투선수가 연이어 일격을 가하는 것처럼 몰아닥칠 것이다. 화장을 할 것인지 매장을 할 것인지? 어떤 관을 사용할 것인지? 누구에게 부음을 알려야 하는지? 장례식은 어떻게 할 것인지? 그가 뭘 원했었는지? 그에게 뭘 해주고 싶은지? 죽음을 도저히 현실로 받아들일 수 없는 상황에 어떻게 이런 많은 결정을 내릴 수 있겠는가. 당장에라도 그 사람이 걸어 나와 당신의 악몽을 종식시켜주지 않을까.

　50대의 사랑스럽고 상냥한 아네트는 두 살 연상인 남편의 죽음을 떠올리는 것이 고통스러웠다. 그녀는 말했다.

　"아직도 가슴이 아파요. 사람들이 집을 이사해보라고 권유했어요. 혼자 살기에는 집이 너무 크다더군요. 스트라디바리우스의 바이올린 모양의 우리 집은 세를 주기에는 너무 특별했죠. 어떻게 설명해야 할까요? 로빈을 한 번 더 잃은 느낌이 들 것 같다고나 할까요? 남편은 집에 있는 시간이 나보다 더 많았고, 날마다 뜰에 나가 있곤 했지요. 언젠가는 이사를 가겠지만 로빈을 생각하는 걸 그만둘 수 없는 것처럼 이 집을 떠날 수 없어요. 이 집은 그의 일부이죠. 사람들은 이해하기 힘들겠지만요."

레나의 남편 할은 복통과 소화불량이 있었지만, 단지 위산이 역류해서 그런 거라고 생각했다. 의사는 내시경 검사를 받아 보라고 제안했고, 그때마다 그는 검사에 응했다. 어쨌든 그 후 5년간 할은 몸무게를 줄이고 담배를 끊었다. 그러나 운명의 날이었던 어느 봄날 밤, 잠자리에 든 그는 위에 심한 통증을 느꼈다. 그는 밤새 일어났다 앉았다를 반복했고, 심지어는 잠이 들지 않아 건조기에 옷을 몇 벌 집어넣기까지 했다.

레나는 그가 밤새 힘들어한다는 것을 알고 침대에서 일어나려 했지만, 그는 그녀에게 그냥 누워 있으라고 했다. 얼마 후 그는 침대로 돌아와 그녀 옆에 누웠고, 그녀는 기분이 어떤지 물었다.

"조금 나아진 것 같아."

레나는 마음이 놓였고 다시 잠이 들었다.

한 시간쯤 후, 이상한 소리에 잠에서 깬 레나는 남편에게 물었다.

"여보, 무슨 소리예요?"

그는 대답이 없었다. 그녀는 그를 가만히 흔들며 물었다.

"왜 대답이 없어요?"

레나는 후에 이렇게 얘기했다.

"지금 와서 생각해보니 그 소리가 죽음의 소리였어요. 꼴깍하는 소리 말이에요."

레나는 911에 전화를 걸려고 했었다.

"하지만 너무나 당황해서 411을 누르고 말았어요."

결국 911에 전화를 걸어 교환원에게 남편의 눈동자가 머리 쪽으로 돌아갔다고 말했다.

교환원이 물었다.

"숨을 쉬고 있나요? 남편의 입술에 귀를 대고 들어보세요."

그녀는 아무 소리도 들을 수 없었다.

교환원은 "남편을 마루에 눕히세요"라고 지시했지만 레나처럼 체구가 작은 여성이 하기에는 만만치 않은 일이었다. 교환원이 레나가 힘을 쓰며 숨을 헥헥거리는 소리를 듣고 물었다.

"집 안에 도와줄 사람이 아무도 없나요?"

레나가 말했다.

"없어요, 우리 둘만 살거든요."

그 순간 그녀는 충격을 받았다. 더 이상 '우리 둘'은 없었.

곧 도착한 구급대원들은 그녀가 이미 알고 있는 남편의 사망 사실을 확인해줄 뿐이었다. 그녀는 울부짖었다.

"이 사람이 이렇게 여기 누워 있는데 어떻게 사라질 수 있죠? 믿을 수 없어요."

훗날 레나는 말했다.

"밤에 남편에게 잘 자라는 인사를 하고, 다음날 아침이 되어서는 남편의 장례식을 계획하러 장의사 사무실에 있을 거라고 상상할 수 있는 예지력을 지닌 사람은 없을 거예요. 그가 어디에 있었는지, 그가 어디를 갔었는지 아직도 머릿속에 떠올라요. 난 열아홉 살 때부터 그와 함께했어요. 마치 너무나 실제 같은 악몽 속에 있는 것 같아요. 자기가 꿈을 꾸고 있는 걸 확신할 때가 있잖아요. 지금도 내가 잠을 자고 있고 남편도 내 옆에서 자고 있다는 착각이 들 때도 있어요."

그의 죽음 이후 며칠 동안 사소한 일들이 그녀를 깊은 슬픔과 불신 속으로 던져놓았기에 정신이 멍했다. 그녀는 기억을 떠올렸다.

"그냥 아무 생각 안 하고 집안일을 해보려고 했어요. 하지만 건조기를 열었을 때 그 안에는 남편이 죽기 몇 시간 전에 던져 넣었던 그의 옷이 들어 있었어요. 난 결국 소리를 지르고 말았지요."

사랑하는 사람을 갑작스럽게 잃는 것은 특별한 죽음을 경험한 것이다. 작별인사를 하지 못한 슬픔은 멀쩡하게 삶을 살아가고 있는 사람을 잃었을 때 가장 큰 상처가 된다. 어떻게 그런 일이 생길 수 있었는지, 그리고 결과를 바꾸려면 어떻게 했어야 했는지를 자문한다. 집에 조금만 더 일찍 도착했었더라면? 아이들이 그 심부름을 하러 밖에 나가지 않았더라면? 여행을 가지 않았더라면? 우리에게 일어나는 일 대부분은 우리가 내린 결정의 결과에 의해 발생한 것들이기에 '만일'을 자꾸 생각하게 된다. 만일 휴가를 더 일찍 가기로 결정했다면 그래도 그들이 죽었을까? 일찍 돌아와서 병원에 갈 시간이 있었다면? 그가 스트레스를 좀 덜 받았더라면 살아 있었을 거야.

쉘리는 '만약'이라는 문제를 깊이 생각해볼 기회가 있었다. 휴와 쉘리는 인도 여행을 가기로 했다. 예방주사를 맞으러 병원에 갔을 때 접수원이 물었다.

"주사만 맞으실 건가요? 두 분 모두 다음 달에 건강진단을 받기로 되어 있거든요. 지금 건강진단을 하셔도 되고 아니면 돌아오신 후에 하셔도 됩니다."

여행 준비로 무척 바빴던 쉘리는 돌아올 날짜에 맞춰 예약을 했다.

인도 여행은 그들이 원했던 대로 수월하게 잘 진행되었다. 여행을 마치고 집으로 돌아온 후, 사진을 현상하러 간 휴가 급성 심장마비를 일으켜 사망하고 말았다. 그 후 몇 개월 동안 쉘리는 충격과 비탄에 빠졌고 여행을 떠나기 전에 건강검진을 받았더라면 어떻게 됐을까라는 생각에 괴로워했다.

마음의 평안을 찾기 위해 쉘리는 담당의사와 상담을 하기로 결심했다. 그녀는 의사 앞에 앉아서 건강검진을 하지 않은 것에 대해서 자신이 얼마만큼 죄책감을 느끼는지를 털어놓았다.

"쉘리, 자신에게 책임을 돌리지 마세요. 휴가 진찰실에 들어왔을 때 얼굴빛이 무척 좋아 보였어요. 건강검진을 했더라도 내가 그에게 트레드밀(심장박동 측정기구)을 타게 했을지는 의문이에요. 지난번 혈액순환은 정상이었고, 상태도 좋았어요. 이 상황을 예견할 수 있는 길은 없었어요."

의사조차도 아무런 실마리를 눈치 채지 못했었다는 사실을 알고서 쉘리는 약간의 위안을 얻었다. 물론 그녀는 여전히 슬픔에 빠져 있지만 죄책감은 사라지기 시작했다. 그것은 슬픔이 치유되는 데 굉장한 도움을 주었다.

갑작스러운 죽음으로 사랑한 이를 잃은 사람을 위한 모임은 꼭 필요한 것이지만 극히 드물다. 다수가 참석하는 애도 모임이 있다. 이미 언급한 대로 그곳은 상실의 감정이 얼마나 보편적인지를 보여준다.

애도 모임이 빠지기 쉬운 함정 중 하나가 어떤 죽음이 더 비참한지 그리고 누가 더 고통스러웠는지를 토론하는 것이다. 참가자 중 한 사람은 이렇게 말할 것이다.

"적어도 당신 어머니는 고통스럽지 않아도 됐었고, 당신은 그녀의 몸이 암으로 천천히 망가져가는 건 보지 않아도 됐잖아요."

또 다른 참가자는 이렇게 말할 수도 있다.

"하지만 작별인사는 했어야죠. 적어도 당신은 알았어야죠. 난 작별인사 할 10분을 얻기 위해 내가 가진 모든 것을 다 줬을 텐데."

더 좋거나 더 나쁜 죽음이란 결코 있을 수 없다. 상실은 말 그대로 상실이고, 그에 뒤따르는 슬픔은 오직 자신만이 알 수 있는 주관적 고통이다. 다른 죽음과 마찬가지로 갑작스러운 죽음으로 뒤에 남겨진 사람은 그것을 하루하루 서서히 받아들일 필요가 있다. 하지만 낯설고, 외롭고, 무덤덤한 이 세상에서 당신의 길을 어떻게 발견할 것인가? 때론 평상시처럼 일하는 것이 전과 같은 기분이 들게 만든다.

필은 아내 크리스틴의 급작스런 죽음 이후 회사로 정말 돌아가고 싶지 않았다. 그의 파트너는 충분한 시간을 주겠다고 말했지만, 정신이 온전해지기 위해서 그는 삶을 지탱하게 해줄 뭔가가 필요하다는 걸 알았다. 그는 사라지지 않은 자신의 세상이 있음을 깨달았다.

필은 친구들을 만나고 일터로 되돌아감으로써 자신이 살아갈 수 있다는 것을 깨달았다. 시간이 지나면, 어떤 이는 자신이 단지 살아남아 있는 것이 아니라 삶을 다시 즐기고 있다는 생각에 충격을 받기도 한다.

소니아는 자신의 얘기를 들려주었다.

"항상 난 독서클럽 회원이 되길 원했지만, 직장일과 결혼생활로 그럴 시간이 없었어요. 제스가 죽고 실의에 빠졌지만, 남은 여생을 괴로워한다고 해서 그가 되돌아오는 건 아니라는 것을 깨달았어요. 독서클럽에 결국 가입하기로 마음을 먹었고, 내가 얼마나 좋아하던지 스스로도 놀라웠어요. 제스의 죽음 이후 새롭게 발견할 게 내게 남아 있다고 생각하지 않았는데 그건 잘못된 생각이었어요."

갑작스러운 죽음을 겪은 사람은 종종 고통을 자극하는 단어를 품고 있다. 그것은 '갑자기'라는 단어처럼 흔한 단어일 수도 있다. 셀레스트는 누군가가 "갑자기 케이크가 먹고 싶네" 또는 "갑자기 영화 보러 갈 시간이 생겼어요"라고 말할 때, 얼마나 심적으로 힘든지 자주 이야기한다. 그녀는 '갑자기'라는 단어가 의미하는 공포를 진정으로 아는 사람이다.

　범죄로 일어난 죽음에는 특별한 슬픔의 요소가 있다. 반드시 가해자가 있는 이 죽음은 충분히 막을 수 있는 것이다. 사랑하는 사람이 살해당했을 때, 옆에 마음을 편안하게 해준 사람 하나 없이 끔찍한 죽음을 당했다고 상상할 때 엄청난 정신적 충격이 일어난다. 이 지점이 법적 체제가 적용되는 부분이다. 가해자를 찾았는가? 찾지 못했다면 어떻게 사회가 안전하다고 할 수 있나? 경찰은 할 수 있는 모든 조치를 취했나?

　가해자를 잡지 못하면 슬픔을 막아주는 지혈의 힘이 부족하게 되고, 가해자를 잡은 경우에는 피해자 가족들은 처벌이 그 범죄에 좀처럼 적합하지 않다고 말할 것이다. 이런 식으로 슬픔의 절차는 법적 체제와 뒤얽히게 된다. 또한 범죄의 무작위성은 우리를 동요하게 한다. 모두들 밤낮으로 매시간 자동현금 입출금기에서 잘도 돈을 인출하는데 어째서 내 절친한 친구는 강탈당하고 총에 맞아 죽어야 했는가? 모두가 자동차를 운전하는데 왜 우리 아들만 음주 운전자에 의해 죽음을 당해야 하는 것인가?

　어느 더운 여름날 오후, 여섯 살짜리 여자아이가 길모퉁이에 있는 가게에 가서 아이스크림을 사와도 되냐고 엄마에게 물었다. 엄마는 대답했다.

　"심부름한 후에 가도 된다."

　아이는 심부름을 하고 나서 다시 엄마에게 물었다. 그러자 엄마는 말했다.

　"그래, 하지만 오빠가 집에 와서 널 데리고 갈 때까지 기다려야 해."

오빠는 한 시간 후 집에 도착했고, 여동생을 데리고 가게에 다녀오겠다고 했다. 소녀는 행복한 얼굴로 아이스크림을 먹으며 집으로 돌아오고 있는데 갑작스런 총기 난사로 그 자리에서 숨졌다. 누가 왜 총을 쏘았는지는 밝혀지지 않았고, 어머니는 비극을 견디며 살아가야 할 방법을 찾아야 했다. 그녀는 딸아이에게 방아쇠를 당긴 얼굴도 알 수 없는 놈에게 분노가 일었다. 그녀는 분노와 후회를 어디에다 풀어야 할까? 딸아이가 처음 물어봤을 때 함께 가게에 갔었다면, 아이는 아직 살아 있을까? 그녀는 다른 시간에 갔었더라면 다른 결과를 낳았을지도 모른다는 의문에 늘 괴로울 것이다. 그 결과는 결코 알 수 없겠지만 그녀는 비극의 고뇌가 무엇인지는 너무나도 잘 알게 되었다.

비극이 닥치기 전으로 상황을 되돌리려는 생각은 범죄로 인한 죽음에서 흔히 볼 수 있는 환상이다. 살아 있는 사람들은 병이나 범죄로 갑작스러운 죽음을 맞이한 사람들이 있는지 보기 위해 65세 이하의 사람들을 눈여겨보고 또는 부고란에 자주 눈을 돌린다. 갑작스러운 죽음의 원인을 비교해보며 그런 일들은 다른 사람들에게도 일어나는 거라며 위로받으려 한다.

이런 경우 거기서 위안을 얻는 사람도 있겠지만 오히려 자신의 고통을 더 간직하게 되는 사람도 있다. 하지만 모두가 자신의 상실이 얼마나 깊은지 느끼게 된다.

수많은 예고와 준비에도 불구하고 죽음은 믿을 수 없을 만큼 견디기 어려운 사건이며, 갑작스러운 경우에는 그것만의 복잡한 심리가 따로 있다. 주위의 모든 자연 만물들 속에서 수많은 시작과 끝을 목격하기에 우리 인간 역시 시작과 끝이 있음을 잘 알고 있다. 만물에는 계절과 때가 있음을 이론적으로 받아들일 수 있다.

하지만 땅 위로 수명이 다한 갈색 낙엽이 떨어지는 그 시간만을 가을이라고 여긴다면 세상에서 평화를 찾기는 더 어려울 것이다.
　푸른 잎이 땅에 떨어지는 순간을 당신은 어떻게 받아들일 것인가?

10
'상실'은 가장 큰 인생 수업

ⓒ Getty Images | 멀티비츠

당신이 살아가면서 무언가 잃어갈 것들에 대해 정녕 두려운가? 하지만 우리네 삶은 끊임없이 무언가를 잃어가는 반복 속에, 결국 완성되는 것이다. 그러니 상실이란 '모두 끝났다'의 의미가 아니라 '아직도 계속되고 있다'의 증거가 된다.

"영원히 슬픔에 잠겨 있진 않을 거죠. 그렇죠?"
"다섯 단계를 지나는 데 얼마나 오래 걸렸나요?"
"충분히 오랫동안 슬퍼했나요?"
"이제는 마음을 추스려 상실의 슬픔을 극복할 때가 아닌가요?"
불행하게도 이러한 질문들은 상실을 경험한 사람들에게 자주 묻는 질문들이다.

슬픔은 단지 일련의 사건, 단계, 시간표 같은 것이 아니다. 우리 사회는 우리에게 상실을 극복하고 슬픔을 견뎌내라고 엄청난 압박을 가한다. 하지만 50년 동안 함께 살아온 남편 또는 자동차 사고로 죽은 10대 혹은 네 살짜리 자식을 위해 얼마만큼 오래도록 슬퍼해야 하는가? 1년 혹은 5년 아니면 영원히? 상실은 어느 한 시점에서 갑자기 일어나지만, 사실상 일순간임에도 그 여파는 평생 간다.

상실이 실제로 일어나기에 슬픔도 실제로 일어난다. 모든 슬픔은 죽은 그 사람만큼 특색 있고 유일한 그것만의 흔적을 남긴다. 상실의 고통은 너무나 강렬해서 가슴이 터질 듯하다. 왜냐하면 사랑하므로 인간은 다른 누군가와 깊이 연결되고, 슬픔은 잃어버린 그 연결을 반영하기 때문이다. 인간이 슬픔을 회피하고 싶어한다고 생각하지만, 실제로 회피하길 원하는 건 상실의 고통이다. 슬픔은 궁극적으로 고통 속에 있는 인간에게 위안을 주는 치유의 과정이다.

그 고통과 사랑은 영원히 연결되어 있다. 상실의 고통을 피하고자 한다면 함께 나누었던 사랑과 삶을 피해야 한다. 영국 출신 작가인 C. S. 루이스는 이렇게 말했다.

"지금의 고통은 그 당시의 행복의 일부이다. 결국 거래인 셈이다."

상실을 부정하는 것은 곧 그 사랑을 부정하는 것이다. 죽음 이후 밀려드는 엄청난 상실감을 이겨내기 위해 곧바로 부정의 단계로 들어간다. "믿을 수가 없어" 또는 "설마 나한테" 같은 반응은 상실에 대처하는 중요한 도구가 된다. 그것은 슬픔 속에서 우리가 사랑하는 사람의 상실을 이해해보려고 발버둥 치는 것이다. 슬픔은 죽음에서 생명으로 가는 데 꼭 필요한 단계이다.

인간은 살아가면서 대부분의 일을 계획한다. 생일 몇 주 전부터, 휴가 몇 달 전부터, 결혼 1년을 앞두고 계획을 세운다. 정년퇴직을 앞두고 몇십 년 전부터 준비를 하기도 한다. 하지만 아마도 삶에서 가장 큰 여행일 죽음은 불시에 찾아온다. 원치 않았던 삶의 신비에게 사랑하는 이를 잃어버리는 경험은 결코 준비된 것이 아니다.

죽음은 사랑한 이와 함께 살았던 이 세계와 지금 그가 살고 있는 영혼의 세계를 분리시키는 가슴 찢어지는 하나의 금인 셈이다.

끝없는 연속 위의 이 선은 생전과 사후를 구분 짓는 표시이다. 그가 있는 시간과 그가 없는 시간을 나누는 선으로 우리의 허락 없이 그어진 선이다. 우리를 그와 분리시켜 놓은, 단지 우리만 빠진 채 그에게는 계속되는 존재의 세계이다.

　슬픔을 치유하는 것은 종종 극도의 외로운 경험이다. 사랑하는 사람의 상실로부터 회복되는 데 도움을 주는 실재적 형식 틀은 없다. 우리를 망연자실케 하는 감정을 극복할 도구는 없다. 친구들은 어떤 말을 해야 할지, 어떻게 도움을 주어야 할지 모른다. 우리는 상실 이후에 남아 있는 숱한 날들을 살아갈 수 있을지가 의문이다. 시간이 지남에 따라 두려움은 차례차례 우리를 공격해오는 분노, 슬픔, 고독으로 정체를 드러낸다. 우리는 도움이 필요하다.

　나와 세대가 같은 사람들은 다른 세대들이 경험하지 못한 방식으로 죽음을 목격했고 슬픔을 겪었다. 존 F. 케네디는 텔레비전 매체의 등장으로 사람들에게 친근한 얼굴이 되었다. 암살당한 첫 번째 대통령은 분명 아니었지만, 세상 사람들이 시청하고 있는 텔레비전 화면에 찍힌 첫 번째 암살이었다. 그 순간 전에는 다소 불가능했던 공동의 슬픔 안에서 한 국민으로서의 깊은 유대감이 형성되었다. 그러한 슬픔과 상실은, 심지어 오늘날까지 공동의 기억으로 깊이 연결되어 있다.

　지극히 개인적인 것에서 공적인 문제까지, 과거에는 상상할 수조차 없었던 방식으로 국가적 그리고 국제적 슬픔의 장면들이 쇄도한다. 다이애나 왕세자비의 죽음에서, 테레사 수녀, 존 F. 케네디 2세, 그리고 9·11 사태까지, 생애보다 더 널리 알려진 죽음의 소식이 국민들에게 쏟아진다. 이처럼 온 국민이 느끼는 상실과 대대적인 추모 속에 다시금 모두가 하나임을 느낀다. 이것은 과거에는 상실을 어떻게 치렀는지를 생각나게 한다. 그때는 마을 사람들 모두가 마을 회관 같은 곳에서 상실을 치렀다.

　100년 전에는 상황이 달랐다. 임종을 앞두고 모두가 모였으며 마을에 종이 울렸다. 시신을 놓을 차가운 나무판을 설치했다. 관을 짜기 위해 나무를 모았다. 몸에 입힐 옷을 직접 바느질했다. 사랑한 이의 시신을 장례식장 안에 안치했다. 마을 사람 모두가 모여 명복을 빌었다. 서로가 다 아는 사이였다. 참석한 이들은 그에 대한 일화를 하나씩 가지고 있었다. 이 이야기들은 화려한 비단처럼 펼쳐진다. 추모식의 사회자는 떠난 그 사람을 잘 알고 있기에 그 상실을 넓은 눈으로 보게 해준다. 친구와 가족 모두가 묘지 앞으로 모인다. 그 후 그들은 뭔가를 한다. 무엇을 할 수 있는지 또는 어떻게 도와줄 수 있는지에 대해 굳이 묻지 않고 다만 행동으로 옮긴다. 상실을 당한 누군가를 돕는 방법에는 애매한 일이 없다.

지금의 우리는 죽음을 부인하고, 슬픔을 사라지게 하는 낯선 세계에 살고 있다. 미국에서 우리는 더 이상 잘 죽을 수도 없고 잘 애도할 수도 없다. 1940년대에 병은 병원으로 옮겨갔고 죽음은 장례식장으로 옮겨갔다. 이제 우리들은 낯선 사람들 틈에서 죽음을 맞이한다. 다만 한꺼번에 몰려온 몇 명의 방문자에게만 병실 출입이 허락된다. 간병인과 호스피스들은 훌륭하지만 여전히 충분히 활용되지 못하고 있다. 사랑하는 사람이 죽었을 때 좀처럼 가족들이 함께 모이지 않는다. 만약 가족이 모인다면 병원에서는 교대로 방문하기를 강요한다. 대개 14세 이하의 아이들은 병문안마저도 허용되지 않는다.

만일 의사에게 예견되는 슬픔의 감정을 미리 말한다면 의사는 알약을 처방해줄 것이다. 스물일곱 나이의 젊은 의사가 다른 무엇을 해줄 수 있겠는가? 그도 회진 시간에 간호사들처럼 많은 환자들에게 여러 가지 요구를 받는다. 의사와 간호사는 환자들을 잘 보살펴주고 진심으로 대한다. 하지만 치료가 목적인 체제에서는 누군가가 죽었을 때 대처하는 분명한 방향을 제시하지 못한다. 사랑하는 사람이 죽었다는 소식을 의사나 간호사에게서 듣는다. 심지어 비상전화를 통해서이기도 해서 이따금은 주문배달 통보를 받았을 때 느끼는 감정과 다를 바 없다. 만일 임종을 지켜보고 있다면 간호사는 영안실로 연락하는 것을 도와줄 것이다.

장례식장에서, 자신의 죽음을 살아 있을 때 바라보던 방식과는 전연 다르게 바라보고 있을 고인이 된 그가 마법처럼 돌연 나타나지 않는 이상은 다시는 그를 볼 수 없다. 이제는 더 이상 관례적으로 이용되던 기품 있는 검은색 영구차로 고인을 운반하지 않는다. 주로 눈에 띄지 않는 흰색 밴을 이용한다. 장례식장에서 모든 것을 관장하는 장의사를 만난다. 마을의 종은 없지만, 신문에 부고를 실을 수는 있다. 이제는 마을 사람 전부를 다 알기란 어렵다. 이제는 몇십 년씩 한 마을에 머무는 경우가 드물다. 실제로 사는 동안 대부분 열 차례에서 스무 차례까지 이사를 한다. 가족들은 전부 몇 블록 떨어진 곳이 아니라 주 단위로 멀리 흩어져서 산다.

우리 사회는 생산성만을 중시하는 사회이다. 대부분 회사에서는 경조 휴가로 사흘에서 닷새를 준다. "필요한 만큼 시간을 쓰세요. 매우 힘든 시기죠"라고 말하는 곳은 거의 드물다. 직장에서는 보통 일 년에 한 번의 죽음만을 허락한다. 경조 휴가가 끝나면 일터로 돌아가야 한다. 몸은 일터로 돌아왔을지라도 마음은 그럴 수 없다. 끝을 맺고 빨리 회복되길 강요받는다. 모두가 같은 방식으로 같은 기간 슬퍼하길 기대한다.

하지만 죽음을 그런 식으로 대할 필요는 없다. 그 과정을 더 의미 있게 만들도록 선택할 수 있다. 상실과 슬픔을 다루며 평생을 보낸 우리 두 사람은 포로수용소를 방문했고 그곳에서 나비의 조각품들을 보았다. 그것은 변형에 대한 인내의 상징이다. 심지어 거대한 슬픔에 직면했을지라도 인간은 어떻게든, 어쨌든 계속 나아갈 것이다.

우리는 테레사 수녀와 시간을 보내며 그녀에게서 인간의 자비 형상을 볼 수 있었다. 인간은 최악의 상황에서도 희망의 줄기를 찾을 수 있는 능력을 가지고 있다. 죽음에서처럼 슬픔도 삶을 위한 전환점이 된다. 만약 상실로 인해 아파하는 시간을 겪지 않는다면, 고통 없이 그 상실을 회상하고 존중하게 될 미래를 기대할 수 없다.

슬픔은 상실의 고통에 대한 강렬한 감정적 반응이다. 슬픔은 깨져버린 관계를 반영하는 것이다. 가장 중요한 건, 슬픔은 치유를 향한 감정과 정신 그리고 영혼의 여행이라는 사실이다.

슬픔의 힘에는 경이로움이 있다. 우리는 슬픔이 가진 치유의 힘을 인정하지 않지만, 그 힘은 엄청나며 실로 놀랄 만하다. 그것은 자동차 사고나 위험한 수술 이후 나타나는 육체적 치유만큼이나 굉장하다. 슬픔은 낙담하고 상처받은 영혼을, 더 이상 아침에 일어나기를 원치 않는 영혼을, 살아갈 이유를 찾지 못한 영혼을, 믿기지 않는 상실로 고통 받은 영혼을 변화시킨다. 슬픔만이 치유의 능력을 가지고 있다.

당신과 가까운 어떤 사람이 심상치 않은 상실을 겪었던 때를 생각해보라. 그 상실 이후 계속되는 그의 삶을 떠올려보라. 그리고 1년 후의 그를 상상해보라. 그가 충분히 슬퍼했다면 기적 같은 변화가 일어났을 것이다. 치유가 일어나지 않았다면 그것은 대부분 자기 자신이 충분히 슬퍼하도록 두지 않았기 때문이다.

슬픔은 항상 일어나며 슬픔은 언제나 치유된다.

우리들 삶의 가장 큰 문제점들은 해소되지 않고 치유되지 않은 슬픔에서 생겨난다. 슬픔을 통과하지 않는다면, 영혼과 정신 그리고 마음을 치유할 기회를 잃게 된다.

오늘날의 문화에서는 슬픔의 모델이 거의 없다. 그것은 훈련되지 않은 눈으로는 보이지 않는다. 우리는 아이들에게 슬픔을 다루는 법을 가르쳐주지 않는다. 어른들은 아이들에게 "이것은 사랑하는 사람이 죽은 후에 자신을 치유하는 방법이다. 이것은 애도하는 법이란다"라고 말하지 않는다.

현명한 사람은 극소수이다. 강연이 끝난 후 한 여성이 내게 다가와 어떻게 자녀들을 아버지의 묘와 거의 기억에도 없는 할아버지의 묘지에 데려올 수 있었는지에 대해 말해주었다.

"나는 그곳에 앉아서 아이들 앞에서 울었어요. 그러고는 아이들에게 할아버지에 대한 몇 가지 얘기를 들려주었고 웃었고 그리고 다시 울었어요. 아이들에게 이게 바로 애도하는 거라고 말해줬어요. 나는 아이들에게 다른 여러 가지를 가르쳐주었는데, 왜 애도하는 법을 가르쳐주는 걸 잊었겠어요? 아이들도 살면서 상실과 죽음을 경험할 텐데요. 나는 아이들이 그런 감정을 잘 이겨나갈 수 있길 바라요."

그런 귀중한 과정을 가르쳐주고 그것을 몸소 보여주는 부모를 가진 사람은 거의 드물다. 우리는 남편이자 한 나라의 대통령인 존 F. 케네디를 공개적으로 애도하던 부인 재클린 캐네디와 그의 자녀들을 항상 기억할 것이다. 그녀는 그의 죽음 이후의 상황들에 대해 지침서가 되어줄 과거의 모범 사례를 찾았다. 재클린은 에이브러햄 링컨의 장례식을 자신의 본보기로 삼았고, 그녀는 사랑하는 남편을 위해 그것을 따랐다. 그 자신이 죽음에 이르자 재클린 케네디는 다시 한 번 우리에게 죽음을 앞두고 어떻게 처신해야 하는지를 가르쳐주었다. 그녀는 가족과 책에 에워싸인 채 죽음을 맞이했다. 장례식에서 그녀의 아들은 그녀의 특성을 이렇게 세 가지로 표현했다.

'언어의 사랑, 가족의 결속, 모험심.'

하지만 우리는 여전히 안내받지 못하고 있다. 장례식이 끝난 후 슬퍼하는 가족들에게 무슨 일이 있었나? 그들의 첫 번째 슬픔은 어땠나? 그들은 어떻게 견뎌냈나? 누구에게 도움을 받았나? 어떻게 극복하고 치유했나?

애도자들 중에 사별 상담자나 다른 의료진을 찾는 사람들도 있지만, 오늘날 대부분의 사람들은 슬픔 속에서 외로움을 느낀다. 그들은 고통과 외로움으로부터 벗어날 통로를 찾고자 한다. 무의식적으로 본보기가 될 만한 사람은 없는지 살펴보지만 찾기가 쉽지 않다. 가족이나 친구들에게 호소해보지만 그들은 종종 슬픔의 과정에 대해 낯설어하고 불편해한다.

우리는 회피하려고 하는 것이 상실의 고통이라는 걸 깨닫지 못한 채 그것을 회피하려고만 한다. 아무리 피하려고 해도 부딪치게 될 고통이라는 걸 모른다. 슬픔을 회피하며 우리는 슬픔이 건네는 도움의 손길에 등을 돌리고 고통을 연장시킨다.

왜 애도해야 하는가? 두 가지 이유가 있다. 첫 번째로 잘 애도하는 사람이 잘 살 수 있다. 두 번째로 가장 중요한 이유인데, 슬픔은 마음과 영혼 그리고 정신의 치유 과정이다. 그것이 완전함으로 돌아갈 수 있는 통로이다. 애도할지 말아야 할지가 문제가 되어서는 안 된다. 문제는 '언제' 애도할 것이냐이다. 충분히 애도하기 전까지는, 그 마무리되지 않은 일의 여파로 인해 고통당한다.

마무리하지 않은 일은 지금껏 표현하지 않았거나 행동하지 않았던 모든 것을 포함한다. 자신이 원하는 감정을 느끼도록 허락해야 한다. 그것은 지금껏 우리가 무시하고 귀 기울이지 않았던 감정들이다. 오래된 상처와 이전의 상실에서 마무리하지 않은 것들이 현재의 슬픔 위로 다시 떠오른다. 그것은 현재 슬픔을 주체할 수 없게 하고, 지금 경험하고 있는 상실보다 더 크게 느껴지게 한다. 예를 들면, 아버지의 상실에서 마무리하지 않은 일이 평소 별로 친하지 않았던 동료의 장례식에서 다시 나타난다. 다행히도 미해결의 고통은 해결받기 위해 언제든지 스스로를 알리고 당당하게, 비록 폐가 되긴 하지만 걸어 올라온다.

슬픔은 우리 모두가 경험하는 인생 통로 중 하나이다. 그것은 삶의 균형을 맞추는 장치, 즉 지구상의 모든 남자와 여자들에게 일괄적으로 분담된 하나의 경험이다. 하지만 이처럼 모두가 가지고 있는 경험인데도 불구하고, 슬픔을 고통의 작은 섬처럼 여기며 지난다. 주위의 대부분은 도와줄 방법을 모른다. 도움을 주고 싶지만, 그 도움이 어떻게 생겼는지조차 모른다. 다만 심상치 않은 상실이 일어났다는 것만 안다. 그 상실을 되돌려놓을 수 없으며 그 고통을 떨쳐버릴 수 없다는 것을 안다.

우리의 고통은 다른 사람을 매우 불편하게 만든다. 그것은 그들에게 자신의 고통을 생각나게 만들며, 그들 자신의 삶도 얼마나 불안정한지를 깨닫게 한다. 그것은 엄연히 자기만의 고통과 두려움이다. 이것은 누군가에게 이런 말을 내던지게 만든다.

"당장 이겨내요."

"6개월이 지났는데 아직도 슬퍼하실 건가요? 아니 평생 동안 슬퍼할 건가요?"

강연회에서 매러디스라는 이름의 한 여성이 자신의 이야기를 들려주었다. 친구들은 그녀가 그녀답지 않다며 무슨 일이 있었냐고 물었다. 그녀는 어머니의 25주기 추모회 때문이라고 설명했다. 친구 중 한 명이 순진하게 물었다.

"25년이 지났는데 아직도 혼란스럽니?"

매러디스는 대답했다.

"난 다시 일어났고 이미 치유됐어. 하지만 잊진 못하지."

그녀는 함께했던 어머니를 추억하고 너무 일찍 순수함을 잃어버린 어린 시절을 여전히 애도하고 있는 것이다.

영원히 슬퍼할 거라는 것이 현실이다. 사랑하는 사람의 상실을 극복할 수 없으며, 그 상실과 함께 살아가는 법을 배울 것이다. 치유될 것이고, 고통 받았던 상실 주위로 자기 자신을 새롭게 세울 것이다. 다시금 완전해지지만, 결코 예전과 같지 않을 것이다. 예전 그대로의 모습이어서는 안 되고 또한 그렇게 되길 원하지도 않을 것이다.

상실 이후에 갖게 되는 시간은 치유뿐만 아니라 슬픔과 애도에도 중요하다. 이 슬픔의 선물은 절대 잊지 못할 관계의 완성을 말한다. 회상, 고통, 절망, 비극, 희망, 재조정, 재참여, 그리고 치유의 시간.

심각한 상실 이후의 시간은 대개 일생 동안 느끼지 않으려고 애썼던 감정들로 가득하다. 슬픔과 분노, 감정의 고통은 전에 느꼈던 것보다 더 깊은 범위로 현관 앞에 앉아 기다리고 있다. 그것의 강도는 인간의 정상적 감정 수위를 넘어선다. 방어력은 상실의 힘에 적수가 되지 않는다. 이런 상실에 대해서 어떤 전례도 감정의 레퍼토리도 없이 다만 홀로 선다. 지금껏 아버지, 어머니, 배우자, 자녀를 잃어본 적이 없다. 처음으로 이런 감정을 알게 되고 대면하는 것은 분출하는 것부터 공포에 질리는 것까지 다양한 반응들을 일으킨다. 이렇게 이질적이고 환영받지 못하는 강력한 감정들이 치유 과정이 된다는 사실을 몰랐다. 기분 나쁜 감정들이 어떻게 도대체 우리의 치유를 돕는다는 것인가?

슬픔의 힘은 희한하게도 슬픔을 치료하는 자체 효력을 갖고 있다. 어쩌면 아직도 슬픔의 초기에 있을 수 있고, 어쩌면 상실을 미리 예감하는 감정에서 다시 시작하는 쪽으로 방향을 바꿀 수도 있다. 그것은 들쑥날쑥한 감정의 주기를 끝마친다. 이것은 우리가 모든 걸 말끔히 잊는다는 의미가 아니다. 상실의 고통이 다시는 찾아오지 않는다는 의미도 아니다. 탄생과 죽음의 주기를 완전히 따르므로 삶을 충만하게 경험한다는 의미다. 우리는 상실을 견뎌내고 살아남았다. 슬픔과 애도의 힘이 우리를 치유하고, 잃었던 그 사람과 함께 삶을 살아갈 수 있게 한다.

그것이 바로 슬픔의 은총이며, 슬픔의 기적이다.

그것이 곧 슬픔의 선물이다.

저자의 고백

내 삶의 일부가 되어버린 상실

_엘리자베스 퀴블러 로스

2004년 7월 17일

  지금껏 내가 애통해하는 모습을 실제로 본 사람은 많지 않겠지만, 난 슬픔을 잘 알고 있다. 사망과 임종을 다루는 일을 직업으로 삼는 동안, 뒤늦게 나의 슬픔이 찾아왔다. 중풍 때문에 반신불수로 지난 9년을 보내면서, 아직 내가 이 세상에 있는 이유가 있을 거라고 생각하면서도 종종 삶이 무의미하게 느껴졌다. 이 기간 동안 나는 두 권의 책을 더 써낼 기회가 있었다. 나를 자극했던 상실의 옛 이야기들을 회상하고 다시 돌아볼 시간을 갖는다는 것은 뜻 깊은 일이었다.

  그 집필은 감정을 정화시켜주었고, 데이비드와 내가 함께 작업하고 대화를 나누며, 슬픔을 표면 위로 올라오도록 둠으로써 타인의 눈앞에 보여주는 일은 뭔가 의미가 있었다. 이 두 권의 책을 집필하는 동안 나는 여러 번 울었다. 나는 행위자와 창조자로서 항상 내 일을 경험했다. 이제는 침상에서 벗어날 수 없게 되면서 지금껏 내가 참여했던 모든 이들의 삶의 고통과 상실을 실로 느끼고 있다.

내 삶은 언제나 죽음과 하나가 되어 있었지만, 내 개인적 슬픔에는 거리를 두었다. 나는 내 일을 통해 죽음이 존재하지 않음을 깨닫게 되었다는 말을 여러 번 했었다. 물론 영적이며 상징적 차원에서 말하는 것이다. 사랑하는 사람이 죽었을 때 육체적 차원에서 죽음의 실체는 모두 너무나 현실적이다.

현실에서 이런 극적인 대조를 처음 경험했던 것은 내가 여덟 살때였다. 부모님은 내가 감기에 걸렸다고 생각했지만 시간이 지나도 낫지 않자 나를 병원에 데려갔다. 그곳에서 나는 비슷한 또래의 한 여자아이가 있는 병실에 입원하게 되었다.

하얀 가운을 입은 사람들 세상에서 그 여자아이가 나보다 더 아프다는 것을 알았다. 그녀에게는 병문안 오는 사람이 없었다. 도자기처럼 투명한 피부를 가진 이 소녀는 말을 거의 하지 않았지만, 그녀의 침묵 속에서 난 많은 것을 이해했다. 며칠을 함께 보낸 어느 날 그 아이는 내게 이 밤이 지나면 떠날 거라고 말했다. 나는 사뭇 걱정스러웠지만 그 아이는 아무렇지도 않게 말했다.

"괜찮아, 나를 기다리는 천사들이 있는걸."

내 친구가 계속하게 될 그 여행에 난 조금의 두려움도 없었다. 그것은 마치 태양의 일몰 같았다. 그 아이는 홀로 죽음을 맞이하는 것처럼 보였지만, 다른 행성에서 온 사람들에게서 보살핌을 받고 있다고 느꼈다. 그 아이가 가족도 친구도 없이 죽었다고 느끼면서도, 나는 그 아이가 괜찮다고 나를 안심시켜주었기에 많이 슬프지 않았다. 그럼에도 그것은 차갑고 외롭고 메마른 죽음이라고 생각했다.

몇 년 후 나는 또 다른 죽음을 목격했다. 쉰 살의 농부인, 내 부모님의 친구가 사과나무에서 떨어져 목이 부러졌다. 의사는 손쓸 방도가 없다고 말했고 그의 가족은 그를 집으로 데려와서 임종을 맞았다. 그의 침대는 정원에 핀 꽃들을 넓은 창문으로 내다볼 수 있는 곳에 놓여 있었고, 그는 가족들과 친구들의 방문을 맞았다. 병원에서 죽은 소녀와는 다르게, 이 죽음은 평온하며 정다운 느낌이라 슬프지만 따뜻함이 있었다. 자연히 내가 마지막 몇 년간 꽃과 밖을 내다볼 수 있는 커다란 창문이 있는 방에 있었던 것은 놀라운 일이 아니었다.

나의 아버지 안스 퀴블러는 내가 서기관이 되어야 한다고 결정을 내린 완강한 분이셨다. 동생 에리카는 학자가 될 것이고, 에바는 보통의 정규 교육을 받을 것이라고 했다.

하지만 난 많은 의문이 남았다. 나는 왜 정체성 없는 세쌍둥이로 태어난 것일까? 부모님은 종종 우리를 구별하지 못하셨기에 난 내가 마치 단 하나의 유일한 정체성을 상실한 채로 태어난 것처럼 느껴졌다. 왜 아버지는 그렇게 엄하셨고 어머니는 다정했는지 지금도 알 수가 없다. 마치 내가 왜 취리히에서 몸무게 2파운드의 '하찮은 존재'로 태어났는지 결코 알 수 없는 것처럼 말이다.

많은 사람들이 내가 태어날 때 유명했다는 사실을 모르지만, 그것은 좋은 의미의 명성은 아니었다. 세쌍둥이는 색다르다고 여기는 사람들 때문에 우린 그들 앞에 전시되었다. 우리들의 사진이 게시판에 붙여졌고, 나를 하나의 개인으로 보지 않았다. 나를 유일하고 중요하다고 느낄 수 없었던 그 경험은, 모든 인간은 서로에게 얼마나 큰 의미가 있는지 그리고 크던지 작던지 모든 상실이 얼마나 중요한지를 인식하는 데 도움이 되는 수업이었다.

나는 또한 일찍부터 나 자신을 위해 슬퍼하지 않고, 울지 않고, 느끼지 않는 법을 배웠다. 어린 시절 집 주위에는 언제나 토끼들이 있었고, 나는 토끼 한 마리 한 마리를 그리고 그들의 모든 것을 사랑했다. 문제는 너무나 알뜰한 분이셨던 우리 아버지가 6개월마다 저녁식사로 토끼를 한 마리씩 구워 상에 올리게 했다. 나는 그 사랑스러운 토끼를 한 마리씩 푸줏간에 매번 갖다줘야만 했다. 그때마다 나는 내가 특별하게 생각하는 토끼 블랙키를 절대로 선택하지 않았다. 블랙키는 나의 것이었고, 오직 나에게만 소속된 사랑스런 존재였다.

블랙키는 내가 다른 토끼들보다 먹이를 더 주었기 때문에 꽤 살이 올랐고, 그 덕분에 무시무시한 운명의 날을 맞이하고 말았다. 아버지는 내게 블랙키를 푸줏간에 가져다주어야 할 때가 되었다고 하셨다. 나는 도저히 용납할 수 없었다. 블랙키에게 도망치라고 애원하며 내쫓을수록 블랙키는 내 행동을 장난이라고 생각했는지 다시 돌아왔다. 내가 무슨 짓을 해도 계속 내 품으로 돌아왔기에 블랙키도 나를 좋아한다는 사실을 알았고, 내 고통은 한층 더했다.

아버지는 블랙키를 푸줏간에 데려가지 않는다고 나에게 화를 내셨고, 결국 푸줏간에 데려가겠다는 약속을 받아냈다. 나는 블랙키를 데려다주는 내내 울었다. 푸줏간 안으로 들어간 블랙키는 몇 분 후 자루에 담겨 나왔다. 그것을 건네주면서 푸줏간 아저씨는 말했다.

"네 토끼 여기 있다."

그것을 받으려고 손을 내밀었을 때 나는 덜덜 떨고 있었다. 아직도 블랙키의 온기를 느낄 수 있었다. 푸줏간 아저씨가 한마디 덧붙였다.

"그나저나 이 토끼를 지금 데려온 건 정말이지 유감이구나. 암컷인데다 하루 이틀 후면 새끼를 낳았을 텐데."

그날 밤 저녁식사 시간에 가족들이 블랙키를 먹을 때, 내 눈에는 식구들이 모두 식인종처럼 보였다. 그러나 그 후 거의 40년 동안 나는 블랙키를 위해 또는 다른 어떤 이를 위해 울지 않았다.

결국은 하와이에서 워크숍을 했을 때 일이 일어났다. 그곳에 있는 동안 집주인은 모든 사소한 것에도 5센트씩, 10센트씩 달라고 했다. 그 후 닷새 동안 나는 이 남자에게 믿을 수 없을 만큼 분노가 치밀어올랐고, 심지어 죽이고 싶을 정도였다. 나는 분노를 삭이려고 무진장 애썼다. 워크숍을 무사히 마치긴 했지만 집에 돌아온 후 친구들에게 분노에 찬 내 모습을 보이고 말았다. 몇 번의 억누름 끝에 난 분노를 다 털어놓았고 갑자기 흐느끼는 내 모습에 스스로 충격을 받았다. 그 분노는 숨어 있던 깊은 슬픔을 드러냈고, 이것이 그 집주인에 대한 분노만은 아니라는 사실을 깨달았다.

그 인색한 집주인은 모든 것에 지나치게 알뜰살뜰한 아버지를 떠올리게 했던 것이다. 나는 홀연 블랙키를 잃은 슬픔에 울부짖는 그 어린 소녀가 되어 있었다. 이후 며칠 동안 나는 블랙키와 그 동안 슬퍼하지 않고 지나갔던 모든 상실 때문에 울음을 터뜨리고 말았다.

아마도 슬픔을 억압하려는 본능은 자기 자신을 찾으려는 사람들에게 다가가는 데 도움이 되었던 것 같다. 이런 식으로 나는 나의 슬픔을 간접적으로 조금씩 치유해 갔다. 이 책을 통해서 사람들이 자신의 슬픔을 치유할 수 있는 좀 더 직접적인 방법을 선택해서 보다 안정된 기분을 느끼게 되기를 간절히 바란다.

어린 시절 포로수용소를 방문했을 때를 회상해본다. 그때 나는 슬픔에 견딜 수가 없었고, 상실감이 만연해 있었다. 나는 뭔가를 찾아보았다. 나를 이해하게 해줄 수 있는 것이면 무엇이든. 이런 감금된 상실 속에서 사람들이 어떻게 살아갔는지에 대한 어떤 흔적이라도 찾아보려고 했다.

　짐승의 우리나 다름없는 수용소의 허름한 큰 건물 안을 지날 때 벽에 낙서가 되어 있는 걸 발견했다. 거기에는 이름과 날짜 그리고 그들이 그곳에 있었으며 잊혀지길 원치 않는다고 적혀 있었다. 반복적으로 그려진 그림이 하나 있었는데, 그건 나비 형상이었다. 나는 이 세상 어디에서든 나비를 발견할 수 있을 거라고 생각했지만 죽음의 수용소만은 아니었다. 그 후 25년 동안 나는 그곳에 왜 그렇게 많은 나비 그림이 있었는지가 궁금했고, 그 나비가 변형의 상징이며, 죽음이 아닌 삶의 영속이라는 걸 알게 되었다.

　나 자신의 상실을 돌이켜보면, 내가 어떻게 그것을 이겨냈는지를 알 수 있다. 에마뉴엘 로스(매니)와의 결혼생활 동안 나는 유산을 했지만, 내 삶과 일을 계속해 나가기 위해 더 큰 힘으로 내 믿음을 이용했다. 그 당시 나는 두 번째 유산을 했었다. 두 번씩이나 내가 그렇게도 원했던 소아과 수련의로 인정됐지만, 임신을 이유로 두 번 다 자격을 박탈당했다. 결국 정신과 수련의가 유일한 선택이었다. 나는 언제 또 아이를 유산하게 될지도 모른다는 두려움이 있었지만, 삶은 나를 위해 또 다른 계획이 있었다. 1년 후 나는 첫아이 켄을 가졌고 그다음엔 둘째 바바라를 가졌다. 이제 와서 보면 만일 이런 운명의 슬픈 우여곡절이 아니었더라면, 내 생명의 작품은 불가능했을 거라고 본다. 이런 상실과 탄생의 혼합은 내 삶의 일부처럼 자연스럽게 받아들여졌다.

　또 한 번의 어마어마한 상실은 전남편 매니의 죽음이었다. 이혼 후에도 우리는 친구관계를 유지하며 매주 대화의 시간을 가졌다. 우리는 실제로 도움을 주고받으며 함께 발전하고 있었기에, 그가 죽었을 때 나는 망연자실했다. 그는 내 아이들의 아버지였고, 나는 그와 함께했던 시간을 멋진 기억으로 간직하고 있었다. 어느 날 장성한 아들 켄이 아버지의 양복을 입었을 때 나는 매니를 다시 보는 것 같았다. 딸 바바라와 손자들에게서도 매니의 모습을 발견한다. 앞으로 나의 모든 상실이, 심지어 나의 죽음을 포함해 계속 삶을 살아갈 그들에게 얼마나 복잡하게 뒤엉켜 있을지를 앞서 상상하고는 슬픔에 빠졌다.

몇 해 후 1994년, 나는 버지니아에 300에이커의 농장을 구입했다. 그곳에서 사람들을 치유하고 에이즈에 걸린 아이들을 돌보고 싶었지만, 그 지역에서는 나를 탐탁지 않게 생각했다. 하지만 나는 죽음과 그것을 둘러싼 오명에 익숙해져 있었다. 나는 에이즈 환자로 낙인찍힌 채 죽어가는 사람들을 사회에 낙인찍히기 훨씬 이전의 모습으로 바라보았다. 나는 동네 사람들이 내 농장을 미워한다는 사실을 과소평가했고, 결국 농장은 방화범들에 의해 불타버렸다.

농장이 불타버렸다는 것을 부인하려 해도 그것은 엄연한 현실이었기에 받아들일 수밖에 없었다. 여러 모습의 삶을 겪었지만 결코 쉽지만은 않았다. 그건 사실이었다. 불평이 결코 아니다. 고난 없이는 기쁨도 없고 고통 없이는 즐거움도 없다는 사실을 배웠기 때문이다. 죽음이 없다면 과연 삶의 진가를 평가할 수 있을까? 나는 이곳에서 '인간의 목적은 사랑하고, 사랑받고, 성장하는 것'이라고 믿는다. 이 점을 감안한다면 사랑하는 사람을 잃는 것보다 더 큰 고통은 없는 것이다. 삶을 지켜보면서 인간은 모두 고난을 겪는다는 걸 알았다. 역경은 단지 자신을 더 강인하게 만든다. 삶은 힘들고, 하나의 몸부림에 다름 아니다. 마치 많은 배움을 주는 학교에 가는 것과 같다. 배우면 배울수록 그 배움은 더 어려워진다.

내가 애통해야 하는 또 다른 슬픔은 나 자신도 환자로 있는 현대 의료 체제이다. 사람들은 내가 나의 직업을 부정하고 무시했다고 말한다. 이건 그것과는 별개의 문제이다. 그것은 진정한 의학의 상실에 대한 나의 애도이며 의학이 치유보다는 경영에 중점을 두는 세상에 속해 있는 내 자신에 대한 슬픔이다. 결정은 환자의 침대 곁에서 이루어지기보단 한 번도 환자를 만나본 적도 없는 누군가에 의해 사무실에서 이루어진다. 내가 한때 알고 있었던 의학계의 상실에 마음이 울적해진다.

나는 나의 비애, 즉 환자로서 이 체제를 경험하는 나 자신의 비탄함을 표현했으며, 내 일에 어떤 변화가 있었는지에 대해 자문하는 시간이었다. 함께 일했던 훌륭한 모든 환자들과 물론 나도 등장하는 큰 그림이 떠오른다. 그러나 작은 그림 안에서 의학의 비인간화를 목격하면 실망스럽고 슬퍼진다. 의학으로 생명을 유지하는 나 같은 사람에게, 그것은 진정한 상실이고 그것에 나는 여전히 비탄하고 있다.

일생 동안 나는 의학이 완전한 인간의 모습을 이해하고 그들의 요구를 모두 배려해줄 수 있는 미래를 꿈꾸었다. 그런데 내가 다른 사람들보다 더 많은 치료방안을 가지고 있다 해도, 보험 회사는 제안된 물리적 치료방문만을 허가한다. 실로 개인의 요구로 되는 건 하나도 없다.

2002년, 여동생 에리카가 무척 아팠다. 비행기를 타고 동생에게 가 내 신장 한 쪽을 떼주었고 다행히 동생을 살릴 수 있었다. 동생이 "내가 떠날 시간이라면 그렇게 되겠지"라고 말했을 때 슬프다기보다는 화가 났다. 머리로는 그 상황을 이해했지만 내 동생이 죽는 걸 원치 않았다. 우리가 항상 서로 의지했던 어린 시절의 서약을 떠올렸다. 태어났을 때 우리는 거의 시간 차 없이 뱃속에서 나왔고, 죽을 때도 그럴까 하는 생각을 했다. 막상 그녀가 세상을 떠나자 다음이 내 차례임을 실감했고, 그것은 죽음을 미리 예견하는 슬픔을 더 깊은 차원으로 끌고 갔다.

　몇 년 동안 난 슬픔을 예감해 왔다. 삶 속에서 매 순간이 진정한 자신을 위한 시간이 되어야 한다. 타인 또는 의료 체제에서 생각하는 자신의 모습이 아니라 자기 자신이 되어야 한다. 그것이 슬프고 또는 화가 나더라도…….

　죽음을 가까이 앞둔 지금, 나는 내 방을 둘러본다. 오랜 시간이 지났다. 몇 년 전 나는 곧 죽을 거라고 생각했고 거의 그럴 상황이었다. 하지만 나는 인내와 사랑받는 법을 배워야 했기에 아직 이 세상에 남아 있다. 9년 동안의 병마는 내게 인내를 가르쳤지만, 아직도 사랑받는 것엔 여전히 서투르다.

　죽음이 임박했음을 알지만 지금은 분명 아니다. 나 또한 누군가처럼 오랜 세월 동안 꽃으로 둘러싸여 있고 큰 창문으로 밖이 내다보이는 침대 위에 누워 있다. 내가 처음으로 바람직한 죽음의 광경을 보았던 그 집과 크게 다르지 않다. 지난 몇 년 동안은 통로에 갇힌 것 같았다. 죽어서 이 지구를 떠나도록 허락되지도 않고, 다시 문으로 돌아가 삶을 온전히 살아가도록 허락되지도 않은 상태였다. 나는 슬픔을 예감하는 고통을 더 이해하게 되었고 그것은 또한 내 환자들을 더 공감할 수 있게 해주었다.

　그러는 사이 내게는 내 아이들과 두 명의 어여쁜 손자들이 생겼고, 여전히 내 일을 아주 많이 사랑한다. 이 책의 집필은 내 삶이, 심지어 마지막 죽음을 기다리는 순간도 쓸모가 있다는 느낌을 갖게 해주었다.

　나처럼 죽음의 과정이 연장되는 것은 실로 악몽이다. 끊임없는 고통과 마비와 사투를 벌여왔다. 수십 년간 완전히 독립된 삶을 살고 난 후에 이런 고통을 맞는다는 것은 실로 버거운 일이다. 뇌졸중 이후 9년이라는 긴 세월이 흘렀고 나는 죽음을 갈망하고 있다. 나는 지금 간절히 졸업을 갈망한다.

나는 이제 내 인생의 목표가 이 단계 이상의 것이라는 것을 안다. 나는 결혼했고, 자녀를 가졌고, 손자가 생겼고, 책을 썼으며, 여행을 했다. 사랑을 했으며, 상실을 경험했고, 다섯 단계보다 훨씬 많은 단계를 겪었다. 그대도 그럴 것이다.

이 책은 단지 단계들을 알기 위함이 아니다. 단지 삶을 잃은 것에 대한 것만이 아니라 삶을 살아가는 것에 대한 이야기다.

저자의 고백

상실과 함께 사는 법을 배우다

_데이비드 케슬러

　내가 아홉 살이었을 때, 우리 가족은 해변에서 몇 블록 떨어진 걸프 해안에 살았었다. 그곳은 허리케인이 여름 이벤트처럼 반복되었다. 해마다 새로운 이름의 폭풍이 찾아왔지만 언제나 똑같은 대비를 했고 똑같은 두려움에 떨었다. 1969년은 허리케인 카밀이 나의 세상을 영원히 뒤바꿔놓은 특별한 해였다.

　100명 이상이 적십자 단체에서 대피처로 제공한 초등학교의 체육관 강철문 아래서 그날 밤을 보냈다. 그날은 내 생애에서 가장 시끄러운 밤이었고, 깨지는 소리와 울부짖는 바람 소리를 지금도 생생히 기억하고 있다. 그런 소음 속에서는 죽음과 파괴만이 있을 뿐 저기 어디에선가 들려오는 도움을 청하는 외침은 무시될 거라는 걸 알았다.

　그런데 일순간 고요해졌다. 바람 소리도, 빗소리도, 그 어떤 소리도 들리지 않았다. 완벽한 침묵이었다. 우리는 태풍의 눈 안에 들어와 있었던 것이다. 태풍이 우리가 있는 곳을 지날 때 바람은 다시 불어오기 시작했고, 이번에는 반대 방향이었다. 바람의 울부짖는 소리와 충돌 소리는 다시 시작되었고 그날 밤을 우리가 잘 넘길 수 있을지가 의문스러웠다.

날이 밝자 나는 우리 집이 어떤 상황일지 궁금했다. 나의 앵무새 '푸른눈'에게 아무 일 없기를 바랐지만, 집까지 차를 몰고 가면서 우리가 지금 어디쯤 와 있는지를 알아볼 수가 없었다. 길모퉁이를 돌았을 때 우리 옆집이 있어야 할 자리에 콘크리트와 물만이 가득했다. 우리 집 앞마당은 다른 집에서 흘러온 파편과 돌들과 잔해들로 가득 차 있었다. 나무들은 쓰러져 있었고 일부는 지붕 위로 떨어져 있었다. 현관문과 창문들이 온데간데없이 사라진 걸 보고, '푸른눈'이 심각한 상황에 처해 있음을 알았다.

나는 재빨리 내 방으로 뛰어 들어갔지만 느린 동작처럼 느껴졌다. 내 방에는 가구 하나 없었고 바닥은 온통 진흙으로 덮여 있었다. 침대도 없고, 새장도 없고, '푸른눈'을 찾을 만한 장소는 한 군데도 없었다. 나는 어제까지는 친숙했지만 이제는 슬픔으로 가득 차버린 방에 홀로 서 있었다. 내가 잃은 모든 것을 상상하지 못했고 또한 상상할 수도 없었지만 난 느낄 수 있었다. 그것이 내가 처음으로 대면하게 된 슬픔이었다. 나의 방과 나의 새 그리고 나의 집을 잃었다. 이웃들은 어디에 있는지 알 길이 없었다. 내가 할 수 있는 거라곤 "분명 새는 바람을 타고 멀리 날아갈 수 있을 거야"라고 끊임없이 되풀이하는 것뿐이었다. 옆에서 내 말을 들어줄 사람이 생길 때까지 부모님에게 꼬리에 꼬리를 무는 질문을 해서 괴롭혔던 기억이 난다.

결국은 누군가가 나를 심하게 나무랐다.

"데이비드, 모든 게 부서지고 폐허가 되었고, 새장도 없어지고 새도 결국 살아남지 못했을 거라는 사실을 이제 그만 받아들일 수 없겠니?"

무척 마음이 아팠지만 도움이 되었다. 이유는 모르겠지만, 나는 찾는 걸 끝내고 비로소 상실을 느끼기 시작했다. 적십자의 도움으로 우리는 다른 집에 세들 수 있었고 삶을 재개할 수 있었지만, 모든 게 전과 똑같을 순 없었다.

어린 시절 내내 어머니는 건강이 안 좋으셨다. 1973년 새해 전날 어머니의 병상으로 갔다. 어머니에게 입을 맞추며 말했다.

"올해는 회복되실 거예요."

그리고 며칠 후 우리는 어머니를 지방의 소규모 병원에서, 훨씬 크고 시설이 잘 갖춰진 보훈병원으로 옮겼다. 아버지와 나는 병원 공원 건너편에 있는 호텔에 머물렀지만, 대부분은 병원 로비에서 지냈다. 어머니는 중환자실에 있었고 방문객들에게는 2시간마다 10분씩 면회가 허용되었다.

어느 날 아침, 우리는 호텔에서 식사를 간단히 마치고 어머니를 보러 가는 길이었는데 호텔 로비에서 어떤 알 수 없는 소란이 느껴졌다. 사람들은 뛰어나가기 시작했고, 총이 발사되는 소리가 들렸다. 건물 꼭대기에는 저격수가 배치되어 있었다. 순식간에 경찰들이 도처에 깔렸고 사람들은 몸을 숨기기 위해 건물 안으로 몰려들었다.

우린 인파를 뚫고 간신히 호텔을 빠져나와 병원으로 가 오전 10시 면회 시간에 어머니를 보았다. 그리고 한 시간 후 어머니는 세상을 떠났다. 의사는 마지못해 아버지가 어머니를 보러 들어가는 것을 허락했지만 나는 어리다는 이유로 출입을 금지시켰다. 가슴이 내려앉았다. 아버지를 안내하기 위해 간호사가 왔을 때 나는 제재당하지 않기를 바라며 아버지의 뒤를 따라 들어갔다.

간호사는 우리를 어머니의 침상으로 데려갔고, 거기엔 아무런 의식이 없는 어머니의 시신이 놓여 있었다. 나는 어머니에게 연결되어 있던 기계와 튜브가 없다면 어머니가 더 평화로워 보일 거라는 생각을 했다. 지난 많은 면회시간 동안 어머니의 얼굴을 덮고 있는 산소마스크와 서너 개의 링거, 투석 연결기를 마음속으로 몇 번이고 제거했는지가 기억났다. 이렇게 삭막한 기계들을 배경으로 친교의 시간을 갖거나 작별인사를 하는 것은 사람들에게, 특히 어린 아이에게 얼마나 어려운 일일지 상상해보라.

나는 적어도 모든 기계장치와 튜브를 제거한 어머니와 얼굴을 대면하는 것으로 안도할 수 있었다. 하지만 여전히 그 병실에는 기계에 의지하고 있는 열일곱 명의 환자들이 있었기 때문에 마음이 홀가분하지 않았다. 게다가 간호사는 우리만의 시간을 갖도록 두지 않았고 주어진 시간이 다 되면 내쫓으려고 어머니의 시신 바로 앞에 서 있었다. 하루가 채 지나기도 전에 우리는 어머니 시신을 묻으러 가는 비행기에 몸을 실었다. 그렇게 외롭진 않았다.

이게 죽음을 대하는 방식이 아니라는 걸 알았다. 상실은 결코 실제로 다뤄지지 않았다. 아버지가 울고 계시는 모습을 몇 번 보았고 아버지도 내가 우는 것을 보았지만, 상실에 대해 대화를 나누지도 함께 울지도 않았다. 내가 너무 어려서 상실의 슬픔을 분명하게 표현할 수 없었지만, 난 나의 슬픔에게 자리를 내줘야 한다는 걸 알았다. 하지만 그럴 공간은 없었다. 보통 아이들의 어린 시절과 달리, 내 기억 속엔 죽음, 총격, 경찰, 비행기가 자리 잡고 있었다. 나의 작은 영혼의 손에는 뭔가가 가득 들려 있었다. 어떻게 어린아이가 그 모든 것들을 통합할 수 있는가?

아버지는 어머니의 죽음을 결코 입 밖에 내지 않으셨다. 하지만 그로 인해 나와 우리 가족은 큰 희생양이 되었다. 수년 동안 나는 어머니의 죽음을 논하지 않았다. 병마와 죽음과 슬픔을 겪고 있는 사람들을 돕는 직업을 운 좋게도 선택해 나의 슬픔을 인정하고 치유하게 되었을 때에야 비로소 나는 그 일에 대해 말할 수 있었다. 하지만 모든 사람들이 자신의 슬픔과 상실을 긍정의 출구로 내보낼 기회를 갖게 되는 것은 아니다. 나는 나의 상실이 얼마나 쉽게 내 삶을 황폐화시킬 수 있었는지를 애처롭게 깨달았다. 그리고 비슷한 경험을 한 사람들이 결국엔 마약이나 범죄에 연관되거나 자살까지 하게 되는 경우를 많이 보았다. 나는 종종 '신의 은총이 아니었더라면 나도 그 길로 갔을 텐데'라고 느낀다. 내 생애는 인간이 배워야 하는 것을 인간이 깨우쳐준다는 진리에 대한 살아 있는 증거가 되었다.

20대 후반에 나는 아우슈비츠 포로수용소를 방문했었다. 그때 슬픔과 상실에 대한 이해의 차원은 내가 과거에 경험했던 것을 넘어 하나의 길을 열어주었다. 수천 켤레의 어린아이의 신발, 여행 스티커와 신원 확인증이 부착된 오래된 여행가방, 안경 그리고 그 밖의 개인 용품들을 보았다. 이 물건들과 각각 연결된 어른이나 어린아이가 이곳에 있었다는 사실이 도저히 믿어지지 않았다. 수백만 명이 죽어간 가스실에 안전하게 서 있는 시간은 내가 몰랐지만 존재하고 있었던 슬픔의 심연으로 나를 데려갔다. 나는 그동안 단지 개인적 상실만을 인지했었다. 이제 나는 전 세계의 상실을 알게 되었다. 몇 달 동안 나는 분노했다. 후에 그 분노가 나의 슬픔의 일부였음을 깨달았다.

1980년대 중반에 나는 자택간병센터에서 일했었다. 에이즈가 퍼지고 있었고 병원은 사람들을 잘 치료해주지 않았다. 간호사들은 전염될까 두려워 병실 안으로 음식을 가져다주는 것도 꺼려 했다. 간호사들은 음식을 병실 문 앞에 두었고 식사를 챙겨 먹을 정도로 회복되지 않은 환자들은 굶어야 했다. 에이즈의 공포는 환자가 감정적으로 뿐만 아니라 의료적으로도 방치되게 했다. 초기에 그곳에는 필수 의료 간호에 대한 지식도 없었고 사람에 대한 배려도 없었다.

로스앤젤레스는 그 유행병의 주요 근원지 중 한 곳이었다. 병원과 호스피스들이 환자가 사용한 식기류를 정리하는 일을 핑계 대며 기피했기 때문에 자택간병은 그 묘책이 되었다. 병원에서는 근원도 모르는 전염병에 걸린 사람들이 침상에 누워 있는 것을 원치 않았다. 호스피스는 65세 이상의 환자를 위한 의료체계에 따른 시스템을 가지고 있었다. 하지만 에이즈 환자들은 너무나 어렸다.

'진보적 간호 서비스'를 표방하는 우리 대행사는 에이즈에 걸린 남성, 여성, 아이들을 돌보는 데 앞장섰다. 내 친구 마리안느 윌리암슨이 에이즈 환자들을 위한 배달봉사 프로그램인 '음식 천사 프로젝트'를 시작하기로 결정했을 때 나도 합류했다. 기존의 식사배달봉사 프로그램은 노인들을 위해 시도된 것이었다. 간호 대행사와 마리안느와 함께한 '음식 천사 프로젝트' 때문에 내 주위에는 에이즈가 만연하는 것처럼 보였다. 마치 전쟁 지대처럼 느껴졌다. 돌보던 환자들은 죽어갔고, 함께 일했던 사람들과 내 친구들이 죽어갔다. 가슴 저린 상실에 난 무기력해졌다. 슬픔 옆에 앉아 충분히 그것을 느낄 수 없었다. 그것은 감히 당해낼 수 없는 슬픔이었다.

나는 운 좋게도 공을 들여야 할 사명을 떠맡았다. 인생에서 가장 슬픈 시기인데다 동시에 나에게 주어진 일 중 최고의 기회였다. 그 슬픔이 극에 달할 때면 나는 매주 장례식에 갔던 일을 기억했다.

그곳에서 추도의 중요성을 알았고 각자 개인의 상실을 애도할 시간과 장소를 갖는다는 것이 얼마나 중요한지를 깨달았다. 당시 사람들은 에이즈를 동성애자들이나 걸리는 병으로 알았지만, 우리는 처음부터 여성과 아이들을 돌보고 있었기 때문에 다르다는 걸 알고 있었다. 이 치명적인 바이러스는 자신이 누구의 몸에 있든 상관없이 전 세계로 번져나갔다.

에이즈는 가혹한 배움을 주기 위해서 일어나며, 건강한 남성과 그의 어머니 그리고 그 가족의 생명에 영향을 준다. 에이즈는 내게 박탈당한 슬픔, 즉 인정받지 못하고 하찮게 여겨지는 슬픔이 무엇인지를 가르쳐주었다. 가족들은 에이즈로 죽은 자식들에 대해서 슬픔을 드러낼 수 없으며, 에이즈로 죽은 그들의 존재를 부정하기도 했다. 나는 에이즈로 죽은 한 젊은이의 부모에게 전화를 걸어 아들이 죽었다는 소식을 조심스럽게 알렸다. 그 아버지는 아들이 없다고 부인했다. 내가 전화번호를 잘못 눌렀나 의심하던 중에 그 아버지가 말했다.

"아들이 에이즈가 걸렸다고 말한 순간부터 더 이상 우리 아들이 아니었어요."

그 아버지는 그렇게 말하고는 전화를 끊어버렸다. 우리는 그의 장례식을 위해 모금을 해야만 했다.

그리고 박탈당한 슬픔 이외에도 죽음을 금기시할 때 슬픔이 극적으로 팽창한다는 사실을 에이즈를 통해 알게 되었다. 이 세계적인 유행병에 맞서 열중하던 중 세크라멘토에 사시는 아버지에게서 전화가 왔다.

"어젯밤에 내가 곧 죽는 꿈을 꾸었는데, 같이 시간 좀 보낼 수 있겠니?"

1980년대 말 아버지는 죽음을 맞이했고, 어머니 때와는 달리 더 바람직한 죽음의 경험을 만들어 드리기로 결심했다. 아버지를 집으로 모셔왔고, 그것은 사랑하는 사람들에게 둘러싸여 항상 보살핌을 받는다는 기분이 들도록 해주었다. 아버지는 공개적으로 죽음을 이야기했고, 그때마다 마음이 혼란스러웠다. 나는 슬펐지만, 아버지가 마음의 평화를 찾기 위해 준비한다는 사실이 반가웠다. 아버지가 그 상황을 받아들였다는 점은 어머니의 경우와 너무나 달랐다. 함께 나누게 될 슬픔을 미리 예측하는 얘기들은 우리의 관계를 더욱 가깝게 만들어주었다. 나는 아버지의 임종의 순간에 그의 손을 다정하게 잡았다. 결과적으로 아버지를 둘러싼 슬픔은 어머니의 경우보다는 훨씬 견디기 쉬웠다.

나의 인생에서 슬픔을 회상할 때면, 죽음의 첫 경험인 어머니를 떠올린다. 어머니의 임종을 함께하고 싶었지만 허락받지 못했던 어린 소년을 기억한다. 몇 해 전에 나는 25년 전 어머니가 돌아가셨던 병원을 방문할 기회를 가졌다. 하나도 변한 것 없는 중환자실 문 앞에 서서 나는 울었다. 간호사가 다가와 물었다.

"면회하러 오신 건가요?"

나는 간호사의 친절한 얼굴을 보며 말했다.

"아니에요. 내가 만나고 싶은 사람은 더 이상 이곳에 없어요. 하지만 물어봐줘서 고마워요."

삶 속에서 나는 계속해서 나의 슬픔을 치유한다. 슬픔은 사라지지 않기에 나는 그 상실과 함께 살아가는 법을 배운다. 그리고 이제는 고통 없이 그 과거를 기리고 추억할 수 있다. 나도 엘리자베스처럼, 물론 그보다 더 이후에, 캘커타에서 테레사 수녀를 만날 특권을 얻게 되었다. 나는 그녀가 내게 했던 말을 잊지 못한다.

"삶은 하나의 성취이고, 죽음은 그 성취의 일부분입니다. 죽음을 앞두고는 부드러움과 다정한 보살핌이 필요합니다. 그 이상도 아닙니다."

죽음은 삶과 사랑, 발견과 상실이며, 성취의 일부이다.

처음으로 사랑한 이를 잃었을 때, 삶이 의미 없는 것처럼 느껴진다. 슬픔의 다섯 단계를 경험하고 나면 처음 상실을 겪었을 때는 상상할 수도 없었던 의미심장한 가능성을 안고 삶으로 돌아간다. 슬픔과 그것의 독특한 치유의 힘은 우리를 무의미에서 다시금 의미로 되돌려놓는다. 만약 여섯 번째 단계가 있다면, 나는 그것을 '의미심장함' 혹은 '의미 회복'이라고 부를 것이다. 상실은 극복하는 것도 회복되는 것도 아니다. 사랑하는 사람을 알아가는 것에 대한 새로운 의미와 풍요로움을 찾는 것이다.

엘리자베스와 공동 작업을 하고 나 자신의 슬픔을 경험하면서, 나는 삶의 허무함을 일깨웠다. 인생에서 슬픔에 대해 내가 가르친 것은 내가 슬픔으로부터 배운 것만큼 중요하지 않다. 우리가 사랑했고 보답으로 우리를 사랑했던 사람들은 우리의 마음과 정신에 언제나 살아 있다. 이 여행을 계속해나갈 때 당신은 더 풍요로워지고 더 강해지며, 어느덧 자기 자신을 더 잘 알게 될 것이다.

당신은 변화되고 서서히 발전하고 있다.

당신은 사랑했고, 상실했고, 그리고 이겨냈다.

당신과 가족들이 함께했던 시간들에, 짧은 시간처럼 느껴졌던 그 시간에 감사해야 한다. 당신이 치유되고 삶을 살아나가는 동안 시간은 도움을 줄 것이다.

삶과 죽음 그리고 사랑의 은총은 당신 자신의 것이다.

옮긴이의 말
삶이라는 학교에서 배우는 상실 수업

이 세상이 하나의 학교라면, 상실과 이별은 그 학교의 주요 과목이다. 상실은 삶이 우리에게 던지는 가장 어려운 배움 중 하나이다. 아무리 상실을 겪지 않으려고 노력해도 그것은 결국 찾아온다. 살아가면서 겪는 상실에는 큰 것도 있고 작은 것도 있다. 그중 가장 고통스럽고 이해할 수 없는 상실은 자신이 소중하게 여기던 사람을 잃는 것이다. 평생 곁에 있을 것 같은 부모님, 이미 하나의 인격체가 된 배우자, 자신의 전부를 줘도 아깝지 않은 자식, 자신의 반려자가 될 애인, 그리고 든든한 자신의 후원자인 친구, 선생님…… 그 사람이 내 곁에 사라져버린다는 것, 그 이름을 다시는 부를 수 없다는 것, 이젠 그 사람이 내게 따뜻한 미소를 지어 보일 수 없다는 사실은 우리를 너무나 두렵고 슬프게 만든다.

사랑하는 사람이 병과 싸우는 모습을 무한정 지켜보고 있어야 할 때도 있다. 실종된 아이를 기다리며 몇 시간, 며칠, 몇 주, 그보다 더 오랜 시간을 불확실하고 불안한 상태로 지내야만 할 수도 있다. 교전 중에 행방불명된 군인의 가족들은 지옥과도 같은 고통에

시달린다. 10년이 지나도 여전히 포기하지 못하고 기다리는 사람도 많다. 앞으로 있을지 모르는 상실에 대한 불안감 역시 하나의 상실이다.

　하지만 삶은 곧 상실이고 상실이 곧 삶이다. 많은 사람들은 이것을 이해하지 못한 채 평생 상실과 싸우고 그것을 거부한다. 상실 없이는 삶은 변화할 수 없고, 우리도 성장할 수 없다.

　평생을 바쳐 죽음을 앞둔 사람들의 가슴속 이야기에 귀를 기울여 최초로 호스피스 운동을 시작한 의사이며 사상가인 엘리자베스 퀴블러 로스는 제자 데이비드 케슬러와 함께 그녀의 마지막 저서 〈인생 수업〉을 남겼다. 그녀는 말했다. "어느 누구도, 단 한 사람도 죽음을 피할 수 없다. 따라서 너무 늦을 때까지 기다려서는 안 된다. 이것이 '죽어가는' 사람들로부터 배울 수 있는 가장 큰 교훈이다." 그들은 말한다. "지금 이 순간을 살라고. 삶이 우리에게 사랑하고, 일하고, 놀이를 하고, 별들을 바라볼 기회를 주었으니까."

　생애를 마치기 전 그녀는 신체마비로 환자용 침대 위에서 제자 데이비드와 함께 이 〈상실 수업〉이라는 유고작을 남겼다. 그녀는 작업을 하는 도중 데이비드와 대화를 나누다 자신의 가슴속에 있던 슬픔이 수면 위로 모습을 드러내 집필하는 동안 여러 번 울었다고 고백한다. 이 생애 마지막 숙제와도 같았던 자신의 슬픔을 통해 그녀는 우리의 슬픔을 이 책을 통해 꺼내준다.

　그녀는 말한다. 사랑한 사람을 잃은 사람들은 슬픔의 다섯 단계인 부정, 분노, 타협, 절망, 수용을 거치게 된다. 하지만 이것은 상실을 극복하며 삶 속에서 배우게 될 것들을 한데 모아 놓은 하나의 틀이다. 모든 사람이 매번 이 다섯 단계를 모두 거치지는 않으며,

반응이 항상 순서대로 나타나지도 않는다. 또는 한 단계를 반복적으로 겪을 수도 있다. 하지만 우리는 매번 여러 가지 형태로 상실을 경험하며, 그것에 반응한다. 이렇게 축적된 상실의 경험은 삶에 더 잘 대처할 수 있는 힘이 된다.

상실을 부정하는 시간을 갖되, 자신이 느끼는 것이 정상적인 감정임을 잊지 말아야 한다. 충격과 부정의 감정은 중요한 것이다. 그것은 영혼을 보호해주는 장치이다. 분노하고 있다는 것은 곧 치유되고 있음을 의미한다. 즉 수면으로 올라오기에는 너무 이른 감정들을 서서히 받아들이고 있는 것이다. 판단하지 말고, 의미를 찾으려 하지 말고, 분노 그대로를 느끼라. 분노는 사랑의 강도를 나타내는 또 다른 표시이다. 타협은 우리가 각 단계를 적응할 수 있도록 시간적 여유를 주는 중간 정거장이 된다. 그것은 강한 각각의 감정들이 지배하고 있는 공간이 서로 거리를 갖도록 간격을 만들어준다.

절망을 초대해 난로 앞 당신 옆에 의자를 마련해, 다만 함께 앉으라. 슬픔과 공허함으로 인해 당신을 정화시키고 그 순수함 속에서 상실을 바라보라. 어느 누구도 우리에게 "지금쯤 상처가 치유되어야만 해"라고 말할 수 없다. 수용은 우리가 경험하게 되는 하나의 과정이지 종착역이 되는 마지막 단계가 아니다. 슬픔의 방식은 개인마다 다르다. 그러므로 삶의 어느 한 지점에 묶여 있지 않고 계속 아파하며 나아가는 한 우리는 치유될 것이다.

고통을 겪는 것만이 고통에서 벗어날 수 있는 유일한 길이다. 때가 되면 그것을 이해할 것이다. 결국 우리는 치유될 것이며, 온전한 자신을 되찾게 될 것이다. 잃어버린 것을 되찾지는 못하겠지만 상처를 치유할 수 있다. 그리고 여행의 어느 지점에 도달하며, 우리가 잃어버렸다고 슬퍼한 사람이 결코 우리에게 소유된 적이 없었음을 깨닫게 될 것이다. 또한 한편으로 그것들을 다른 방식으로 영원히 소유하게 되리라는 것도 알게 될 것이다.

  중요한 것은 자신의 마음, 그리고 사랑하는 사람들의 마음이며 상실 너머에 존재하는 초월적인 부분을 발견하는 것이다. 결코 사라지지 않은 자기 자신의 진정한 부분, 사랑하는 이들의 진정한 부분을 우리는 발견할 수가 있다. 나아가 정말로 소중한 것은 영원히 간직할 수 있다는 사실을 배우게 된다. 우리가 느낀 사랑과 우리가 준 사랑은 결코 사라질 수 없다는 사실을.

엘리자베스 퀴블러 로스

인간의 죽음에 대한 연구에 일생을 바쳐 미국 시사 주간지 〈타임〉이 '20세기 100대 사상가' 중 한 명으로 선정한 엘리자베스는 1926년 스위스 취리히에서 세쌍둥이 중 첫째로 태어났다. 자신과 똑같은 모습의 다른 두 자매를 바라보며 일찍부터 자신의 정체성에 대해 고민을 시작한 그녀는 '진정한 나는 누구인가? 어디서 와서 어디로 가는 존재인가?'라는 질문을 평생 놓지 않았다. 스위스 시골에서 자란 엘리자베스는 아버지의 친구가 나무에서 떨어져 죽은 것을 보면서 죽음에 대해 일찍 생각하게 되었다. 공포에 직면하여 죽기 전, 그 남자는 이웃의 아이들을 그의 방으로 불러, 그의 아내와 아이들이 농장을 꾸려 나가는 것을 도와달라고 부탁했다. 이 경험은 어린 엘리자베스에게 '큰 자부심이자 기쁨'으로 남았다.

제2차 세계대전이 끝나고, 열아홉의 나이로 자원 봉사 활동에 나선 엘리자베스는 폴란드 마이데넥 유대인 수용소에서 인생을 바칠 소명을 발견한다. 그곳에서 죽음을 맞이해야 했던 사람들이 지옥 같은 수용소 벽에 수없이 그려 놓은, 환생을 상징하는 나비들을 보고 삶과 죽음의 의미에 대해 새로운 눈을 뜨게 된 것이다.

취리히 대학에서 정신 의학을 공부한 그녀는 미국인 의사와 결혼하면서 뉴욕으로 이주한다. 이후 뉴욕, 시카고 등지의 병원에서 죽음을 앞둔 환자들의 정신과 진료와 상담을 맡는데, 의료진들이 환자의 심박수, 심전도, 폐기능 등에만 관심을 가질 뿐 환자를 한 인간으로 대하지 않는 것에 충격을 받는다. 그녀는 앞장서서 의사와 간호사, 의대생들이 죽음을 앞둔 환자들의 마음속 이야기를 들어주는 세미나를 열고, 세계 최초로 호스피스 운동을 의료계에 불러일으킨다. 그리고 죽어가는 이들과의 수많은 대화를 통해 어떻게 죽느냐는 삶을 의미 있게 완성하는 중요한 과제라는 깨달음에 이른다. 그녀가 말기 환자 5백여 명을 인터뷰하며 그들의 이야기를 담아 써낸 〈죽음의 순간 On Death and Dying〉은 전 세계 25개국 이상의 언어로 번역될 만큼 큰 주목을 받았고, 그녀는 '죽음' 분야의 최고 전문가가 된다. 이후 20여 권의 중요한 저서들을 발표하며 전 세계의 학술세미나와 워크숍들로부터 가장 많은 부름을 받는 정신의학자가 된 그녀는 역사상 가장 많은 학술상을 받은 여성으로 기록된다.

말년에 이르러 온몸이 마비되며 죽음에 직면하는 경험을 한 엘리자베스는 70세가 되던 해에 쓴 자서전 〈생의 수레바퀴 The Wheel of Life〉를 이렇게 시작한다.
"사람들은 나를 죽음의 여의사라 부른다. 30년 이상 죽음에 대한 연구를 해왔기 때문에 나를 죽음의 전문가로 여기는 것이다. 그러나 그들은 정말로 중요한 것을 놓치고 있는 것 같다. 내 연구의 가장 본질적이며 중요한 핵심은 삶의 의미를 밝히는 일에 있었다."
그녀는 죽음에 관한 최초의 학문적 정리를 남겼을 뿐만 아니라, 삶에 대해서도 비할 바 없이 귀한 가르침을 이야기했다. 그리고 죽음에 이르는 순간까지 그 가르침을 전하며 살았다. 〈인생 수업 Life Lessons〉과 〈상실 수업 On Grief and Grieving〉은 그녀가 살아가는 동안 얻은 인생의 진실들을 담은 책이다.
이 책을 마지막 저서로, 그녀는 2004년 8월 24일 눈을 감았다.
www.elisabethkublerross.com

데이비드 케슬러

미국 호스피스 운동의 선구자로, 엘리자베스 퀴블러 로스의 생애 마지막 몇 년을 함께 보내며 〈인생 수업〉과 〈상실 수업〉을 펴냈다.
데이비드는 마더 테레사가 캘커타에 세운 '죽음을 앞둔 사람들과 가난한 사람들을 위한 집'에서도 봉사하며 호스피스 역할의 중요성을 경험했다. 이 경험을 바탕으로 쓴 첫 번째 저서 〈죽음을 앞둔 사람에게 필요한 것 The Needs of the Dying〉은 마더 테레사의 찬사를 받으며 영국, 중국, 독일, 홍콩, 일본, 네덜란드, 폴란드, 스페인, 남미 등지에서 번역되었다. 현재는 시트러스 밸리 헬스 파트너스 의료원 원장을 맡아 가정 및 병동 호스피스 프로그램을 개발하고 있다.
www.davidkessler.org

김소향

중앙대학교 청소년학과를 졸업했다. 현재 명상서 번역에 주력하고 있다.

상실 수업 *On grief and grieving*

1판 1쇄 발행 _ 2014년 5월 10일
1판 2쇄 발행 _ 2014년 5월 23일
지은이 _ 엘리자베스 퀴블러 로스·데이비드 케슬러
옮긴이 _ 김소향
펴낸이 _ 함용태
펴낸곳 _ 인빅투스
등록 _ 2014년 2월 28일(제2014-123호)
주소 _ 서울시 강남구 신사동 624-19 우)135-895
주문 및 문의 전화 _ 02-3446-6208 **팩스** _ 02-3446-6209
ISBN 979-11-952755-0-2 03840

＊값은 뒤표지에 있습니다. 잘못 만든 책은 교환해드립니다.